KB211961

철저하게 진실을 따라

# 디트리히 본회퍼 이야기

일러두기

본문에 있는 *로 표시된 주와 연표는 옮긴이가 독자의 이해를 돕기 위해 작성한 것입니다.

# 디트리히 본회퍼 이야기

**초판 1쇄 인쇄 _** 2024년 08월 05일
**초판 1쇄 발행 _** 2024년 08월 15일

**지은이 _** 마이클 반 다이크 Michael Van Dyke
**옮긴이 _** 권오성

**펴낸곳 _** 바이북스
**펴낸이 _** 윤옥초
**책임 편집 _** 김태윤
**책임 디자인 _** 이민영

**ISBN _** 979-11-5877-379-3 03230

**등록 _** 2005. 7. 12 | 제 313-2005-000148호

서울시 영등포구 선유로49길 23 아이에스비즈타워2차 1005호
**편집** 02)333-0812 | **마케팅** 02)333-9918 | **팩스** 02)333-9960
**이메일** bybooks85@gmail.com
**블로그** https://blog.naver.com/bybooks85

책값은 뒤표지에 있습니다.

책으로 아름다운 세상을 만듭니다. ― 바이북스

미래를 함께 꿈꿀 작가님의 참신한 아이디어나 원고를 기다립니다.
이메일로 접수한 원고는 검토 후 연락드리겠습니다.

* 바이북스 플러스는 기독교 신앙의 본질을 담아내려는 글을 선별하여 출판하는 브랜드입니다.

철저하게 진실을 따라

# 디트리히 본회퍼 이야기

마이클 반 다이크 지음 | 권오성 옮김

바이북스†
ByBooks

베스(Beth)에게 바칩니다

당신은 그리스도처럼
"다른 사람을 위해서 사는 것"이
어떤 것인지 내게 매일 보여주었습니다.
당신의 사랑에 감사합니다.

## 옮긴이의 글

몇 년 전 어느 목사가 태극기 집회에서 본회퍼 목사를 오독(誤讀)하는 발언을 듣고 충격을 받았다. 아전인수(我田引水)로 해석하는 정도가 아니라 본회퍼 목사를 더러운 시궁창에 빠뜨렸다. 나는 대학에서 전자공학을 전공했지만 본회퍼 목사의 삶과 신앙에 도전을 받고 목사가 되었다. 또 그를 마음에 품고 40년 동안 평생 목사로 살았다. 그래서 충격이 더 컸다. 그때부터 한국교회와 신앙인들에게 본회퍼 목사를 좀 더 많이, 제대로 알려야 하는 것이 아닌가 하는 조바심을 가지고 있었다. 그래서 책을 찾아보니 본회퍼 목사에 대해 우리나라에 이미 수십 권의 책이 집필, 번역, 출판되어 나와 있는 것이 아닌가. 그렇지만 주로 신학적인 내용이어서 일반 교인들이 읽기에 어려웠다. 그래서 누구나 쉽게 본회퍼 목사의 삶과 신앙을 이해할 수 있는 대중적인 책을 찾다가 발견한 것이 이 책《디트리히 본회퍼 이야기》이다.

이 책은 소설 형식이다. 역사적 사실을 기초로 하여 픽션을 가미했다. 사건이 긴박하게 흐른다. 읽기 쉽다. 흥미진진하다. 디트리히 본회퍼 목사의 모습을 명쾌하게 볼 수 있다. 숨 막힐 듯한 나치 시대를 철저하게 믿음으로 산 본회퍼의 삶과 신앙을 잘 드러내고 있다. 소설 형식이면서 하나님, 예수 그리스도, 교회, 십자가, 신앙인의 순종 등에 대한 본회퍼의 신학을 일목요연하게 보여준다.

디트리히 본회퍼는 신학자이자 교수, 목사였다. 그는 아돌프 히틀러의 암살에 관여하여 2차세계대전 종전 몇 주 전에 처형되었다. 본회퍼가 사형을 피할 기회는 여러 번 있었다. 신학자로서 시대의 위험 지대에서 벗어나 책상 위의 학문의 영역에서 살 수 있었다. 국방정보국에 참여하지 않고 교회 혁신을 위해 싸우는 것도 가능했다. 뉴욕 유니온 신학교 교수로 미국에서 안전하게 활동하는 방법도 있었다. 어떤 선택도 할 수 있었다.

그의 선택은 서재와 대학 강단이 아니었다. 그는 역사 현장에 섰다. 히틀러 독재와 유대인 학살, 전쟁을 겪으면서 교회 혁신을 넘어서서 나치 정권의 전복에 참여했다. 미국에 교수로 갔지만 2차세계대전의 전운이 감돌자 조국과 함께 고통받아야 한다며 26일 만에 급거 귀국했다. 이런 그의 선택의 기준은 단 하나, '철저하게 진실을 따르는 것— 그리스도를 따르는 것'이었다. 후에 자신의 선택을 "술에 취한 운전사가 사람을 치고 달릴 때 목사의 일이 희생자의 장례를 치러주고 가족을 위로하는 것에 그칠 수 없다. 더 중요한 것은 술에 취한 자를 운전석에서 끌어내리는 일이다."라고 설명했다.

본회퍼는 우리 사회와 역사에서 교회가 얼마나 중요한지 알고 있었다. 하나님 말씀과 교회가 '종교'라는 게토에 갇혀 있어서는 안 되고 이 세상에 하나님의 능력을 드러내야 한다고 했다. 잠시 목회하는 동안에도 그의 설교는 교인들의 마음을 움직였고, 어려움에 처한 교인들을 심방하고 위로했고, 2세 교육에 열정을 가지고 있었다. 그를 만난 교인과 청소년들은 하나님의 은혜를 체험했고, 교회는 부흥했다.

디트리히 본회퍼는 철저하게 신앙의 진실성을 따라 살았다. 21세에 신학 박사학위를 받고 23세에 교수자격시험에 합격할 정도로 뛰어난 신학자였다. 그는 20세기의 세계적 지성이라고 불린다. 그의 신학은 '나를 따르라', '값싼 은혜', '기독교의 비종교화', '종교적 기독교인'과 같은 어귀로 단편적으로 알려져 있다. 그런데 그의 신학은 책 속의 신학이 아니다. '진정한 신앙, 진정한 성도, 진정한 교회가 무엇인가'를 묻고 대답을 찾는 과정에서 나온 신앙고백적 신학이다. 그의 신학은 신앙으로 살면서 맺은 열매이다.

본회퍼는 '바로 그때, 그 자리에서 하나님께서 자신에게 무엇이라고 말씀하시는지'를 물으며 성서를 읽었다. 또 매일 기도를 드림으로 하나님이 살아계심을 체험한 신앙인이었다. 그는 처형장 강제수용소로 끌려가면서 동료 수감자에게 "이로써 끝입니다. 그러나 나에게는 생명의 시작입니다." 하고 부활 생명의 확신을 유언으로 남겼다.

사람들은 그를 20세기 개신교의 순교자이자 성인으로 추앙하고 있다. 그러나 이 책은 그런 호칭이 주는 엄숙함과 장엄함을 기록하지 않았다. 다만 고난을 받으면서 두려워했지만 신앙 양심을 따랐고, 불안했지만 철저하게 예수를 따랐던 한 인간에 대한 기록이다. 그런 점에서 이 책이 한국교회와 신앙인들이 '신앙의 진실성'을 철저하게 따르는 데 도움이 되리라고 믿는다. 독자의 이해를 돕기 위해 역자가 본문 중에 각주를 달았고, 연표를 첨부했다.

# 차례

## 프롤로그

1943년 4월 5일, 독일 베를린

그는 나이가 서른일곱 살인데 더 들어 보였다. 눈가에, 얼굴에 깊은 주름이 패여 있었다. 조심스럽게 빗어 넘겼지만 성근 금발 머리카락이 정수리를 겨우 덮었다. 어깨는 납덩어리라도 짊어지고 있는 것처럼 주저앉아 있었다. 땀이 눈썹 위에 맺혔다.

지난 6개월 동안 디트리히 본회퍼(Dietrich Bonhoeffer)는 미쳐 버린 통치자 아돌프 히틀러(Adolf Hitler)를 암살하려는 두 번의 시도에 연루되어 있었다.* 두 번 다 실패했다. 지금 그는 부모님 집 2층 침실의 커다란 원목 책상에 앉아서 총통을 암살하려는 시도에 그가 관여했다는

---

* 두 번의 암살 시도 내용은 이 책의 16장에 나온다. 첫 번째 암살 시도는 1943년 3월 13일에 있었다. 이때 히틀러가 동부전선 스몰렌스크에 있는 부대를 시찰하고 전용기 편으로 귀국할 예정이었다. 폰 트레스코브 장군이 이 비행기에 영국제 폭탄을 브랜디라고 속여 화물칸에 실었는데 어떤 이유에서인지 신관이 폭약에 불을 붙이지 못해서 실패했다. 두 번째 암살 시도는 1943년 3월 21일(이 책은 '두 번째 암살 시도는 두 주 후에 있었다.'라고 되어 있다.)에 있었다. 이때 히틀러는 베를린의 무기박물관에서 전몰장병 추념일에 참석했다가 소련으로부터 포획한 무기를 30분 동안 시찰할 예정이었다. 그날 폰 게르스도르프 소령이 외투 속에 자폭용 폭탄 두 개를 감추어 휴대했는데, 도화선을 산성 용액으로 녹여서 10분 후에 폭발하도록 장치했다. 그런데 히틀러가 예정과 다르게 갑자기 몇 분 만에 시찰을 끝내고 떠나는 바람에 실패했다.

것을 드러내는 것이 혹시 있는지 쌓여 있는 모든 문서를 차근차근 뒤졌다.

30분 전에 그는 같이 거사를 꾸몄던 매형 한스 폰 도나니(Hans von Dohnanyi)에게 전화를 걸었다. 거친 목소리의 사람이 전화를 받는 순간 디트리히는 한스가 게슈타포(Gestapo)에 체포되었음을 알아차렸다. 나치(Nazi) 비밀경찰이 다음에는 분명히 그에게 올 것이었다.

서류 뭉치를 넘기면서 마음이 바쁘게 돌아갔다. 아래층 부엌에서 차를 마시고 있는 부모님과 누이에게 이야기를 해야 하나? 도망쳐야 하나? 그렇다면 어디로? 반역죄를 범했다는 사실을 나치가 알아차릴 수 있는 것은 모조리 없애버릴 필요가 있었다. 서류 하나하나를 자세하게 들여다보고서 위험해 보이는 내용이 있는 문서는 옆에 있는 쇠로 된 둥그런 쓰레기통에 집어넣었다. 몇 분 뒤 아래에서 문 두드리는 소리가 들렸고, 아버지가 발을 끌며 거실을 가로질러 가는 소리가 들렸다.

디트리히는 왼쪽에 있는 거울을 쳐다봤는데, 거기에 비친 자신의 모습이 낯설었다. 젊은 시절의 탄탄한 근육과 늘 소년 같았던 매끈하고 둥그런 얼굴은 간 곳이 없었다. 책상 위의 서류들이 쌓였던 그 시간만큼 이제 그의 젊음이 흘러가 버렸다.

디트리히가 서류의 마지막 쪽을 보았을 때 하나님이 신호를 보내는 것처럼 아버지가 계단 아래에서 그를 불렀다.

"디트리히! 어떤 사람들이 여기 아래에서 너를 찾고 있다."

디트리히는 쓰레기통 옆에서 성냥을 그었다. "갈게요." 대답하고 성냥불을 종이 사이에 던져 넣었다. 타닥거리며 서서히 불꽃이 피어올랐고, 그는 모든 것이 재가 될 때까지 지켜보았다. 그런 다음 차분하게 층계를 내려가서 가족 한 사람 한 사람과 가볍게 포옹하고, 검은 코트를 입은 사람들과 떠났다.

그는 자유인으로서는 부모를 다시 보지 못했다.

그들은 아무 말도 하지 않고 테겔(Tegel) 형무소로 향했다.* 두 사람은 자신들이 나치 친위대라고 신분을 밝혔고, 우호적인 태도를 보이며 그를 검은색 메르세데스(Mercedes)에 태웠다. 그들은 디트리히와 비슷한 나이였고, 아마 디트리히 집안의 사회적인 지위에 어느 정도 존경심을 갖고 있었던 것 같았다.

---

* 테겔 형무소는 독일 베를린 북부에 위치해 있는 라이니켄도르프구에 있었다. 인근에 하펠강의 지류인 테겔호가 있다. 1898년에 개소했으며 1931년에는 3호동이 군사 형무소로 지정되었다. 디트리히 본회퍼 목사는 1943년부터 테겔 형무소에 수감되었으며, 이 시기에 옥중서간을 집필했다.

디트리히의 아버지 카를 본회퍼(Karl Bonhoeffer) 박사는 독일에서 가장 존경받는 정신과 의사 중에 한 명이었다. 그래서 제3제국 정부로부터 명백하게 "위험한" 죄수들의 정신 감정을 해달라는 요청을 받았다. 나치는 체제 반역자들을 처형하기 전에 그들이 정신 이상자인지 여부를 알려고 했던 것이 분명했다. 본회퍼 박사는 나치에 대한 충성심에서가 아니라 직업적인 의무에 따라 정신 감정을 하겠다고 동의했다. 그는 나치가 그가 사랑하는 독일에 했던 짓과 위대한 문화를 야만 상태로 바꾸어 놓은 것을 증오했다.

자동차가 베를린(Berlin) 외곽으로 방향을 잡아 나가자 디트리히는 가족**을 생각하지 않을 수 없었다. 역시 공모자 중의 한 명으로 생명

---

** 디트리히 본회퍼의 가문은 슈베비샬을 대표하는 명문 귀족 가문이었고, 그의 아버지 카를 본회퍼는 브레슬라우 대학교의 정신의학과 신경학 교수였고, 신경질환 전문 병원 원장이었다. 카를 본회퍼의 아버지, 즉 디트리히 본회퍼의 할아버지인 프리드리히 에른스트 필립 토비아스 본회퍼는 뷔르템베르크 전역을 관할하는 고등법원 판사였고, 울름 지방법원장으로 은퇴했다. 카를 본회퍼는 파울라 폰 하제와 결혼하여 자녀로 8남매를 두었는데, 카를 프리드리히, 발터, 클라우스, 우르줄라, 크리스티네, 디트리히, 사비네, 수잔네였다. 둘째 아들 발터는 1차세계대전 중인 1918년 4월 프랑스에서 전사했다. 두 아들 디트리히와 클라우스, 두 사위 뤼디거 슐라이허와 한스 폰 도나니는 2차세계대전 중 반(反)히틀러 활동을 벌였다가 체포되어 1945년에 모두 처형되었다.

의 위험에 처하게 된 형 클라우스(Klaus)가 생각났다. 매형 한스가 생각났다. 나치가 그를 어디로 끌고 갈 것이고, 어떤 곤욕을 치르게 될 것인가? 누이들인 한스의 아내 크리스티네(Christine)와 디트리히의 쌍둥이 여동생이고 속마음을 털어놓았던 사비네(Sabine), 집안의 막내이고 또 형제자매 중에서 가장 자유로운 영혼이었던 수잔네(Susanne)가 생각났다.

그리고 부모님 생각이 났는데, 두 분이 이제 모두 70세가 넘었고, 1차세계대전에서 아들 하나를 잃었고, 지금 다시 두 아들을 잃게 될 위험에 처했다. 비록 아버지는 불가지론자(不可知論者)이고 어머니는 교회에 가지 않았지만, 디트리히는 그분들이 힘을 내기 위해 최소한 서로 의지할 수 있으리라는 것을 알았다. 그들은 옛 프로이센(Prussian) 문벌의 귀족이었다. 그들이 최소한 잠시 동안은 무거운 부담을 견딜 수 있으리라고 충분히 믿을 수 있었다. 그래도 그분들이 심한 비탄에 빠지게 되리라는 것 때문에 그는 고통스러웠다.

음산한 콘크리트 구조물인 감옥에 도착하자 디트리히를 죄수복으로 옷을 갈아입는 방으로 데리고 갔다. 전화를 사용할 수 있는지 물어보았지만 관리들은 그냥 무시했다. 시계, 커프스단추, 지갑, 펜과 같은 개인 소지품을 전부 몰수해서 작은 헝겊 가방에 넣었다. 그런 다음 그를 배식 구멍 하나만 있는 견고한 문들이 있는 복도를 따라 데리고 갔다. 그 문들 중에 하나가 열렸고, 길이가 약 3m, 폭이 약 1.8m인 감방에 디트리히를 밀어 넣었다. 어두웠지만 그는 그곳이 아주 더럽다는 것을 알 수 있었다.

감방 한구석에 작은 간이침대가 하나 있었고, 눈높이보다 위쪽에 작은 창문이 있었는데, 거기에서 오후 햇빛이 약간 들어왔다. 간이침대 맞은편에 낡은 의자가 하나 있었다. 디트리히는 그것을 창문 밑으로 가져와서 올라갔다. 밖을 내다보니 눈앞에 베를린이 전부 펼쳐져 있었다. 아름다운 베를린, 그러나 불행한 운명의 베를린이라는 생각이 들었다. 비록 고향이고, 꿈을 키우고 살았던 곳이었지만 그는 베를린이 패망하기를 기도했다.

그 이유는 단 하나, 그 패망이 나치의 멸망을 의미했기 때문이었다.


디트리히는 처음 몇 주 동안 혼자 감방 안에서만 지냈다. 그는 오직 감방에서 앞뒤로 왔다 갔다 하는 운동을 하면서 자신이 살아 있다는 것을 확인했고, 또 다리가 굳어 버리지 않게 했다. 저녁 8시부터 아침 6시까지는 불빛이 흐릿했지만 디트리히는 편안하게 6시간 이상 잘 수 없었다.

그는 자신의 투옥이 무엇을 의미하는지에 대한 생각 때문에 가장 많이 혼란스러웠다. 투옥 때문에 그의 최근 활동과 결혼 계획이 어떤 영향을 받게 될 것인가? 지난 2년 이상 했던 저항 활동이 완전히 수포로 돌아갔다는 의미인가? 혹은 그가 알고 있었던 세상이 끝나는 것이라고 할 수 있나? 그는 이런 질문이 그의 생각을 지배하지 않게 하려고 노력했다.

생각하는 문제 말고 그는 또 감옥의 아래 두 층에서 들려오는 소리 때문에 아주 괴로웠다. 죄수들의 끊임없는 흐느낌, 때때로 비명, 또 큰 소리로 하는 저주가 매일 밤 들렸다.

디트리히는 침대에 누워 있을 때 이 괴로워하는 사람들을 위해서 기도하려고 노력했지만 그러기가 힘들었다. 그들을 실제로 본 적이 없었다. 그 사람들의 사연을 알지 못했다. 만약 그들이 진짜로 범죄자라고 한다면 그들이 무슨 범죄를 저질렀는지 몰랐다. ("범죄자"는 나치의 선전에 의해서 그 의미가 왜곡된 대표적인 단어였다. 이제 범죄자들이란 오직 나치의 목표를 방해한 사람들이었다.)

디트리히는 미쳐 버리지 않으려면 이런 새로운 생활에 모종(某種)의 규율을 세워야만 한다는 것을 금방 깨달았다. 체포될 때 가지고 갔던 자신의 성서를 돌려받았기 때문에 그는 그것을 처음부터 끝까지 읽어나가기로 결심했다. 또 성서에 대해서 묵상하고, 페르시아(Persian) 땅에서 다니엘(Daniel)이 한 것처럼 하루 중 일정한 시간에 기도하기로 했다.

어느 날 금발의 젊은 경비병이 디트리히의 감방 문을 열고 복도로 나오라고 했다. 디트리히는 성서를 침대 위에 두고 밖으로 나왔다.

경비병과 함께 감방 밖에 서있게 되자 디트리히는 두려움이 없지는 않았지만 "무슨 일입니까?" 하고 물었다.

"명령이 내려왔습니다. 당신은 매일 마당에서 30분씩 운동을 할 수 있게 되었습니다."

"오, 그거 아주 잘 되었습니다." 디트리히는 놀라며 즐거워했다.

경비병은 디트리히를 마당으로 데리고 내려갔고, 함께 가장자리를 걸었다. 디트리히는 마당에서 다른 수감자들을 볼 수 있었다. 그들 대부분은 디트리히 자신이 느끼는 것보다 더 두려움과 고통, 낭패감을 얼굴에 드러내 보였다. 그는 그때 잠시 이것이 하나님 없는 세상의 모습을 보여주는 아주 좋은 그림이라고 생각했다. 그는 오직 무한한 사랑만이 그런 모습을 바꿀 수 있다고 생각했다.

그러고서 디트리히는 경비병에게 돌아서서 "내가 항상 누군가의 감시를 받아야 하는 그렇게 위험한 죄수입니까?" 하고 물었다.

경비병은 재미있어하며 슬쩍 웃었는데, 그 모습에 디트리히는 놀랐다. 무슨 이유 때문인지 그는 경비병들은 모두 돌부처 같을 거라고 생각했었다.

"아니요, 당신은 위험한 죄수가 아닙니다." 젊은이가 대답했다. "그 이유가, 그러니까… 음… 사실은 당신에게 물어볼 것이 있는데요."

"그래요?"

"당신이 내일 좀 더 큰 감방으로 옮길 거라는 이야기를 들었습니다."

그가 더 말을 하기 전에 디트리히가 빠르게 물었다. "어떻게 그렇게 될 수 있어요?"

"아, 내 추측에는 높은 자리에 당신이 아는 사람들이 있는 것 같은데요." 경비병이 말했다. "폰 하제(von Hase)* 장군을 알아요?"

디트리히 얼굴에 미소가 번져나갔다. "그분은 내 아저씨인데."

"그러면 그렇지요." 경비병이 계속 말했다. "새로운 감방에는 책상과 의자가 있습니다. 그래서 필기도구가 필요한지 물어보려고 했습니

---

* 폰 하제 장군은 디트리히의 어머니 파울라 본회퍼와 사촌으로 베를린 방위사령관이었다. 히틀러와 나치 정권에 반대했으며 1944년 7월 20일 히틀러를 암살하려는 발키리 음모에서 중요한 역할을 했다. 이 거사가 실패한 후 1944년 8월 8일 교수형을 당했다.

다."

디트리히는 놀라서 말을 못했다. 크게 가능성은 없었지만 바로 필기
도구를 갖게 해달라고 기도하고 있었다. 그는 경비병에게 얼굴로 그렇
다고 대답을 했다.

"봉투도 역시 필요합니까?" 경비병이 계속 물었다. 그리고 디트리히
가 대답하기 전에 말했다. "그렇지요. 당연히 필요하리라고 생각합니
다."

"그…그거 너무 좋은데요." 디트리히는 말을 더듬었다.

다음 날 디트리히는 널찍한 새로운 감방으로 옮겼다. 몇 시간 뒤에
경비병이 와서 백지 한 뭉치와 몇 개의 펜과 봉투를 가져다주었다.

"당신 편지가 밖으로 나가게 될 거라고 내가 보증합니다. 그리고 이
것들이 떨어지면 더 가져다주겠습니다." 경비병이 말했다. "그렇지만
편지는 일주일에 오직 한 번 보낼 수 있습니다. 처음에는 그렇습니다."

"감사합니다." 가까스로 웃음을 참으며 디트리히가 대답했다. "아주
감사합니다. 어…"

"링케(Linke)" 경비병이 대답했다. "상등병 링케입니다. 법이 허용하
는 범위에서 당신은 모든 편의를 제공받게 될 것이라고 내가 분명히
확인합니다."

디트리히의 눈이 놀라움을 드러내자 링케가 계속 말했다. "독일은 미국과 영국과 전쟁을 하고 있습니다. 그러나 누가 우리의 진짜 적인지 당신과 나 둘 다 알고 있습니다. 당신이 알아야 할 중요한 사실이 하나 있습니다. 내가 소명으로 이 일을 하는 것이 아닙니다. 단지 직업이기 때문입니다. 내게는 부양해야 하는 가족이 있고, 비군사적인 직업을 얻는 것은 어렵습니다. 분명히 이해가 됩니까?"

디트리히는 고개를 끄덕였고, 링케가 가고 난 뒤 기대하지 않았던 친구라고 하는 축복에 하나님께 잠시 감사 기도를 드렸다.

그날 오후에 햇빛이 사라지기 전에 그는 가족에게 편지를 쓰기 위해 책상에 앉았다. 그것은 그가 제3제국의 죄수로서 처음으로 보내는 편지였고, 그가 감옥에 갇혀 있는 것에 낙망하고 있을 가족에게 용기를 북돋을 수 있도록 글을 써내려갔다.

사랑하는 부모님,
저는 잘 지내고 있으니 부디 평안하시기를 빕니다. 바로 편지를 드리지 못해서 죄송합니다. 이상하게 들리시겠지만 사람들이 대부분 감옥에서 겪는 불편함과 육체적인 고생 때문에 힘든 점은 저에게는 하나도 없습니다. 아침에 마른 빵을 충분히 먹을 수 있습니다. (저는 또 가외로 더 받습니다). 감옥 침대가 딱딱하지만 조금도 애먹지 않고 있고, 오후 8시부터 아침 6시까지 충분히 잘 수 있습니다. 유일하게 괴로운 것은 두 분이 제 걱정 때문에 고통스러워서 잠을 못 주무시거나 혹은 식사를 제대로 못하시지 않을까 하는 것입니다. 그렇게 걱정을 끼쳐드린 저를 용서해 주십시오. 그러나 제 잘못이라기보다 악운(惡運) 때문이라고 생각합니다.[1]

디트리히는 편지를 접어서 봉투에 넣고서 작은 촛불을 껐다. 어둠 속에서, 이제 아래에서가 아니라 사방에서 흐느끼는 소리가 다시 또렷하게 들렸다. 그 소리는 전과 마찬가지로 끔찍했지만 이상하게도 그는 견뎌야만 하는 것이라면 견딜 수 있다고 느꼈다.

잠자리에 들기 전에 그는 무릎을 꿇고 가족과 동료 죄수들을 위해서 짧게 기도드렸다. 그런 다음 작고 딱딱한 침대에 몸을 누였고, 먼 옛날 좋았던 날의 꿈속으로 빠져 들어갔다.

# 1장

# 독일은 언제나 전쟁 중

본회퍼의 식구들이 베를린 그루네발트(Grunewald)* 구역에 있는 집 식당의 크고, 검은 식탁에 둘러앉았다. 카를 본회퍼 박사와 그의 아내 파울라(Paula)**는 식탁 양쪽 끝에 마주 보고 앉았다. 두 사람 사이에 아

---

\* 베를린시 북서부 테겔러호(湖)와 남서부 하펠 및 반호(湖)를 둘러싼 숲이 그루네발트이다. 이 구역은 베를린의 저명한 교수들이 모여 살고 있었던 부촌이었다. 본회퍼 일가의 주택은 방겐하임슈트라세 14번지에 자리잡고 있었고, 넓이가 4,046제곱미터(약 1,224평)가 되는 저택이었다.

\*\* 디트리히 본회퍼의 어머니 집안 인물들은 다음과 같다. 그의 어머니 파울라 본회퍼의 아버지 카를 알프레트 폰 하제는 군목으로 근무하다가 황제 빌헬름 2세의 궁정 목사가 되었다. 파울라의 어머니 클라라 폰 하제는 클라라 슈만과 프란츠 리스트에게 피아노 교습을 받을 정도로 음악에 조예가 깊었다. 파울라의 외할아버지 슈타니슬라우스 칼크로이트 백작은 유명한 화가로 바이마르 대공의 예술학교 교장을 역임했다. 그의 아들 레오폴트 칼크로이트 백작은 사실주의 작가로 오늘날 독일 전역 박물관에 작품이 걸려 있는 매우

이들 여섯 명이 앉아 있었는데, 그들의 아이 네 명과 아래 거리에 사는 이웃의 아이 한스 도나니와 그레테(Grete) 도나니였다.

부모가 먼저 말을 걸지 않는 한 아이들은 저녁 식사 시간에 말을 하는 것이 허용되지 않았다. 그러나 그들은 보통 그들 나름의 특별한 손짓으로 식탁 건너편에 있는 다른 아이들과 소통했다. 물론 그들은 본회퍼 박사가 말하지 않을 때만 이렇게 했다. 디트리히와 한스는 자주 식사 후에 무슨 게임을 하고 놀 것인지를 정하기 위해 손가락을 펴서 들어 올렸다. 손가락 하나는 술래잡기, 둘은 장난감 병정놀이 등을 의미했다.

그날 밤에 본회퍼 박사는 마음이 복잡했고, 아이들은 그가 흥분하는 것을 느낄 수 있었다. 그는 보통 때와 다르게 불평하고 있었다.

"학생들 모두가 **과학자**가 되고 싶어 해." 그가 말했다. "그런데 누구도 진짜 과학자가 되기 위해서 필요한 일은 하려고 하지 않아. 그들은 모두 서로를 분석하는 것을 좋아해, 그런데 내가 책 한 권을 읽으라고 하면 그걸 내가 저희들을 고문 방에 집어넣는 거라고 여겨!"

"오, 하나님 아버지" 파울라가 점잖게 한 마디 했다. "전부 다 그렇게 나쁠 리가 없어요. 내 생각에는 분명히 좋은 학생들이 많이 있을 거예요."

---

유명한 화가이다. 디트리히의 피아노 연주 등 예술성은 어머니 집안에서 물려받은 재능이었다.

"아, 그렇지만 내 대학생 때와는 같지 않아." 본회퍼 박사가 대답했다. "우리는 하루 종일 공부 밖에는 다른 것은 생각하지 않았어. 심지어 밤새워서 공부했어. 그것도 촛불을 켜고, 잘 들어 두어라!"

한스는 재미있다는 표정을 지었고, 디트리히는 키득거렸는데, 그런데 아버지는 알아차리지 못한 것 같았다.

그러나 파울라는 알아차렸다.

"아마도 디트리히는 앞으로 위대한 과학자가 될 거예요." 그녀는 막내아들을 주목해서 쳐다보며 말했다. "오래 공부하는 게 확실히 이 아이한테는 조금도 문제가 되지 않아요."

디트리히는 얼굴을 찡그렸다.

"그래요. 젊은 세대들이 독일과 독일 학문의 영광을 회복시켜야만 해요." 본회퍼 박사가 큰소리로 말했다. "만약 디트리히가 거기에 일조를 한다면 나는 진짜로 굉장히 자랑스러울 거야."

디트리히는 아버지에게 그냥 고개를 끄덕였다. 어렸지만 그는 자신이 과학 연구에 관심이 없는 것을 알고 있었다. 그는 형들, 즉 실험실의 정확성을 즐겼던 클라우스와 카를 프리드리히(Karl-Friedrich) 혹은 독일 보병대에 입대한 발터(Walter)와도 같지 않았다. 발터는 자연에 대해 애정 어린 감수성을 가지고 있었고, 참호 속에서 전쟁으로 인한 대규모 파괴를 보면서 그의 인격이 점점 황폐해지고 있었다.

그러나 디트리히는 자연 세계에는 관심이 없었고, 어머니가 성서 이야기를 큰 소리로 읽어주었을 때 그녀가 보여주었던 세계에 더 관심이 있었다. 그는 하나님의 사람들이 나오는 그 이야기들의 초자연적인 세계에 매혹되었다. 그것은 정말 흥미진진한 세계처럼 보였다. 하늘에서 불을 내리는 예언자. 무시무시하게 큰 거인을 죽이는 양치기 소년. 그것 때문에 디트리히는 자신이 하나님의 사람이 되는 것이 어떨지 생각하게 되었다.

그가 형들에게 성서 이야기에 대해 이야기 할 때마다 그들은 그를 놀렸다. "하나님에 빠져 있는 것에서 네가 언젠가는 벗어나게 될 거야." 카를 - 프리드리히가 말했다. 클라우스는 이렇게 말했다. "너는 그게 그저 동화인 줄 모르니?"

그러나 디트리히의 어머니는 한스 크리스티안 안데르센(Hans Christian Andersen)도 읽어주었는데, 성서 이야기는 단순한 동화 이상으로 보였다. 그때 자신이 느끼는 바를 분명히 표현할 수 없었지만, 디트리히는 성서 이야기가 과학의 현실보다 더 크고, 넓고, 더 극적인 현실에 대해서 이야기하고 있다고 느꼈다. 어느 날 클라우스가 디트리히를 "신학자 내 동생"이라고 했다. 이렇게 씨앗 하나가 뿌려졌다.

시간이 지나면서 디트리히는 하나님에 대한 성찰과 사색을 혼자 간직하는 법을 배웠다. 하지만 그것들은 그의 안으로 스며들었고, 그리고 그의 꿈의 세계로 들어왔다.


저녁 식사 후 가족들이 거실로 자리를 옮겼는데, 거기서 디트리히와 그의 누이들과 한스가 〈야생 백조〉라는 연극을 했다. 본회퍼 부부는 아이들이 마지막에 과장된 몸짓으로 인사했을 때 신이 나서 박수를 쳤다. 그런 다음 파울라가 그들을 그녀 주위로 불러 모아서 독일의 오래된 민요를 가르치기 시작했다. 디트리히와 한스는 파울라가 노래 부르는 것을 조바심을 내고 들으면서 사탕을 빨아 먹고 있었다. 그들은 술래잡기를 하러 가고 싶었다.

그때 갑자기 현관문 두드리는 소리가 들렸다. 하인들이 모두 바빴고, 그래서 본회퍼 박사가 신문을 옆으로 밀어 놓고 문으로 갔다. 저녁 시간에 약속하지 않은 손님이 오는 경우는 드물었기 때문에 파울라는 남편이 현관으로 갈 때 좀 걱정스럽게 그를 쳐다보았다. 아이들에게 노래를 계속 불러주면서도 그녀는 문에서 하는 대화를 들어 보려고 했다. 그러나 남편은 숨죽여서 이야기하고 있었다.

마침내 본회퍼 박사가 거실로 돌아왔는데 얼굴이 잿빛이었다. 평소에 삶과 죽음의 가혹한 실상을 아이들에게 숨기지 않았기 때문에 본회퍼 박사는 독일 최고 사령부에서 보낸 전보를 읽기 시작했다. 끔찍한 진실을 짐작하고서 파울라는 가슴 속에서 참기 어려운 흐느낌이 올라오는 것을 느꼈다.

발터가 프랑스 전선에서 전사했다.


그날 밤 디트리히와 쌍둥이 여동생 사비네는 깨어 있는 채로 침대에 누워 있었다. 그들은 언제나 같은 침실에서 잤는데 이날 밤에는 너무 슬퍼서 그들 침대 사이가 마루로 나뉘어져 있는 것도 겁이 났다. 발터에 관한 소식은 현실이 아닌 것처럼 보였다. 그것이 사실이라는 것을 믿을 수 없었다.

어머니는 전보를 보고 나서 바로 거실에서 떠났다. 디트리히는 그녀의 얼굴 표정을 언제나 기억했다. 그녀의 눈은 모든 곳을 보는 것 같았고, 그리고 어느 곳도 보지 않는 것 같았다. 아버지는 아이들을 진정시키려고 몇 분 동안 노력했고, 그다음에 아내와 함께 비통해했다. 아이들의 여자 가정교사 율리 호른(Julie Horn)이 남은 저녁 시간 동안 그들을 돌봤다.

"나는 독일에서 평생을 살고 싶지 않아" 사비네가 어둠 속에서 말했다.

"왜?" 디트리히가 물었다.

"왜냐하면 독일은 언제나 전쟁 중이기 때문이야. 학교에서 듣는 게 전부 전쟁 소식이고, 라디오에서 듣는 것도 전부 전쟁 소식이야. 전쟁. 전쟁. 전쟁. 나는 부자 사업가와 결혼해서 전 세계를 여행하고 싶어."

"그렇지만 너는 독일 사업가하고 결혼할 거지?" 디트리히가 물었다.

"아마도. 그래. 그럴 것 같아" 사비네가 인정했다.

"그게 좋아" 디트리히가 말했다. "네가 멀리 가버리면 너를 미워할 거야." 그러고서 잠시 생각하고 말했다. "그러나 네가 무얼 하든지 너는 분명히 나보다 훨씬 재미있는 인생을 살게 될 거야, 특히 내가 아버지가 원하는 대로 해야 한다면."

사비네가 한숨을 쉬었다. "오, 디트리히, 아버지는 매 학기 말에 그러는 것처럼 학생들에 대해서 불평을 하신 것뿐이야. 그건 너와 관계없어. 아버지는 네가 결코 과학자가 되지 않으리라는 거를 알고 계셔. 너는 거미를 집는 것조차 싫어하잖아."

"네 말이 맞아." 디트리히는 진저리를 치며 대답했다. "거미는 징그러워."

잠시 침묵이 흘렀다.

"너는 내가 타펠(Tafel) 할머니 나이를 넘어설 수 있을 것 같니?" 사비네가 갑자기 물었다.

"아니." 디트리히가 단언했다. "왜냐하면 타펠 할머니도 너와 마찬가지로 나이를 먹게 되니까. 너는 결코 따라잡을 수 없어."

"디트리히, 내가 무얼 말하는지 알잖아!"

디트리히는 조용히 있었다. 그는 그녀가 말했던 의미를 자신이 알아들었는지 확신할 수 없었다. 그런 다음 그의 생각은 발터에게로 되돌아갔다. 비록 하늘을 마음속에서 확실하게 볼 수 있는지 충분히 알지 못했지만 하늘에 있는 발터를 생각하려고 했다. 아마도 하늘은 베를린 같을 텐데, 거리에는 천사들이 걸어 다닐 것이다. 그리고 그 소식을 듣고 비통스러워 끔찍스럽게 얼굴이 일그러진 어머니를 다시 생각했다. 디트리히는 만약 자신이 죽었어도 어머니가 그랬을까 생각했다.

그는 독일 군인들을 붉은 표지로, 적군을 검은 표지로 해서 커다란 판 위에 전쟁의 진행 상황을 표시했던 것을 기억했다. 그 모든 것이 멋진 게임이었다. 이제 그는 표지들을 갖고 다시 놀기보다는 차라리 거미를 집는 것이 낫다고 생각했다.

"디트리히, 나는 네가 언젠가 훌륭한 일을 할 거라고 생각해." 사비네가 다른 어조의 목소리로 이야기했다. "네가 나와 남매 사이가 아니라고 해도 너는 너무 좋은 아이야."

디트리히는 12살짜리 누이의 칭찬에 멋쩍었다. 겨우 이렇게 말했다. "고마워, 사비네. 내 생각에는 너도 역시 훌륭한 일을 할 거야."

"언젠가." 그의 누이가 대답했다.

"그래, 언젠가." 디트리히가 맞장구를 쳤다.

달빛이 침대 발치 쪽 벽에 있는 창문 차광막(遮光幕)을 넘어갔을 때 이 남매는 서서히 잠에 빠져 들어갔다.

아래층 방에서는 어머니와 아버지가 슬픔에 떨고 있었고, 반면에 수백 킬로미터 떨어진 곳에서는 천둥이 몰아치는 것 같은 전쟁의 소리가 계속되고 있었다.

# 2장

# 학창 시절

밖에 구름이 끼어 있었고, 교실은 어두웠다. 화창한 날이라고 해도 한쪽 벽에 있는 높고 작은 창문들에는 빛이 거의 들어오지 않았다. 방 여기저기에 촛불 몇 개가 흩어져 놓여 있었는데, 무거운 공기에 짓눌려 내려앉는 것 같았다. 학생들이 글을 읽으려면 보통 책을 얼굴 가까이에 들고 있어야만 했다.

전쟁이 끝난 후 독일에서 모든 전력은 어려움에 빠진 공장에서 사용하기 위해 제한적으로 공급되었다. 이전에 총기, 대포, 전투기들을 제조했던 업체들은 이제 전 유럽, 더 나가서 이전의 독일의 적국에 팔 수 있는 상품을 생산해서 무너져 버린 독일 경제를 재건해야 했다. 학교, 특히 상류층 자제들이 다니는 학교는 경제에 당장 도움이 되지 않았고, 그래서 전기가 들어오지 않았다.

교실에는 20명의 학생들이 줄을 맞추어 소나무로 만든 작은 책상에 앉아 있었다. 사비네는 디트리히보다 두 자리 앞에 앉아 있었다. 반 학생들 대부분은 그들처럼 대학 교수의 아이들이었다. 그들 모두 똑똑한 학생이었는데, 반(半)유대계 오스트리아인 클라인-슈미트(Klein-Schmidt) 선생에게 거의 집중하지 않았다. 학생들 대부분이 그의 말을 듣지 않고 종이비행기를 접고 있었다. 이 유별난 날에 클라인-슈미트는 계획했던 문법 수업을 포기했다.

"좋아." 선생님이 목을 가다듬고 학생들의 주의를 끌면서 말했다. "오늘 너희가 문법을 배우는 데에 관심이 없으니까 너희를 알아보는 시간을 가지려고 한다."

학생들이 무슨 말인가 하고 선생님을 바라보았고, 디트리히는 창문 밖을 응시하고 있었다. 거기에는 한줄기 빛이 회색빛 얇은 안개를 뚫고 나왔다.

"너희는 앞으로 너희가 하고 싶은 것을 무엇이든지 할 수 있을 거야." 클라인-슈미트는 계속해서 "너희는 독일 국민의 영광을 회복하는 책임을 맡은 사람이 될 거야. 하나님께서 도와주실 거야"라고 말했다.

학생들은 웅성거리며 킥킥댔다.

"너희가 한 학년을 올라간다고 가정하고, 너희 인생 계획이 무엇인지 알고 싶다." 학생들은 다시 웅성거렸다. "나는 지금 정말 진심으로 이야기하는 거야. 너희는 커서 무엇이 되려고 하니?" 그는 속으로 그들이 성장하면 할 일이 많다고 생각했다.

앞에 앉은 통통한 소년이 굵은 팔을 들었다.

"그래, 헬무트(Helmut)." 선생님이 말했다.

"나는 장군이 되기를 원합니다. 그러면 앉아서 시가를 피우며 병사들에게 더 많은 영국인을 죽이라고 명령할 수 있습니다."

학생들이 웃음을 터뜨렸다.

"좋아! 좋아!" 선생님이 질서를 다시 잡고 책상 줄 사이로 걸어갔다.

"넌 어때, 엘사(Elsa)?" 그는 창문에서 가장 먼 줄에 있는 금발 소녀를 가리키며 말했다.

"아버지처럼 나도 의사가 되고 싶어요." 엘사가 대답했다.

"여자 애들은 의사가 될 수 없어" 헬무트가 말했다. 학생들은 다시 한번 웃음을 터뜨렸다.

"라스(Lars)야, 너는 똑똑한 아이야, 무얼 하고 싶니?" 선생님은 뒤에 앉아 있는 어깨가 넓은 소년을 가리키며 미소를 지으며 물었다.

라스는 잠시 생각하다가 "나는 지도자가 되고 싶습니다."라고 대답했다. 그런 다음 조금 멈추었다가 "어떤 종류의 지도자인지는 상관없습니다. 하르츠(Hartz)에 사는 숙모와 숙부 같은 사람들이 좀 더 잘 살 수 있도록 내가 무언가 할 수 있으면 좋겠습니다. 그분들은 돈이 없고, 굶고 있습니다. 나는 그분들을 위해서 독일을 다시 강하게 만들기 원합니다."

남학생들이 환호성을 질렀고, 클라인-슈미트까지 라스의 말에 울컥했다. 그는 가슴을 펴고 책상 줄 사이로 걸으면서 고개를 끄덕였다. 마침내 그는 작은 창문 사이로 비치는 한 줄기 빛을 아직까지 꿈꾸듯 바라보고 있던 디트리히 앞에 섰다.

"그리고 본회퍼? 너는 무엇을 하고 싶니?"

디트리히는 주저하지 않고 "나는 신학자가 되고 싶어요."라고 대답했다.*

클라인-슈미트는 어리둥절했고, 반 전체에 잠시 침묵이 흘렀다. 그런 다음 헬무트가 킥킥거리기 시작했고, 얼굴이 빨개진 사비네를 빼놓고 모두 웃었다.

"음, 신학자?" 클라인-슈미트가 교실 앞으로 가면서 말했다.

이제 디트리히의 얼굴도 빨개졌다. 그는 자신이 왜 그렇게 말했는지 이유를 알 수 없었다. 그는 반 학생의 가족들 거의 대부분이 교회를 가지 않거나, 심지어 하나님을 믿는 척하지도 않는다는 것을 알고 있었다. 그는 웃는 학생들 속에서 자신의 감정을 살피려고 했다. 그가 "신학자"라고 말한 것은 아마도 전날 밤에 어머니가 복음서를, 특히 산상수훈을 읽어주었고, 거기에 나온 대단히 흥미로운 단어들이 머릿속에 아직까지 맴돌고 있었기 때문이었을 것이다. 그러나 내면 깊은 곳에서 무언가가 그가 진실되게 대답했다고 말했다. 모든 가능성 중에서 그는

---

* 1906년 2월 4일생인 디트리히 본회퍼는 후에 자신이 신학을 공부하리라는 것이 13살 무렵부터 분명해졌다고 말했고, 14살이 되던 1920년에 아버지와 가족들에게 신학자가 되겠다고 알렸다. 그의 아버지는 그와 입장이 달랐지만 아들의 결심을 존중했던 것으로 보인다.

하나님과 교회에 대해서 공부하고 싶었다. 선생님을 쳐다보았는데, 그는 얼굴에 웃음을 띠우고 교실 앞에 서 있었다.

"신학자라고?" 클라인-슈미트는 빈정대듯 굵은 목소리로 말했다. "그래, 너는 확실히 **흥미로운** 인생을 살게 될 거야."

학생들이 다시 폭소를 터뜨릴 때 디트리히는 창밖을 바라보았다. 한 줄기 빛이 사라졌다.

그날 저녁 식사 시간에 사비네는 식구들에게 학교에서 있었던 일에 대해서 이야기했다. 카를-프리드리히와 클라우스가 낄낄거리며 서로 팔꿈치로 찔렀다.

"나는 네가 신학에 관심이 있는 줄 전혀 몰랐다." 디트리히의 아버지가 말했다.

"내가 그 말을 하지 않는 게 좋았을 거예요." 디트리히가 얌전하게 말했다. "모두들 웃었어요."

"내 할아버지는 위대한 신학자이셨어."* 파울라가 말했다.

"그래요. 하지만 당신 할아버지는 역사적으로 다른 시대에 사셨어요." 남편 카를이 대답했다. "그때 사람들은 종교를 존경했고, 지식인들

---

* 파울라의 할아버지 카를 아우구스트 폰 하제는 저명한 신학자로 예나대학에서 교수로 60년간 가르쳤다. 그가 저술한 교리사 교과서는 20세기까지 신학생들이 사용했다. 괴테와도 교류가 있었던 그는 말년에 바이마르 대공과 뷔르템베르크 왕에게서 각각 귀족 작위를 받았다.

조차도 종교를 진지하게 생각했어요. 요즘 대부분의 사람들은 종교와 무관하게 살아요."

"아멘!" 카를-프리드리히가 큰 소리로 말했고, 그와 클라우스는 다시 웃었다.

"그렇지만 내가 잘해서 관련을 가지고 살게 만들 수 없을까요?" 디트리히가 반격했다.

카를은 미소 지었다. "음, 내가 말하고 싶은 것은 네가 큰일을 할 거라는 거야. 그리고 세상을 만들어 가는데 네 재능을 사용할 수 있는데 그걸 지역교회에서 묵히는 것이 나는 싫어."

"그러나 여보" 파울라가 끼어들었다. "확실한 것은 작은 교회 교인들은 여전히 중요하고, 보살핌이 필요해요."

"그 사람들이 중요하지 않다거나, 좋은 목사가 필요 없다고 말하는 게 아니에요." 카를이 대답했다. "그 일을 할 수 있는 젊은이들이 수천 명은 있을 거예요. 하지만 디트리히처럼 장점이 많은 아이에게 그게 최상의 일인지 나는 확신이 서지 않아요."

잠시 침묵이 흐르고 디트리히가 말했다. "나는 목사가 되고 싶다고 말하지 않았어요, 아버지. 나는 신학자가 되고 싶어요. 나는 위대한 지성들이 하나님에 대해서 무어라고 이야기했는지 배우고 싶어요. 그건 철학, 과학, 법학과 똑같이 매우 지적인 직업이에요."

그의 형들이 그 점에 대해서 논쟁을 벌이기 전에 카를이 "그럴지도,… 죽은 분야를 다시 살릴 수 있는 사람이 있다고 하면, 내 생각에는 그건 디트리히 너처럼 단호하고, 거침이 없는 사람일 거야."

카를은 곤혹스러워하며 아내를 쳐다보았고, 파울라는 미소를 지었다. "디트리히야, 수프를 먹어야지." 그녀가 말했다. "수프가 다 식는다."

# 3장

# 고슴도치 학우회

디트리히가 튀빙겐(Tübingen)대학에 학생으로 등록한 지* 불과 두 주밖에 되지 않았을 때 온통 검은 옷을 입은 나이 든 학생 하나가 가까이 왔다. 디트리히는 그런 학생들을 캠퍼스 주변에서 보았고, 조만간에 자신에게 접근해 오리라는 것을 알고 있었다.

"본회퍼, 맞지요?" 손을 내밀며 그 학생이 물었다.

디트리히가 고개를 끄덕이자 그가 말을 이었다. "나는 롤프 호프트

---

* 본회퍼 가문의 자녀들은 1년이라도 튀빙겐대학에서 공부하는 것이 집안의 전통이었다. 아버지 카를과 어머니 파울라 때부터 시작되었고, 디트리히가 튀빙겐대학에 들어갔을 때에는 이미 카를 프리드리히, 클라우스, 사비네, 크리스티네가 공부했거나 공부하고 있었다.

슈탁(Rolf Hoftstag)입니다. 당신을 고슴도치 학우회*에 초대하려고 하는데요. 당신 아버지가 회원이었다고 들었습니다."

"예, 회원이셨어요." 디트리히는 다소 망설이며 대답했다.

고슴도치 학우회는 튀빙겐대학에서 가장 명성이 높은 동아리 중에 하나였다. 일반적으로 프로이센 귀족 가문의 아들들이 회원이었고, 실제로 많은 저명한 독일 지도자들이 대학생 때 고슴도치 학우회 회원이었다. 그 회에 들어오라는 이야기를 듣는 것은 영광이었다. 그런데 디트리히는 동아리 활동을 하고 싶다는 생각이 들지 않았다. 공부에만 시간을 쓰기 원했고, 사교 행사는 가끔 가족과 친구들과 함께 지내는 정도를 원했다.

그러나 디트리히가 회원이 되는 것을 고민했던 데에는 또 다른 이유가 있었다. 고슴도치 학우회 활동에 군사 훈련이 포함되어 있었는데, 디트리히는 자신이 그것을 잘 해낼 수 있을지 확신이 없었다.

"어떻게 할 거예요, 본회퍼?" 호프트슈탁이 물었다. "여기서 활동하는 것을 당신 아버지께서는 분명히 자랑스러워 하실 거예요."

---

* 고슴도치 학우회는 독일 제국이 탄생한 해인 1871년에 발족되었다. 이 학우회는 제국과 황제에게 충정을 품고 있었고, 민족적 긍지와 애국심을 갖고 있었다. 회원들 상당수는 중도적인 정치 신념을 가지고 있었다. 디트리히 본회퍼의 아버지 카를 본회퍼도 고슴도치 학우회의 유명한 회원이었다. 그러나 나치 치하에서 고슴도치 학우회는 우익으로 기울었고, 1935년에 아리안 조항을 공식으로 채택하자 디트리히는 분노를 표하며 공개적으로 회원 자격을 포기했다.

"분명히 그러실 거예요." 디트리히가 대답했다.

그러고서 그는 아무 말도 하지 않았고, 어색한 침묵이 흘렀다. 거절하는 것은 거의 생각할 수 없었고, 디트리히는 그들의 기대를 어그러뜨릴 자신이 없었다. 그는 또 고슴도치 학우회에서 동지애가 생겨서 이것을 즐기게 될지도 모르겠다고 생각했다. 학우회는 학문과 남자다움을 결합하려고 했는데, 독일인이 된다는 것이 무엇을 의미하는지를 생각하고 있었던 그에게 확실히 설득력이 있었다.

"그래요." 마침내 그는 호프트슈탁에게 말했다. "기꺼이 고슴도치 학우회에 가입하겠습니다."

"좋습니다!" 호프트슈탁이 환하게 웃으며 말했다. "그러면 오늘 밤 푸슈도르프(Puschdorf) 홀에서 있을 입회식에서 봅시다. 걱정하지 말아요. 그다지 나쁘지 않아요." 그러고서 그는 디트리히의 어깨를 툭 치고, 성큼성큼 걸어갔다. 고슴도치 신입 회원은 속이 메스껍다고 느꼈다.

얼마 안 가서 디트리히는 일주일에 이틀 저녁 사격과 검술 훈련을 했다.** 고슴도치 학우회는 한 달에 한 번 캠퍼스를 둘러싸고 있는 들판에서 모의 전투를 벌였고, 디트리히는 이런 격렬하고 육체적인 훈련

---

** 1차세계대전 후 독일이 맺은 베르사유 조약에 따르면 독일은 10만 명의 군대만 유지할 수 있었고, 징병은 금지되었다. 이는 독일이 국가로서 정상적인 유지를 하기 위한 일정 수준의 군비로는 매우 부족했다. 그래서 연합국 관리위원회의 간섭을 피하고자 궁리한 우회적인 방법이 대학생들이 학기 중에 은밀하게 훈련을 받는 것이었다. 여기에 대부분의 고슴도치 회원들이 참가했다.

을 즐기고 있는 자신에 대해 놀랐다. 그는 많은 학우회 형제들보다 더 강했고, 들판에서 자신을 지킬 수 있었다. 그는 또 실제 군인이 된다고 하더라도 중간 정도는 될 것이라고 생각했다.

이제 겨우 17살로 청소년 시기의 그로서는 고슴도치 학우회 활동의 많은 부분이 유치하고, 천박해 보였다. 특히 주말 맥주 파티가 더 그랬다. 그들을 판단하는 그는 누구였나? 그는 캠퍼스에서 고슴도치 학우회의 관례대로 완전히 검은색 옷을 입었고, 책 읽기를 게을리하기 시작했다. 그래서 혼자 이렇게 생각했다. **이러다가 내 공부가 좀 힘들어지면 어떻게 하지, 그렇지만 대학 생활은 책과 강의만이 아니라 그 이상 다른 게 있어.** 그러나 중간고사 성적이 기대보다 훨씬 아래라는 것이 이미 확실했다.

중간고사 기간 어느 날 밤에 디트리히는 철학 교재에 속을 썩이며 고슴도치 학우회의 검은색 재킷을 입고 도서관에 앉아 있었다. 그가 읽고 있던 부분은 어떤 것의 존재가 그것의 본질과 분리될 수 있는가 하는 문제였다. 그것은 오래된 철학 문제였는데, 디트리히는 그 개념을 이해하는 것이 거의 불가능하다고 생각했다.

갑자기 한 청년이 그의 옆에 앉았다. 디트리히는 갑자기 혼자 있는 것을 방해받자 깜짝 놀랐고, 약간 짜증까지 났다. 얼굴색이 검고 깊은 눈을 가진 청년을 바라보며 디트리히는 간단하게 인사를 건넸다.

"안녕하세요." 청년이 응답했다. "나는 그저 당신이 입고 있는 멋진 재킷에 대해 내 생각을 이야기하고 싶었어요."

디트리히는 의자에 등을 기댔다. 집중력이 흐트러져서 그날 밤에 존재와 본질 사이의 차이에 대해 이해하지 못하게 될 것이 분명했다.

"그래요, 감사합니다." 디트리히는 하품을 겨우 참으며 말했다. "이건 고슴도치 학우회 재킷인데요."

"알아요." 청년이 대답했다.

"아, 회원이세요?" 디트리히는 그 청년이 자신이 아직 만나지 못한 학우회 회원일지도 모른다는 생각에 당황하며 물었다.

그러나 그 청년은 옅은 미소를 지으며 대답했다. "아, 아니에요. 나는 고슴도치 학우회 회원이 아닙니다." 그리고 나서 잠시 말을 멈춘 뒤에 "내 이름은 솔 프리스베르크(Sol Friesberg)입니다."라고 힘주어 말했다.

디트리히는 혼란스러웠다. 내가 이 젊은 솔 프리스베르크 씨를 알아야 하나? "죄송합니다. 나는 1학년이고, 아직 학교에 아는 사람이 많지 않아요." 디트리히가 말했다.

"단지 고슴도치 학우회 사람들만?" 솔이 디트리히를 보지 않고 물었다.

"예, 나는 주로 고슴도치 학우회 회원들을 알고 있습니다." 디트리히가 여전히 혼란스러워하며 대답했다. "왜? 이 회에 가입하고 싶으세요? 만약 그렇다면 내가 도울 수 있을 것 같은데요."

그러나 그의 질문에 솔은 크게 웃음을 터뜨렸다. "미안해요, 어… 이름이?"

"본회퍼인데요." 디트리히가 말했다.

"미안해요. 본회퍼." 솔이 말을 이었다. "그러나 나는 고슴도치 학우회 회원이 될 자격이 없어요. 나는 학교 내 유대인 학생 대표예요."

"무슨 말인지 모르겠는데요." 이제 짜증이 나서 디트리히가 말했다.

"미안해요. 그러나 내가 알기로는 고슴도치 학우회는 유대인을 받아 주느니 차라리 개를 받아줄 겁니다." 솔은 아주 심각한 표정을 지으며 말했다.

"분명히 당신이 착각하고 있습니다. 우리 모임에서 유대인에 대해서 비방하는 말을 들은 적이 없습니다."

"아, 그래요." 솔이 말했다. "그런데 모임에 몇 번이나 참석했나요? 어쨌든 회장단에 확인해 보세요. 그들이 당신에게 학우회의 '유대인 정책'을 직접 알려 줄 거예요." 그는 '유대인 정책'이라는 두 단어를 조롱하듯이 말했다.

"예, 확인해 보겠습니다. 프리스베르크 씨." 디트리히가 작은 소리로 대답했다.

"그냥 솔이라고 불러요." 청년이 가려고 일어서면서 말했다. "그런데 본회퍼, 나는 당신의 재킷이 마음에 들어요. 정말 자랑스럽겠네요."

디트리히는 도서관 한가운데에 다시 혼자 앉아 있었다. 솔의 말이 머리에 맴돌았다. 고슴도치 회원들이 진짜로 유대인 증오자라는 것이 사실일까라고 스스로에게 물었다. 그러고서 고슴도치 학우회 모임에서 불렀던 〈독일이여, 순수하고, 강하라〉 〈기독교인의 피〉와 같은 노래 등이 떠올랐고, 그 밑에 숨은 의미와 암시들을 이제 다른 관점에서 보았다. 그는 그 노래들이 단지 애국적인 노래이지 증오에 찬 노래가 아니라고 생각했었다.

갑자기 그의 세상 전부가 무너져 내리는 것 같았다. 철학책을 덮고, 그 위에 머리를 대고 조용히 울기 시작했다.


디트리히는 1학년 말에 튀빙겐을 떠나서 베를린 대학에 등록했다. 그것이 가문의 전통을 깨는 일이었지만 그는 튀빙겐의 반(反)유대주의 분위기보다 베를린의 지적 분위기가 더 좋았다. 베를린에서는 어떤 동아리에도 가입할 생각이 없었다. 조금도 신경 쓰지 않아도 되는 공부만 최대한 열심히 할 생각이었다.

베를린으로 돌아온 첫해에 디트리히의 마음은 새로운 견해들에 푹 빠졌다. 그곳 교수들은 이 세상에서 최고였고, 혹은 적어도 그들 스스로 최고라고 말했다. 그는 그들이 마치 하나님의 예언자인 것처럼 그들의 말 한마디 한마디에 매달렸다. 자신감이 생기면서 그는 수업 시간에 발언하기 시작했다.

어느 날 디트리히는 독일 문학 수업 시간 중간에 손을 들었다. 교수가 괴테(Goethe)의 희곡 《파우스트(Faust)》에 대해서 이야기하고 있었고, 디트리히는 괴테가 자연을 문명과 대립시키는 것에 충격을 받았다. 위대한 시인이 문명을 던져 버리고 야생의 원시주의로 돌아가라고 촉구하는 것처럼 보였다. 그러나 괴테의 문구가 때때로 반대로 이해될 수 있었기 때문에 디트리히는 그런 식으로 생각할 수 없었다. 디트리히가 태어나기도 전인 30년 전에 괴테를 처음 읽었던 노령(老齡)의 교수는 그를 쳐다보고 그의 이름을 불렀다.

디트리히는 "괴테가 그의 사상이 국가에, 제 말은 그 당시 정부에 위험하다는 것을 알았는지 그게 궁금합니다."라고 말했다.

교수는 웃음을 참았다. "나는 괴테가 자신의 사상의 정치적인 영향에 대해 아주 잘 알고 있었다고 생각해. 그런데 그는 정치 지도자들 대부분이 어쨌든 그것을 이해할 수 없으리라는 것을 알고 있었어. 그래서 그냥 자기가 할 일을 했던 것이지."

함께 수업을 듣던 몇몇 학생들은 노교수가 원기 왕성한 금발 청년을 그냥 가지고 놀고 있다는 것을 알고 히죽히죽 웃었다.

"그렇지만 자신의 시가 결국 사회에 변화를 일으킬 것이라고 그가 생각한 적이 있습니까?" 디트리히는 부끄러운 기색 없이 계속 질문했다.

"나는 모르겠는데" 교수가 대답했다. "그러나 우리와 마찬가지였을 거야. 그가 할 수 있는 건 그렇게 되었으면 하고 희망하는 것이었어."

"아, 나는 그가 우리와 마찬가지였을 거라고 전혀 생각하지 않습니다." 디트리히가 응답했다. "그는 보통 사람보다 한 수 위였다고 생각합니다."

"네가 그런 것처럼?" 눈을 반짝거리며 교수가 말했다.

디트리히가 자신이 살아온 햇수보다 두 배 이상 오랫동안 그 주제를 가르치고 있는 사람과 괴테에 대해서 토론하고 있다는 것을 자각했을 때 강의실의 모든 사람이 낄낄 웃었다. 그는 의자에 주저앉았다.

"나중에 내 방으로 와, 젊은 본회퍼" 교수가 말했다. "네가 원하는 만큼 충분히 너와 괴테의 염원에 대해서 토론할 용의가 있어. 그러나 지금은 저녁 식사 시간 전에 이 수업을 마쳐야만 해. 안 그러면 이 교실 학생들이 다 가버릴 거야."

디트리히는 결국 괴테에 대해 이야기하려고 그 교수를 찾아갔다. 또 그 해에 다른 교수들 대부분을 찾아갔다. 그는 첫날부터 학자로서 자질을 보여준 뛰어난 학생이었다. 교수들은 처음에는 즐거워했고, 그다음에는 디트리히가 그들과 대등하게 이야기하기 시작하자 이를 받아들였다. 그는 그렇게 많이 알지는 못했지만, 독창적인 생각을 향해 자신의 방식으로 사고(思考)하고, 추론하고, 작업하는 능력에서는 많은 경우에 그들을 능가했다. 20살이 겨우 넘었을 때 그는 이미 독일 신학의 지평에서 빛나는 별로 언급되고 있었다. 그는 학부 과정을 마치면 바로 대학원 공부를 시작하는 것을 당연하게 여겼고, 실제로 그렇게 했다. 역시 그는 뛰어났는데, 그 사실을 부모는 매우 자랑스러워했고, 형제자매들은 다소 놀랐다.

그렇지만 집중적으로 신학과 철학을 공부하던 이 시기에 디트리히의 인생에서 없는 것이 하나 있었는데, 그것은 진정한 믿음을 지닌 따뜻한 마음이었다. 그는 하나님에 대해서 지금까지 논의되었던 모든 것을 공부하고 있었다. 그러나 하나님과 직접 대화한 적이 없었다. 하나님이 그에게 개인적으로 말씀하는 것을 듣기 위해 기도하거나 혹은 성서를 읽거나 하지 않았다. 고도로 지적인 분위기에서 자라면서 그는 종교적인 열정을 표현하는 것은 무지한 대중들이 하는 것이라는 전제를 받아들였다. 그것은 머리를 따라 살지 않고 감정을 따라 사는 사람들의 영역이었다.

그렇지만 대학원 과정이 끝날 무렵 서로 다른 두 개의 경험을 하게 되면서 디트리히는 기독교를 순전히 지적으로만 접근하는 것이 맞는 것인가 하고 의심했다.

1924년 여름에 디트리히가 그의 형 클라우스와 로마(Rome)를 여행할 때 처음으로 그런 의심이 생겼다. 그들은 교양 있는 독일인으로서 그곳에서 고대 유적과 지하 묘지를 열심히 연구했다. 그러나 디트리히는 로마 주민들의 깊은 가톨릭 신앙을 보면서 자신이 점점 더 혼란스러워지는 것을 느꼈다. 가는 곳 어디에서나 신앙심을 표현하는 사람들과 맞부딪쳤다. 상점 주인과 그 아내들이 야외 고해소에 줄지어 서 있었고, 문간 계단에서 노파가 손가락으로 묵주를 돌리며 앉아 있었고, 이른 아침과 늦은 저녁 미사를 드리려고 사람들이 행렬을 이루며 가고 있었다. 그는 가톨릭 신앙이 사람들 생활의 일부가 아니라 그들 존재의 중심이라는 사실에 충격을 받았다.

그런 환경에서 "종교"라는 단어는 의미를 완전히 잃었다. 가톨릭 신자는 단순히 어떤 일을 하는 사람들을 가리키는 것이 아니었다. 그것은 그들이 **누구인가**의 문제였다. 그들은 첫째로 가톨릭 신자이고, 둘째로 이탈리아 사람이었다. 그런 신앙심을 보고 디트리히는 한 사람의 종교가 단순히 전문 이력의 한 부분에 불과했던 독일 문화 속의 사회적 개신교에 반대하는 판단을 하게 되었다. 그것은 주목할 만한 것이었다. 그는 독일인들이 자신들의 종교성에 너무 자부심을 갖고 있어서 기독교인이 되기 어려울 수도 있다고 생각하기 시작했다.

이 여행 후 디트리히는 개인과 공동체가 하나님과 실질적인 접촉을 하게 하는 활동인 성사(聖事)를 강조하는 가톨릭을 항상 높이 평가했다. 그리고 그는 특별히 수도원 생활에 매료되었는데, 그것을 하나님에 대한 **경험적인** 지식을 철저하게 얻게 되는 최고의 방법이라고 보았다. 요컨대 그는 로마 여행을 통해 기독교가 전적으로 머리의 문제이거나, 또 단순히 문화의 표현이 아니라는 사실을 알게 되었다. 더 중요한 것은 다른 믿는 사람들과 함께 믿고, 함께 살아가는 것이었다. 기독교는 오직 하나님 영광의 증진을 위해서 개인적으로나 공동체로 하나님을 일상적으로 경험하는 것이었다.

이 시기에 디트리히는 또한 독일어권에서 가장 논란이 많은 신학자인 칼 바르트(Karl Barth)와 접촉했다. 바르트는 독일 신학에서 지배적이었던 자유주의에 도전했기 때문에 논란을 일으켰다. 베를린 대학의 거의 모든 사람들은 신학적으로 자유주의였다.[*] 그것은 그들이 기독

---

[*] 1924년에 베를린 대학교 신학부는 자유주의 신학의 본산이었는데, 대표적인 신학자로는 당시 73세이었던 전설적인 신학자 아돌프 폰 하르낙이 있었다. 하르낙은 자유주의 신학

교의 역사적 발전에 초점을 맞추고, 성서의 무오성에 회의적이라는 의미였다. 그들은 또한 기독교의 사회적 관련성을 강조했다.《로마서 주석》발간으로 근래에 유명해진 바르트는 하나님과 그의 말씀의 불변성을 강조함으로 자유주의에 대항했다.* 바르트와 여러 차례 대화하면서 디트리히는 만약 하나님 말씀이 무엇인지를 인식하면, 즉 하나님의 말씀이 그분의 잃어버린 창조물에게 하나님의 변함없는 뜻을 전달하는 것이라는 사실을 인식하면 기독교인들이 사회에 독립적이고, 예언적인 영향력을 미칠 수 있다고 점차 믿게 되었다.

디트리히는 결코 자유주의의 사회적 복음을 전적으로 거부하지 않았지만 바르트를 만나고 나서 자유주의와 바르트주의 둘 다 현대 개신교에 중요한 무엇인가를 가지고 있다고 생각했다. 자유주의에서는 현대 사회의 사회 문제들에 대해 관심을 갖는 것이 중요하다는 점을 배웠다. 바르트주의에서는 하나님 말씀에 영원한 해답이 있다는 점을 배웠다. 디트리히는 그 두 관점을 적절한 신학적 방식으로 함께 묶

---

자 슐라이어마허의 제자로서 19~20세기 초 본문비평과 역사비평으로 성서를 접근했던 역사비평 방법론의 선도자였다.

* 바르트가《로마서 주석》을 펴낸 것은 1919년으로 자유주의의 역사비평 접근법을 거부하고 하나님의 초월성을 강조했다. 즉 하나님은 전적 타자로서 하나님의 계시를 거치지 않고서는 인간이 전혀 알 수 없는 분이라고 기술했다. 바르트는 바르멘 선언을 기초하여 고백교회 신앙의 기반을 제시했고, 히틀러에 대한 충성 맹세를 거부했다는 이유로 1934년에 독일에서 추방되었다.

는 것이 힘들지만 각각의 관점이 다른 관점과 분리될 수 없다고 생각했다. 그의 박사 학위 논문은 이러한 종합을 시도하려는 것이었는데, 불행하게도 오랜 시간이 지나고 나서야 다른 학자들이 거기에 관심을 기울였다. 몇몇 신학자들이 주목했을 때 디트리히는 교회에 대해서 이야기하는 것보다 교회의 의미에 부합되게 살아가는 것에 훨씬 더 관심을 가졌다.

# 4장

# "신앙 공동체"

디트리히는 1927년 12월 박사학위 논문을 발표했다. 논문의 제목
은 〈성도의 교제(**Sanctorum Communio**)〉였는데, 이는 "신앙 공동체"
라는 주제에 관한 학술적인 작업으로 로마에서의 가톨릭 공동체 경험
을 발전시켜서 자유주의와 바르트주의를 망라한 논문이었다. 지난 3
년 동안 그는 짧은 시간에 그 어느 때보다 더 많은 책을 읽었다. 그는
신학뿐만 아니라 철학과 윤리학에도 또한 정통했다. 신학이 과학 연구
만큼 지적이고, 엄밀할 수 있다는 어린 시절의 확신이 입증되었다.

이제 학업을 마쳤지만 디트리히가 학위를 받으려면 1년간 실제 목
회 경험을 해야 했다. 노회는 그에게 바르셀로나(Barcelona)의 독일어권
교회의 전도사 자리를 추천했다. 작은 교회였지만 담임목사가 나이가
들어 노쇠해져서 그를 대신해서 심방과 설교를 할 젊은 목회자가 필

요했다.

교인들은 학위의 명성에 관심을 갖기보다는 목회자가 자신들의 영적 필요를 얼마나 잘 충족시킬지에 더 신경을 썼는데, 디트리히는 이런 비학문적 상황에서 자신이 잘 지낼 수 있을지 알기를 간절히 원했다. 그러나 그는 자신이 전혀 알지 못하는 세계로 들어가는 것에 불안했다. 능력에는 자신 있었지만 힘들게 살아가는 바르셀로나의 부르주아와 가난한 노동자들이 그의 목회를 받아들이지 않거나 혹은 그가 선포하는 말씀을 들으려조차 하지 않을까 걱정되었다.

어느 날 저녁 식사를 하면서 그는 자신의 불안을 부모와 상의했다.

"그건 그저 거쳐야 하는 과정 중에 하나야, 디트리히" 고기를 자르면서 카를 본회퍼가 말했다. "네가 학문적인 경력을 계속 쌓으려면 견뎌야만 하는 거잖아."

"예, 그렇지요." 완두콩을 접시 한쪽으로 밀면서 디트리히가 대답했다.

"그리고 나는 교인들이 너를 받아들이는 것에 대해 걱정하지 않는다." 본회퍼 박사가 계속 말했다. "그 사람들은 네 행동거지에 따라서 너를 존경하게 될 것이고, 대놓고 말을 하지 않겠지만 네 지성과 학식 때문에 존경하게 될 거야."

디트리히는 무심하게 고개를 끄덕였다.

"게다가" 그의 어머니가 덧붙였다. "문화를 배울 수 있는 좋은 기회가 될 거야. 네가 돌아와서 스페인 사람들이 투우에 정신없이 빠져 들어가는 것에 대해서 우리에게 설명해 줄 수 있을 거야. 그건 너무 야만적이고, 잔인한 것 같아. 스페인 사람들은 심지어 어린아이들까지 투우장에 데려가기도 한다고 들었어."

디트리히는 빙그레 웃으며 말했다. "내가 스페인 문화의 그런 측면에 대해서 설명할 수 있을지 모르겠어요." 그는 잠시 말을 멈췄다. "그런데 나는 다른 부분에 더 관심이 있어요."

"음… 그게 뭔데?" 그의 아버지가 브로콜리를 꼭꼭 씹으면서 물었다.

디트리히는 망설였다. 그는 신학 공부를 하면서 마음속에 생겨나는 생각과 질문 중에 어떤 것들은 부모에게 드러내는 것이 조심스러웠다. 그들은 여전히 신학을 안전하면서, 세상으로부터 어느 정도 격리된 전문 영역이라고 생각했다. 그들 생각에는 현대 세계와 기본적으로 관련이 없다는 점이 신학이 가진 긍정적인 특성이었다. 그것은 격랑의 세계에서 점점 커지고 있는 위험하고 비인간적인 소용돌이에서 막내아들이 보호받게 되리라는 것을 의미했다. 그는 단순히 가르치고, 몇몇 사람들만 읽게 될 책을 집필하면 될 것이다. 그는 또 추상적인 학문에서 독일의 유산을 이어가는 작지만 크게 도움이 되는 공동체의 일원이 될 것이다.

디트리히는 망설이다가 말을 시작했다. "나는 **교회로서** 교회가, 그리고 **기독교인으로서** 기독교인이 그들이 속한 공동체에서, 더 나가서 교회 밖의 사람들 사이에서 진정한 변화, 즉 **사람을 구원하는 변화**를 이루어 낼 수 있을지 여부에 관심이 있습니다."

그의 부모는 식사를 멈추고 그를 물끄러미 쳐다보았다.

"그래, 디트리히." 그의 아버지가 미소를 지었다. "이건 네가 설교를 단순하게 하는 연습을 할 수 있는 기회야. 너의 엄마와 나는 네가 말하는 요점을 잘 파악하지 못하겠구나."

파울라가 목을 가다듬었다. "네가 기독교와 교회가 문명의 가치와 안정된 사회를 유지하기 위해서 필요하다고 이야기하는 것이라면" 그녀는 조용히 말했다. "우리는 거기에 전적으로 동의한다." 그런 다음 그녀는 잠시 말을 멈추었다. "그렇지만 그게 네가 말하려고 하는 건지 잘 모르겠다."

디트리히는 어머니에게 무어라고 대답해야 할지 생각하면서 우유를 한 모금 마셨다. 그의 생각은 소년일 때 과학적 사고를 하는 형들에게 "만약 교회가 지금 별 의미가 없는 존재라면 내가 그것을 의미 있게 만들 거야!"라고 당차게 선언했던 때로 거슬러 올라갔다. 도전의 범위가 지금은 어느 정도 더 현실적이 되었지만 그러나 그의 입장은 근본적으로 동일했다. 그는 자신이 세상으로부터 격리된 직업을 견딜 수 없으리라는 것을 알았다. 그는 세상을 변화시키는 일에 꼭 관여하고자 했다. 그리고 그의 탐구적이고, 학문적인 마음에 도서관의 평화로움 또한 크게 매력적이었다. 그는 철학 사상을 이해하고, 지식을 흥미진진하고 새롭게 종합해서 제시하는 것이 다른 어떤 것과 비교할 수 없이 즐거웠다.

솔직히 그의 생각이 나뉘었다.

"나는 교회가 우리 문명의 기반 중에 하나라고 믿습니다." 그가 말하기 시작했다. "교회가 성례전과 목회적 기능을 하지 못하면 야만의 세력이 제멋대로 지배하게 될 것입니다."

잠시 멈췄다가 계속 말했다.

"그러나 또 만약 교회가 계속 동시대 사건들의 압박과 부담을 짊어지려고 하지 않는다면 교회는 건설적인 세력으로 남아 있을 수 없습니다. 교회가 세상에서 단지 목회적 역할만 해야 하는 것이 아니라 예언자적인 역할도 해야 합니다. 진정한 교회는 이 세상과 항상 우호적인 관계에 있을 수는 없다고 믿습니다. 과거에 특히 독일에서, 우리가 교회와 사회 사이에 우호적인 관계를 쌓아 온 바람에 실제로 교회는 점점 더 의미가 없게 되었습니다." 그는 팔꿈치를 앞으로 내밀고 깍지를 끼었다. "내가 말하고자 하는 것은 삶의 중요한 문제들에 대해서 교회가, 비록 혼자라고 할지라도, 일어나서 영향력을 끼쳐야만 한다는 것입니다."

"디트리히, 나는 아직도 너의 그런 열정이 어디에서 나오는지 알 수 없구나." 그의 아버지가 한숨을 쉬며 말했다. "너는 교회가 **동시대 사건들의 압박과 부담**을 짊어지려면 무얼 해야 한다고 생각하느냐?"

디트리히는 의자에 등을 기대고 앉았다. "잘 모르겠어요." 그가 마침내 이렇게 말했다. "그러나 내 생각에는 교회는 하나님의 말씀이 선포되는 유일한 곳이기 때문에 온전한 하나님의 말씀을 설교할 책임이 있습니다. 그리고 성서 연구를 통해 알게 된 것은 이 세상에 여러 문제들이 있는데 하나님을 단지 **개인적인** 문제에만 국한시키는 것을 하나님께서 만족하지 않는다는 사실입니다. 그분은 전 세계와 그 안에서 벌어지는 모든 일에 관심을 갖고 계십니다. 그분은 어딘가에 들어앉아 있는 분이 아니고, 우리가 과학으로 아직까지 답을 찾을 수 없는 문제에 부닥쳤을 때에만 나타나는 분이 아닙니다. 그것이 교회가 현실과 관련을 갖지 않는 것에 대한 확실한 처방전입니다."

"그렇지만 목사 한 명이 모든 일에 관여할 수는 없어." 파울라가 말했다.

"사실 그럴 거예요." 디트리히가 대답했다. "그런데 내가 두려운 것은 우리 독일교회 목사들이 손을 더럽히는 것을 너무 걱정하는 것입니다. 그들은 오늘날의 현실 혹은 사람들이 살면서 겪는 실제 문제에 조차 관여하지 않습니다. 그렇게 해서 하나님이 삶의 주변부로 밀려날 수 있다는 것을 그들이 실제 예(例)로서 보여주고 있습니다. 그것이 편한 길일 수 있지만 하나님께서 교회를 부르실 때의 기준에는 미치지 못합니다. 교회는 하나님 말씀을 구체적인 현실로 실현하기 위해서 이 땅에 존재합니다. 그런 만큼 각 상황에 맞는 하나님의 말씀을 찾아내기 위해 전력을 다해야 합니다. 나는 이것이 세상에서 가장 중요한 책임이라고 봅니다."

"너는 목사가 정치가, 사업가, 군인들도 되어야 한다고 말하고 있는 거니?" 카를이 물었다.

"아니요." 디트리히가 대답했다. "그러나 목사는 적절한 방법으로 정치가, 사업가, 군인들에게 그리스도의 말씀을 선포할 수 있어야 합니다. 목사는 그들의 삶의 중심에 어떻게 하나님께서 자리 잡을지, 또 이렇게 해서 어떻게 나라에 변화를 가져올지를 제시할 수 있어야 합니다."

"그러면 너는 그것을 어떻게 하려고 하니?" 파울라가 물었다.

그 말에 디트리히가 미소를 지었다. "정말 모르겠어요. 그걸 한번 해보고 싶어요."

본회퍼 부부는 서로 바라보며 침묵했다. 그들은 고집이 센 막내아들이 어떤 직업을 갖더라도 주변부에서 왔다 갔다 하는 것으로 결코 만족하지 않으리라는 것을 마음속으로 실감했다. 어려서 공놀이 할 때 그랬던 것처럼 그는 항상 싸움의 한가운데로 곧장 뛰어들 것이었다. 그렇지만 걱정하는 속에 자랑스러움이 뒤섞였다.

"너를 목회자로 모시는 교회가 부럽기도 하고 불쌍하기도 하다." 입가에 미소를 지으며 카를 본회퍼가 말했다. "교인들은 자기들이 기대했던 것보다 더 많이 얻게 될 거야."

"오, 아버지, 내가 본래 천진난만하잖아요." 검은 빵 한 덩어리를 우적우적 세게 씹으면서 디트리히가 말했다.

그 말에 모두 같이 웃었다.

# 5장

# 바르셀로나*

디트리히는 투우사가 아우라 같은 마법의 광채로 둘러싸여 있는 것을 보았다. 그의 움직임은 본의 아니게 파트너가 된 황소와 함께 추는 춤의 안무 스텝처럼 보였다. 빠르게 흔들리며 움직이는 망토의 붉은

---

* 본회퍼는 바르셀로나의 독일인 교회를 섬기기 위해 22세에 바르셀로나에 갔다. 약 10개월 동안 19번 설교를 했다. 본회퍼는 어려운 신학 사상을 평범한 교인들에게 전달하는데 보기 드문 능력을 갖추고 있었다. 그래서 그가 설교하는 주일에는 예배 참석자 수가 눈에 띄게 증가했다. 또 바르셀로나에서 본회퍼는 사업에 실패한 사람, 가난한 사람, 범죄 피해자, 절망에 빠진 사람들과 시간을 많이 보냈고, 이런 경험을 통해 본회퍼는 가난한 이들의 비참한 처지를 알게 되었고 그 후 그들의 처지를 자신의 인생과 신학의 주제로 삼았다. 또 본회퍼는 어린이 예배에 관심을 기울였다. 특히 첫 주일 어린이 예배에 단지 한 명만 참석했는데, 본회퍼가 어린이 가정 심방을 하고 놀이터에서 같이 노는 등 애정을 기울이자 참석 어린이들이 평균 30명으로 늘었다.

색, 황소 몸통의 선명한 검푸른 색, 재빠르게 달리는 투우사가 높이 올려 신은 스타킹의 흰색 등의 색깔에 어느 누구라도 빠져들게 되어 있었다. 그 광경은 아름다웠고, 생소했고, 짜릿했다. 그러나 동시에 어딘가 역겨웠다.

디트리히는 어머니에게 투우의 매력과 매혹을 어떻게 설명해야 할지 몰랐다. 생사를 건 행위는 디트리히의 영혼을 뒤흔들었는데, 투우에는 이에 아주 흡사한 무엇인가 있었다. 그는 자신이 옛날식의 이교도로 약간 변하고 있는 것이 아닌지 걱정했다.

나이 들고 구부정한 독일인 교회 담임목사 프리츠 올브리히트(Fritz Olbricht)는 스페인의 영혼에 대해 배우는 데 좋을 것이라며 디트리히를 투우에 초대했다. 그러나 디트리히는 오히려 자신의 영혼에 대해서 훨씬 더 많은 것을 알게 되었다. 올브리히트 목사가 그의 옆에 서서 투우사가 창을 찔러 넣을 때마다 허공에 주먹을 휘둘렀는데, 디트리히는 그와 함께 피비린내 나는 행동에 크게 기뻐하는 자신을 발견했다. 디트리히는 자신이 세심하게 관리된 잔인함에 감탄하는 것이 아니라 오직 미학적, 시각적 순수성에만 감탄하기를 원했다. 그러나 그렇게 될 것이라고 확신하지 못했다.

어쨌든 그의 일요일 설교에는 이교도적인 것이 전혀 없었다. 그는 원하는 결과를 얻기 위해서 설교 말씀을 갈고 닦으며 일주일 내내 부지런히 준비했다. 문제는 그 작은 교회에서 그의 설교가 어떻게 받아들여지는지 정확히 말하기가 언제나 어려웠다는 점이다. 대부분 상인과 농

부인 교인들은 단지 그들의 사업과 농장에 대해 혹은 바이마르 공화국 (Weimar Republic)이 무정부 상태로 무너지고 있던 독일의 정치적인 상황에 대해 듣기를 원했다. 이것은 그리스도와 교회에 대한 그의 복잡하고도 논리적인 담론 전부를 귓전으로 흘려버리거나 혹은 내키지 않아 하며 귓등으로 들었다는 것을 의미했다. 고국을 떠나온 독일인 교인들 사이에서 영적 각성이 일어나기를 원했던 그의 기도는 응답되지 않는 것처럼 보였다. 그는 그들의 마음을 여는 방법을 몰랐다.

아직 그는 설교를 어떻게 다른 방식으로 해야 하는지 몰랐다. 디트리히의 노력을 대체로 지지했던 올브리히트는 그곳에 사는 독일인들은 스페인 문화 때문에 극적인 것과 일상생활과 실질적으로 관련이 있는 설교에 갈증이 생겼다고 말했다. "예수님이 그렇게 하셨어요, 그렇지 않아요?" 담임목사가 그에게 상기시켰다. "너무 지적이 되려고 하지 말아요."

그렇지만 디트리히는 자신이 그렇게 지적이라고 생각하지 않았다. 그는 교인들이 자신의 인생 전체를 예수와 연관시킬 수 있도록 만들어야 한다고 느꼈다. 그는 단순히 그들이 즐거워하는 이야기를 하거나 또는 더 나은 사업가와 농부가 될 수 있는 방법에 대한 실제적인 조언을 하는 것에 그치고 싶지 않았다. 그는 그들을 도전하기를 원했고, 그들도 마음속으로는 도전받기를 원한다고 믿었다. 바르셀로나에 독일인이 6천 명 살고 있었는데, 그중에서 겨우 40여 명만 매주 일요일 예배에 참석했다. 그러니 나이 든 목사는 모든 것을 제대로 할 수 없었을 것이다.

하지만 디트리히는 그 자신이 오직 그들의 삶과 실질적인 관계를 맺고, 그들을 돌볼 때 더 많은 사람들이 예배에 참석하리라는 것을 알고 있었다. 그래서 처음 몇 달 동안 그는 교인 명부에 등록되어 있는 300명 교인들을 심방하려고 했다. 그는 이웃에 대한 불평, 또 스페인에서 사업하는데 들어가는 비용에 대한 불평을 경청했다. 부엌에 앉아서 나이 먹은 과부들과 같이 사이다를 마셨고, 어린이들과 놀기 위해서 놀이터로 나갔다.

점차 일요일 예배 참석 인원이 늘어났다. 그리고 자기 만족하며 사는 것에 대해 때때로 질책을 받는다고 할지라도 일단 디트리히의 설교를 듣게 되면 그들은 보통 다시 예배에 참석했다. 그는 설교에서 종교와 신앙의 핵심 차이를 꿰뚫었다. 그는 "종교"는 단지 삶의 장식품일 뿐이고, 참된 믿음은 한 사람의 영혼의 중심에 서 있고, 삶의 전체 방식과 근본 태도에 영향을 끼친다고 그 둘의 성격을 규정했다.

예를 들어 어느 일요일에 그는 그리스도의 가까이 오심에 대해서 이렇게 설교했다.

예수님은 그분의 말씀 안에서 우리와 함께 하십니다… 그분이 우리에 대해 소망하고, 생각하는 것 안에서…. 하나님 자신인 예수 그리스도께서 모든 사람을 통해 우리에게 말을 걸어오십니다. 혼란스럽고 알 수 없는 당신, 즉 다른 사람이 우리를 향한 하나님의 부르심이고, 우리를 만나러 오신 하나님 자신입니다….

…그리스도께서는 인간이 존재하는 한 당신의 이웃으로서, 또 당신을 부르고, 이야기하고, 요구하는 분으로서 이 세상 여기저기에 다니실 것입니다. 그리스도께서 문 앞에 계시고, 인간의 모습으로 우리 가운데 사신다는 것이 매우 긴박하고, 크게 기뻐할 대림절 메시지입니다. 당신은 그분에게 문을 닫겠습니까? 열겠습니까?

또 다른 일요일, 디트리히가 예배실 뒤에서 집으로 돌아가는 교인들과 인사를 나누고 있을 때 항상 어렴풋이 자신의 어머니를 생각나게 하는 한 교인이 그의 팔을 잡아끌었다. 스페인어와 독일어가 섞인 말투로 그녀는 "본회퍼 전도사님, 내 아들을 한 번 심방해 주시겠습니까?"라고 말했다. 고통스러운 목소리였다.

"기꺼이 그렇게 할게요. 리히터(Richter) 부인" 디트리히가 대답했다. "아들이 부인과 함께 살고 있나요?"

"글쎄, 내 집에 그 아이 침대가 있기는 해요. 그런데 대부분 술집[그녀가 욕설처럼 이 단어를 내뱉었다]에서 보내요. 그 아이를 만나려면 잠에서 깨어나서 다시 술집에 가기 전, 그러니까 오후 이른 시간이어야 해요." 그 여자가 말했다.

"아들이 술을 좋아 하나 보네요. 그렇죠?"

"그건 더 이상 좋아하고 싫어하는 문제가 아니에요." 리히터 부인이 침울하게 말했다. "그 아이가 하는 일이라곤 그게 전부에요."

디트리히는 1차세계대전에서 사랑하는 남편을 잃었고, 그녀의 나이 50보다 훨씬 더 나이 들어 보이는 그 과부의 눈을 깊이 들여다보았다. 그는 예수가 슬픔에 잠긴 과부와 부모들에게 어떻게 했는지를 생각했다. 그 사람들은 불가능한 것을 요구하며 그분에게 왔는데, 그분은 결코 단 한 사람도 거부하지 않았다. 디트리히는 또한 예수의 사역이 교회에 어떻게 전달되었는지 생각했다. 그것은 엄청난 책임이었고, 합리적으로만 해석해서는 안 되는 책임이었다.

"내일 점심 식사 후에 가겠습니다." 그가 말했다.

리히터 부인은 입가에 굳은 미소를 지으며 "감사합니다. 본회퍼 전도사님" 하며 붙잡고 있던 그의 팔을 놓았다. 그러고서 잠시 교회 계단에 서서 "요세프(Josef)를 분명히 만날 수 있을 거예요"라고 덧붙였다.

디트리히는 그녀가 서둘러 인도로 나서는 것을 지켜보았다. 그녀가 머리를 까닥거리며 거리로 나가는 것을 보려고 했지만 북적이는 군중 속에서 금방 그녀를 놓쳤다. 바르셀로나에서 사람들은 일반적으로 일요일에 쇼핑을 했고, 거리는 사람들로 가득 차 있었다.

디트리히는 교인들에게 다시 시선을 돌리고, 모두 돌아갈 때까지 악수를 계속 했다.

리히터 부인의 집은 바르셀로나 외곽에 있는 독일인이 모여 사는 동네에 있었다. 교회에서 약 12블록을 걸어가야 했다. 디트리히는 1시 15분에 도착했고, 리히터 부인은 그에게 커피와 과자를 대접한 후 작은 아파트의 뒤쪽 방으로 사라졌다. 디트리히는 자신에게 익숙하지 않은 가난을 드러내 보이는 주로 벼룩시장에서 구한 몇 안 되는 가구들을 둘러보았다. 그러나 얼마 지나지 않아 뒷방에서 흘러나오는 젊은이의 알아들을 수 없는 목소리 때문에 더 둘러볼 수 없었다. 디트리히는 그때 그 청년이 몇 마디 스페인어 욕을 하는 것을 듣고 그가 어머니 때문에 마음이 불편하다는 것을 알았다.

그러고서 조용해졌다.

리히터 부인은 보통 때 묶고 있던 머리를 풀고 금방 어두운 방에서 나왔다. "죄송합니다." 그녀가 말했다. "요세프는 오늘 안 되겠네요. 전도사님은 그 아이가 23살이라는 것을 믿을 수 없을 거예요. 꼭 버릇없는 6살짜리 아이처럼 행동하니까요."

디트리히는 불안한 마음을 감추려고 노력했다. 그는 아직까지 가정 문제를 다룬 경험이 없었고, 나이를 빼놓고는 모든 점에서 자신과 다른 사람을 상담해 달라고 요청받은 것에 당혹스러웠다. 겁이 나는 상황이었다.

"내가 가서 이야기를 좀 해볼까요?" 디트리히가 물었다. 리히터 부인은 눈물이 가득한 눈으로 그를 바라보며 조용히 "예"라고 대답했다.

디트리히는 의자에서 일어나 빠르게 방을 가로질러 걸어갔다. 그는 자신 있게 보이고 싶었지만 그렇게 되지 않았다. 어두운 방에 들어가기 전에 숨을 고르며 짧게 기도했다.

그렇지만 그가 들어가기 전에 요세프가 발을 질질 끌며 그를 지나쳐 부엌으로 들어갔다.

"커피 있어요, 엄마?" 젊은이가 쉰 목소리로 물었다. 그는 갈색 곱슬 머리이었고, 독일 혈통임에도 불구하고 스페인 사람처럼 보였다.

"여기, 내가 가져다줄게요." 석탄 난로 위에 있는 커피포트로 가면서 디트리히가 말했다. "좀 피곤해 보이네요. 의자에 앉아요."

여전히 몸을 가누지 못하는 요세프가 의자에 앉았다.

디트리히는 커피를 테이블로 가져와서 컵에 커피를 부었다.

"요세프씨, 당신 어머니가 나보고 여기에 와서 당신과 이야기를 좀 해달라고 했어요."

요세프는 커피를 후루룩 마시며 툴툴거렸다.

"당신에게 부탁할 게 있어요." 디트리히는 주눅 들지 않고 계속 말했다. "당신이 이번 일요일에 어머니와 함께 교회에 왔으면 좋겠습니다."

요세프는 커피를 마시다 말고 히죽 웃었다. "그런데 나는 일요일 아침에 아주 바쁜데요."

"예, 그렇겠지요." 디트리히가 자리에 앉으며 말했다. "그런데 오늘 여기에 오면서 보니까 이 집과 교회 사이에 여자가 혼자 다니면 위험한 동네가 있습니다. 나는 당신이 한 집안의 가장으로서 어머니가 교회에 안전하게 오실 수 있도록 책임을 져야 한다고 생각합니다. 내가 그렇게 생각하는 게 맞지 않아요?"

요세프는 대답하지 않았고, 디트리히는 그를 향해 몸을 기울였다. "당신 어머니는 분명히 계속 교회에 올 거예요. 어머니만큼 훌륭한 기독교인은 없어요."

요세프는 눈을 가느다랗게 떴다. 그는 강한 독일어 억양을 가진 건장한 이 젊은 전도사와 같은 사람을 만난 적이 한 번도 없었다. 디트리히가 그의 남자다움에 도전하고 있었기 때문에 요세프는 본능적으로 이 전도사를 집에서 내보내기 위해 공격적으로 나가려고 했다. 그러나 그는 디트리히의 강인해 보이는 어깨와 손, 그리고 그의 눈에 보이는 강철 같은 엄청난 투지를 생각했다.

"그리고 거리가 멀기 때문에 예배가 끝나기 전에 집에 갔다가 다시 올 시간은 없을 겁니다. 특히 내 설교가 아주 짧아서 더 그래요." 디트리히는 희색이 만연한 리히터 부인을 바라보며 말했다.

그가 갑자기 진지하게 말했다. "어머니가 보호도 없이 위험한 곳에 다니는 것을 그대로 두고 볼 수는 없다고 분명히 말씀드리지요. 만약 어머니에게 비극적인 일이라도 생기면 나 자신을 용서할 수 없을 것입니다."

요세프는 일어나서 다시 침대에 눕겠다고 했다.

"예, 아마 당신은 좀 자야 될 거예요." 젊은이가 뒷방으로 다시 터벅터벅 걸어갈 때 디트리히가 대답했다.

디트리히는 그의 도전이 받아들여졌는지 확신할 수 없었다. 그러나 다음 일요일 오전에 매번 앉는 좌석에 앉은 어머니 옆에 그 젊은이가 앉아 있었다. 더욱이 거기에 앉아 있는 동안 그는 깨어 있었다.

설교 강단에서 보니까 심지어 그가 설교를 듣고 있는 것 같기도 했다.

투우의 매력을 완전히 이해하지 못한 채 디트리히는 1928년 11월
에 스페인을 떠났다.* 바르셀로나에서 10개월을 지낸 후 그는 인격이
좀 더 성숙해진 것을 느꼈다. 거기에서의 경험을 통해 그는 평범한 사
람들이 겪는 문제와 어려운 일들을 이해하게 되었다. 그는 어떻게 하
나님의 말씀을 단순하면서도 효과적으로 전할지 또 어떻게 자신이 스
스로 살아남을지를 배웠다. 22살의 나이에 그는 마침내 조숙한 학생
이 아니라 책임감 있는 어른이 된 기분이었다. 그러나 그는 바르셀로
나에서만 새로운 경험을 한 것이 아니었다.

다음 해에 그는 미국으로 떠났다.**

---

* 여기서는 1928년 11월에 본회퍼가 스페인을 떠났다고 되어 있지만 11월에 그는 바르셀
  로나에 더 머물러 달라는 요청을 받았다. 그러나 교수자격 취득 논문(하빌리타치온)을 마
  치고 싶었던 본회퍼는 그 요청을 받아들이지 않고 1929년 2월 15일에 베를린으로 돌아
  갔다. 여기서는 본회퍼가 바르셀로나에서 10개월을 지냈다고 되어 있으나 그는 1928년
  2월부터 1929년 2월까지 1년을 바르셀로나에서 지냈다.

** 바르셀로나에서 베를린으로 돌아온 본회퍼의 나이는 1929년에 23세였는데, 교회법에 따
   라 목사 안수를 받으려면 2년을 더 기다려야 했다. 그는 그해에 교수자격 취득 논문〈행
   위와 존재〉를 쓰고 1930년에 교수 자격을 취득했다. 그리고 1930년 9월 미국으로 출발
   했다.

# 6장

# 미국 방문

"본회퍼 씨, 당신 나라의 유대인 상황에 대해서 이야기해 주겠습니까?"

디트리히가 뉴욕(New York) 유니온(Union) 신학대학원에 머무는 동안 그의 주요 후원자 중에 한 명인 저명한 신학자 라인홀트 니버(Reinhold Niebuhr)가 이렇게 질문했다. 거기에서 디트리히는 미국 신학을 배우기 위해 1년짜리 슬로안 펠로십(Sloan Fellowship) 과정에 있었고, 대학원 수업 몇 과목을 수강했다.

그는 거기서 보고 들은 것에 곧바로 깊은 인상을 받지 못했다. 유니온의 교수들은 칼 바르트 같은 위대한 동시대의 유럽 신학자들이 말하는 내용을 알지 못하는 것 같았다. 디트리히는 그들이 하나님, 그리스도, 교회 혹은 성서에 대한 교리적인 언급을 거의 전혀 하지 않고,

경험, 정치, 경제의 중요성을 강조하는 것을 보면서 가끔 그들이 일부러 모르는 척하는 것이라고 생각했다.

하지만 실용적인 기독교를 강조한 결과 교수들(특히 니버)은 디트리히가 특별히 애정을 갖고 있는 주제 중에 하나인 윤리학에 관심을 갖고 있었다. 니버와 그 동료들은 어떻게 현실 환경을 더 낫게 바꿀 수 있는지 혹은 어떻게 현실 세계 상황에서 올바른 일을 할 수 있는지에 대해 말하지 않는 윤리적인 주장은 가치가 없다고 생각했다.

이렇게 해서 유대인에 대한 질문이 나왔다.

신학 전공 대학원생 15명과 그들의 존경하는 교수가 디트리히의 대답을 기다리고 있을 때 그는 생각을 정리하려고 노력했다. 어떤 이유에서인지 그는 니버가 구체적이고, 양면성을 가진 목적을 가지고 이 질문을 하고 있다고 속으로 의심했다. 아마 그 교수는 유대인의 상황에 대해 디트리히보다 더 많이 알고 있으면서 단지 그를 시험하는 것이었을 것이다. 디트리히는 나이가 많은 라인홀트가 자신이 이 질문에 제대로 대답하지 못하면 만족하지 않을 빈틈없는 인물이라는 것을 이미 알고 있었다.

그래서 디트리히는 개인적인 경험에서 대답을 시작했다.

"4년 전에 내 쌍둥이 여동생 사비네는 기독교인으로 세례를 받은 유대인과 결혼했습니다. 그의 이름은 게르하르트 라이프홀츠(Gerhard Leibholz)인데, 아주 유능한 헌법 전문 변호사입니다."

디트리히는 학생들이 자신의 말을 얼마나 열심히 듣는지를 확인하기 위해 잠시 말을 멈췄다.

"부끄러운 점은 게르하르트가 자신의 능력만큼 자신의 전문 분야에서 출세할 수 없으리라는 사실입니다." 그는 계속했다. "유감스럽게 우리나라에서는 유대인에 대한 비합리적인 편견이 엄청나게 있습니다. 보통의 독일인들은 1차세계대전에서 패배한 후유증을 여전히 겪고 있습니다. 아니, 더 정확히 말하자면 전쟁을 종식시킨 이른바 평화조약* 때문에 아직도 고통을 겪고 있습니다."

디트리히는 미국 청중들에게 있는 그대로 말하면서 그가 마지막에 한 이야기 때문에 학생들 사이에 어느 정도 불만이 있을 것이라고 생각했다. 그러나 이의를 제기하는 사람은 한 명도 없었다. 아마 그들 대부분은 독일을 전례 없는 수준의 빈곤으로 몰아넣은 "평화" 조약의 실체에 대해서 객관적으로 판단할 만큼 충분히 지적(知的)일 것이라고 그는 생각했다.

---

\* 이 평화조약은 1차세계대전의 평화협정을 말하는데, 1919년 6월 독일과 연합국 사이에 베르사유 궁전에서 조약을 맺어 베르사유 조약이라고 한다. 이 조약에는 "모든 전쟁 책임이 독일과 그 동맹국에 있다."라고 명시되어 있다. 이 조약에 따라 독일은 모든 해외 식민지를 잃었고 프랑스, 벨기에, 폴란드, 체코슬로바키아 등에 영토의 일부를 넘겨야 하였다. 또 알자스-로렌지방을 프랑스에 양도했고 폴란드의 독립으로 영토와 인구의 일부를 상실했다. 또한 모든 중포와 항공기, 전차, 군함을 연합국에게 양도해야 했다. 육군은 10만 명 이하로, 해군의 함정 보유는 10만 톤 이하로 제한되었으며, 공군과 징병제는 금지되었다. 또한 1,320억 마르크의 전쟁 배상금을 10년 안에 지불하기로 했다. 이 조약으로 독일은 최악의 인플레이션을 겪었으며, 결국 신생 바이마르 공화국은 집권 초기부터 위기에 빠졌다. 히틀러는 이 틈을 파고들어 1933년 집권했고, 1935년 3월 베르사유 조약 파기를 선언했다.

"물론 그 조약의 조항이 불공정하고, 가혹하다고 해서 우리나라 문제의 대부분이 한 민족의 탓이라고 변명할 수 없습니다. 그러나 독일인들은 자부심이 매우 강하고, 굴욕을 잘 견디지 못합니다. 우리가 받는 수모에 희생양을 찾으리라는 것을 쉽게 예견할 수 있습니다."

니버는 끼어들기 위해서 목을 가다듬었고, 디트리히는 그를 보며 고개를 끄덕였다.

"나는 극우 세력이 독일, 특히 뮌헨(Munich)과 보헤미아(Bohemian) 지역에서 부활하고 있다고 들었습니다. 맞는 이야기입니까?" 니버가 물었다.

디트리히는 그를 미국에 초청한 니버가 얼마나 많이 알고 있는지 알고 미소를 지었다. "자신들을 민족주의자라고 부르고, 맥주 홀에서 고함을 지르고 소동 벌이기를 좋아하는 그룹이 있습니다. 그들 중 일부는 정치적으로 조직되고 있고, 독일 의회에서 의석 확보를 추진하고 있습니다. 거기에서 방심할 수 없는 점은" 디트리히는 튀빙겐 시절을 회상하며 말했다. "그들이 젊은이들 사이에서 매우 영향력이 있다는 점입니다. 많은 젊은 독일 민족주의자들이 7년 전에 정부 전복에 실패했던 한 사람 주위에 모여들었습니다. 그에 대해 들어 봤을 텐데, 바로 아돌프 히틀러입니다."

"물론" 니버는 차분하게 대답했다.

"독일 교회가 유대인이 겪고 있는 편견과 학대에 대해서 발언을 하고 있습니까?"

질문자는 괴팍스러운 옷차림을 한 흑인 청년으로 의자에 불편하게 앉아 있었다.

"음, 이름이?"

"피셔" 그 학생이 대답했다. "프랭크 피셔(Frank Fisher)"

"교회들이 그 문제에 대해 윤리적으로 저항하고 있다고 말할 수 있으면 좋겠네요. 피셔씨." 디트리히는 친절하게 대답했다. "그러나 사실은 대부분의 독일 기독교인들은 소수 민족이 지금 당장 겪고 있는 고통, 그리고 앞으로 겪게 될 고통에 대해서 그렇게 고민하지 않습니다."

"미국하고 많이 비슷하네요." 피셔가 미소를 지으며 말했고, 대부분의 학생들은 킥킥거렸다.

디트리히는 잠시 혼란스러웠다. 그는 미국은 민주주의와 모두를 위한 동등한 권리의 땅이라고 들어왔다. 세련된 문화와 심오한 학문 영역에서 부족한 부분이 있다고 하더라도 미국은, 적어도 디트리히의 마음속에는, 가장 혜택을 받지 못하는 이민자나 혹은 소수 민족 구성원이 근면과 끈기를 통해서 사회의 중요한 위치로 올라갈 수 있는 거대한 용광로라는 강점을 가지고 있었다. 그는 질문자에게 "분명히 미국에서 소수자에 대한 편견은 피상적인 것이고, 민주적 절차를 통해서 극복될 수 있습니다."고 말했다.

이 말에 프랭크 피셔는 웃으면서 그의 자리에서 튕기듯이 일어났고, 니버 교수조차도 쓴웃음을 참지 못했다.

그 학생보다 먼저 니버 교수가 디트리히에게 대답했다. "당신이 말한 것처럼 민주적 절차가 언제가 승리한다고 내가 믿는다고 하더라도" 니버가 차분하게 말했다. "그것보다 조금 더 복잡합니다."

프랭크 피셔가 다시 의자에 앉았다. "아, 내가 당신을 할렘(Harlem)으로 데리고 갈게요. 거기에서 당신이 박살이 날 거예요."

"할… 하… 미안합니다. 독일 사람으로는 발음하기 어려운 단어네요. 거기가 어디에요?"

"여기서 몇 블록만 가면 됩니다." 엄지손가락으로 창밖을 가리키며 피셔가 이야기했다. "내일 거기를 조금 걸읍시다."

"일요일에?" 디트리히가 물었다. "진짜에요?"

"아, 일요일이 거기 가기에 가장 좋은 날이에요." 피셔가 고개를 끄덕이며 말했다. "거기 가기에 가장 좋은 날."


다음 날 아침 9시에 뉴욕의 온도는 이미 27도였다. 디트리히와 프랭크는 유니온 신학교 캠퍼스에서 할렘의 아비시니안(Abyssinian) 침례교회*까지 함께 걸었다. 길을 가면서 프랭크는 미국의 흑백 분리 정책에

---

\* 1808년 에티오피아 출신의 선원들이 맨해튼 남부의 제일침례교회에서 기도회를 시작했지만 백인교회 예배 참석을 거부당했다. 그래서 그들은 1809년 그곳을 떠나 몇 명의 흑인 교인들이 흑인 중심의 아비시니안 침례교회를 세웠다. 당시 에티오피아를 아비시니아로 불렀다. 1920년에 교회를 할렘으로 이전하고, 할렘지역 138번지에 거대한 교회당을 새로 지었다. 본회퍼가 방문했을 당시 담임목사는 1908년에 부임한 파월 목사였다. 그는 부흥 설교자였고, 특유의 뜨거운 감성을 지성과 사회적 비전과 결합시켰다. 1930년대 중반에 교인 수가 이미 1만 4천 명에 이르렀다.

대해서 설명하기 시작했고, 디트리히는 게걸스럽게 그 정보를 받아들였다. 분리, 차별, 정치적 박해와 같은 부분에서 독일의 유대인 상황과 일치한다는 것이 인상적이었다. 디트리히는 그때 거기에서 미국의 흑인에 대해 가능한 한 모든 것을 배우겠다고 결심했다.

그들이 교회에 도착했을 때 예배는 이미 진행 중이었다. 디트리히는 회중들이 루터교 찬송에서는 결코 보지 못했던 가사로 찬양하면서 박수치고, 소리 지르고, 춤추는 것을 보고 처음에는 놀랐고, 그다음에는 아주 즐거웠다. 로마에서 그는 기도할 때 울었던 이탈리아 가톨릭 신자들의 열정을 목격했지만 이것은 완전히 새로웠다.

프랭크가 디트리히 쪽으로 몸을 기울였다. "여기에 있는 사람들은 하나님께 예배드리기를 좋아합니다."

디트리히가 고개를 끄덕였고, 프랭크는 계속 말했다. "그들은 종종 한 시간 또는 그 이상 이렇게 노래하고, 계속 움직입니다. 그들은 당신이 주님을 느낄 수 없으면 그분을 만날 수 없는 것이라고 이야기합니다."

얼마 지나지 않아 디트리히는 더 이상 그냥 가만히 있을 수 없었고, 다른 사람들과 함께 박수치고, 소리 지르며 스스로 예배의 활기 속으로 뛰어 들어갔다. 그런 다음 찬양이 예복을 입은 목사의 부름과 응답 순서로 매끄럽게 이어질 때 그는 소리 높여 "아멘"을 했다. 2시간의 예배가 끝났을 때 디트리히는 지칠 대로 지쳤고 땀에 흠뻑 젖어서 교회 밖으로 걸어 나왔다.

근처의 스테이크 하우스로 점심을 먹으러 가면서 그는 프랭크에게 "나는 전에 이런 적이 한 번도 없었어요."라고 말했다.

"글쎄요, 아무도 당신이 그럴 줄 몰랐을 겁니다." 프랭크가 웃으며 말했다. "당신은 마치 흑인 교회에서 성장한 사람처럼 보였어요. 나는 심지어 예배 중간에 당신 피부가 아직 하얀지 확인까지 했어요."

디트리히도 역시 웃었다. "그렇지만 분명히 내가 사람들 속에서 눈에 띄었을 거예요."

"그럼요." 새로운 독일 친구를 위해서 스테이크 하우스 문을 열면서 프랭크가 말했다. "닭장 안의 여우처럼 눈에 띄었지요."


디트리히는 유니온에서 그해 슬로안 펠로십 과정에 있는 유일한 유럽 학생, 또 유일한 신학자가 아니었다. 조용한 프랑스인 장 라세르 (Jean Lassere)*는 디트리히와 같은 수업을 들었고, 그가 드문드문하는

---

* 본회퍼가 유니온 신학대학원에서 가깝게 지낸 동료 신학생 4명이 있었다. 본회퍼는 이들과 미국 여러 곳과 멕시코, 쿠바 등을 같이 여행했고, 개인적인 교분을 쌓았으며 이후에도 계속 친분을 유지했다. 그들은 프랑스인 장 라세르, 스위스인 에르빈 주츠, 미국인 폴 레만, 아프리카계 미국인 앨버트 프랭클린 프랭크 피셔이다. 라세르는 본회퍼에게 평화 복음을 알려 주었고, 에르빈 주츠는 신학자 칼 바르트와 에밀 부르너를 소개하고 만나게 해주었다. 레만 부부는 본회퍼가 뉴욕에 체류하던 시절 가족이나 다름없이 가까이 지냈다. 프랭크는 아비시니안 침례교회를 소개해 주었고, 본회퍼는 독일 교회와 완전히 다른 예배 분위기 속에서 복음이 선포되고 하나님의 명령에 순종하고 말씀이 성취되는 것을 이 교회에서 목격했다. 유니온 신학대학원에서 만난 이들 4명은 본회퍼의 삶과 신앙에 크게 영향을 끼쳤다.

논평을 듣고서 디트리히는 그 또한 유럽을 휩쓸고 있는 지적 흐름에 대해서 잘 알고 있다는 인상을 받았다. 그런 의미에서 그는 평균적인 미국 대학원 학생보다 수준이 더 높았다.

처음에 디트리히와 장 라세르는 교실 밖에서 서로 피했다. 독일과 프랑스 사이에 여전히 상당한 긴장이 있었기 때문에 둘 다 상대방에게 어떻게 접근해야 할지 몰랐다. 각자 자기 나라의 유일한 대표자로서 그들은 낯설다는 부담뿐만 아니라 역사의 부담도 짊어지고 있었다.

뉴욕에서 디트리히의 목표 중에 하나가 1차세계대전을 종식시킨 평화조약의 불공정과 끔찍스러운 결과를 미국인들에게 알리겠다는 것이었다는 점을 감안하면 특히 어려웠다. 주로 프랑스에 의해 독일에게 강요된 이 조약은 독일인의 존엄성과 자원(資源)에 결정적인 타격을 입혔다. 그 상황 때문에 정치적인 진공 상태가 생겼고, 이 부분을 우익과 군국주의 세력이 채워나갔다. 디트리히는 반에 프랑스인이 한 명 있다고 해서 이 문제에 대한 자신의 의견을 희석할 생각은 없었다.

두 젊은이는 또한 외모와 기질이 정반대였다. 라세르는 호리호리하고 가무잡잡했고, 반면에 디트리히는 뼈대가 굵고 근육질이며, 금발이었다. 그 프랑스인은 태도가 품위가 있고, 세련된 면이 있었고, 반면에 디트리히의 경우는 그럴 의도는 없었지만 공격적인 모습이 쉽게 드러났다. 제멋대로 자란 강아지처럼 때때로 그는 잠시도 가만히 있지 못했다. 이런 차이 때문에 두 남자가 부닥치는 것은 피할 수 없었다.

어느 날 오후 기독교 윤리 수업 시간에 충돌이 일어났다. 디트리히가 가장 좋아했던 그 수업 시간에 주제를 놓고 전투적으로 논쟁하는 토론을 했는데, 이런 토론은 미국인들이 정말로 탁월하게 잘했다. 영어로 대화하는 능력이 커지면서 디트리히가 논쟁에서 자신의 입장을 견지(堅持)하는 능력도 커졌다. 그는 루터파의 관점을 미국 동료들의 여러 가지가 뒤섞인 신학과 대비하는 것이 즐거웠다.

이 특별한 오후의 주제는 아우구스티누스(Augustine)의 정의로운 전쟁 개념이었다.

디트리히의 열정적인 자신감에 익숙해진 쾌활한 교수는 수업 시작 후 5분이 지나고 디트리히가 끼어드는 바람에 말을 할 수 없었다.

"나는 루터(Luther)가 아우구스티누스의 범주를 전근대 세계에 훌륭하게 확장시켰다고 생각합니다" 교수가 숨을 돌리기 위해 잠시 멈추었을 때 디트리히가 끼어들었다. "그는 가장 세속적인 행위인 전쟁에 대해서 말하는 것이 신학에 얼마나 중요한 것인지를 보여주었습니다."

"그래요, 음…" 디트리히가 혼자 계속 말하기 전에 교수가 말했다.

"루터는 특히 원죄의 만연 때문에 전쟁이 불가피하고, 심지어 필요하다는 것을 잘 보여주었습니다."

"자유인은 꼭 전쟁에 참여할 필요가 없습니다." 라세르가 교실 뒤에서 말했다.

디트리히는 고개를 획 돌려서 눈도 깜빡이지 않고 쳐다보고 있는 프랑스인과 눈을 마주쳤다. "**자유인**이란 어떤 사람을 말하는 것입니까?" 디트리히는 조심스럽게 물었다.

"순전히 국가 사이의 갈등 때문에 내려진 명령에 대해서 성서에 순종하는 자유로운 사람을 의미합니다." 발음이 명확한 영어로 라세르는 차분하게 대답했다.

디트리히는 이 유럽인 동료를 좀 더 정면으로 보게 되면서 나머지 학생들은 점점 희미해지는 것 같았다. 그는 라세르가 단지 대안을 말하는 것이 아니라 완전히 이단적인 것을 이야기하는 것이라고 확신했다. 조국이 부르는데 기독교인이 어떻게 전쟁에 나가는 것을 거부할 수 있나? 그것은 신성한 의무가 아니었나?

"그러나 당신은 기독교인이 하나님의 나라 그리고 이 세상, 이렇게 두 곳에서 이중 시민권을 갖고 있다고 믿지 않습니까?" 그가 거칠게 물었다.

"예, 믿습니다." 라세르가 대답했다. "그렇지만 하나님의 나라는 그리스도를 믿는 사람들 마음속에서 이 세상 전체로 확장되기 때문에 나는 두 영역을 그렇게 간단하게 구분하지 않습니다."

디트리히는 그 문제의 핵심을 다루기로 결심했다. "그러면 프랑스가 적국에 의해서 부당하게 침략을 당했고, 나라가 사라질 위험으로부터 나라와 가족을 보호하도록 당신에게 요구하는데 그래도 당신은 거부하겠습니까?" 그는 자신의 말의 효과를 위해서 잠시 멈춘 뒤에 계속 말했다. "그리고 당신이 거부하면 누군가가 당신이 서야 할 전선에서 목숨을 걸어야 하지 않겠습니까?"

라세르는 곧바로 대답하지 않았다. 그 질문 때문에 고통을 받은 것이 분명했다. "나는 그것이 쉬운 일이라고 이야기하고 있는 것이 아닙니다." 마침내 그가 말했다. "당신이 당신의 나라를 사랑하듯이 나도 우리나라를 사랑합니다." 또 잠시 멈추었다. "그럼에도 불구하고 나는 거부해야만 합니다."

"어떤 이유로?" 디트리히가 쏘아붙이듯 말했다.

"내가 전쟁에 가담하게 되면 주 안에 있는 내 형제들을 죽이는 일에 내가 가담할 수밖에 없게 되리라는 이유 때문에."

이제 디트리히가 침묵했다. 그는 사물을 보는 이런 방식에 어리둥절했다.

"어떤 권위에 호소한다고 해도, 성서를 보면 기독교인에게 그리스도의 몸을 파괴할 권리가 주어지지 않습니다." 라세르가 계속 말했다. "우리가 거룩하고, 보편적인 교회, 성도들의 공동체를 믿습니까? 아니면 프랑스나 혹은 독일의 영원한 사명을 믿습니까? 본회퍼 씨, 나는 기독교인이자 민족주의자 둘 다 되는 것은 불가능하다고 분명히 고백합니다."

디트리히는 얼굴에 당혹감을 드러내며 라세르를 바라보며 앉았다. "대답하기 전에 나는 이 주제에 대해서 좀 더 읽고, 생각해야 되겠습니다." 그가 말했다.

"생각할 때 마태복음 5장과 6장의 산상수훈을 다시 한번 살펴보십시오." 라세르가 말했다. 그는 디트리히에게 쓴웃음을 지었다. "분명히 당신은 이전에 그 본문을 읽었을 것입니다."

디트리히는 눈썹을 치켜올렸다. "그래요. 읽었습니다." 그는 부드럽게 응답했다. "그렇지만 주의를 많이 기울여서 읽지는 않았습니다."

그 학년 과정을 마치고 유니온을 떠날 무렵에 디트리히는 사회의식과 실제적인 교회 사역의 결합에 중점을 둔 "미국" 신학에 대해서 새로운 인식을 갖게 되었다. 또 아비시니안 침례교회 예배에 정기적으로 참석하면서 미국 기독교가 가진 다양성에 대해서 새로운 인식을 갖게 되었다. 할렘교회에서 그는 독일에서 경험해 보지 못했던 예배의 자유를 느꼈다. 그는 자신이 예배에 출석하는 유일한 백인이라고 해서 불편하지 않았다.

그러나 무엇보다 논쟁을 벌인 후 몇 주 동안 장 라세르가 그에게 설명했던 "평화 복음" 때문에 그의 전통적인 루터주의가 속속들이 흔들렸다. 그는 이제 평화 복음을 성서 어디에서나, 특히 새롭게 들여다보고 있는 산상수훈에서 보게 되었다. 그는 만약 교회가 민족주의와 거기에서 야기된 피할 수 없는 전쟁에 부닥치게 된다면, 교회는 과거처럼 더 이상 국가에 의존할 수 없다는 사실을 점차 깨닫기 시작했다. 교회는 인간적인 모든 주의와 제도에 맞서서 하나님 말씀을 고수하고, 무엇보다 하나님 말씀에 순종하는 독립적이고, 도덕적인 행위자이어야만 했다. 달리 말하자면 교회는 근본적인 평화주의를 내세워 지배세력에 위협이 되어야만 했다.

디트리히는 막연하게 교회가 혁명적이 되어야 한다고 항상 마음속에 그려왔는데, 그것에 대해 더 깊이 생각하면서 "평화 복음"이 어떤 면에서는 교회를 그렇게 만든다는 것을 깨달았다.

그러나 독일에 돌아왔을 때 자신이 그런 혁명적인 교회의 일원이 될 준비가 되었는지는 확신하지 못했다. 적어도 아직 아니었다.

# 7장

# 외로운 목소리

방송실 유리창 너머에서 엔지니어가 신호를 보내자 디트리히는 마이크에 대고 연설문을 읽기 시작했다. 나치당의 도구로 빠져 들어가고 있던 독일 청년들에 대한 연설이었다.* 그가 다음과 같은 말을 했을 때는 연설이 2/3쯤 지났을 때였다.

어떤 지도자가 그가 이끄는 사람들, 언제나 그들의 우상으로 바꾸

---

* 디트리히는 이 연설을 히틀러가 독일 수상이 된 1933년 1월 30일 이틀 뒤인 2월 1일에 포츠담슈트라세에 있는 개신교신문협회에서 주관하는 라디오방송국에서 했다. 연설 제목은 〈젊은 세대 안에서 일어나는 지도자 개념의 변화〉였다. 그는 이 연설에서 지도자가 행사하는 지도력의 근본적인 문제들을 다루면서 지도자가 어떻게 우상이 되고, 잘못된 지도자가 되는지를 설명했다.

려고 하는 사람들이 바라는 바를 따라갈 때 그 지도자는 점차 "잘못된 지도자"의 모습을 갖게 됩니다… 이 사람은 자신과 자신의 지위를 우상화하고, 그렇게 해서 하나님을 조롱하는 지도자가 됩니다.[2]

엔지니어가 갑자기 그에게 손을 들어 신호를 보내는 것을 보고, 그는 읽기를 멈췄다.

"끊겼어요." 엔지니어가 구내전화로 말했다. "방송이 안 나가요."

"그게 무슨 말이에요?" 디트리히가 큰 소리로 물었다.

"외부에서 이렇게 한 것 같은데요. 이것이 일시적이라면 좋겠습니다."

"누가 이런 짓을 했어요?" 디트리히는 자신의 생각보다 좀 더 공격적인 목소리로 되물었다.

바로 그때 집권당인 국가사회당의 어금꺾쇠십자가의 붉은 완장을 차고 회색 정장을 입은 두 사람이 방송실로 들어와서 엔지니어에게 디트리히에게 들리지 않는 무슨 말인가를 했다. 엔지니어는 즉각 그들과 함께 떠났다.

스튜디오에 혼자 남은 디트리히는 원고를 집어 들고 앉아서 기다렸다. 1933년 독일에서 이런 사건은 흔한 일이 되었다. 디트리히는 독일이 얼마나 빨리 파시즘의 손아귀에 떨어지는지 그 속도를 이해할 수 없었다. 이전에는 상상할 수 없었던 일들이 아주 자주 일어나는 것을 그는 단지 지켜볼 수밖에 없었다.

1930년 미국에서 돌아와 디트리히는 여러 활동에 뛰어들었다. 베를린 대학의 강사가 되었고, 그 기회를 이용해서 교회에 대한 자신의 생각을 좀 더 이해하기 쉽게 다듬었다. 귀국하자마자 저명한 신학자 칼 바르트를 방문하고 나서 그는 바르트가 한 자유주의 신학 비판에 대한 열정이 다시 살아났다.

그가 보기에 자유주의는 성서를 그 역사적인 맥락에 가두고, 교회의 신적 성격과 기원을 강조하기보다는 인간적인 측면을 강조하는 경향이 있는 것이 분명했다. 여기에 대해 바르트는 계시의 객관적 성격을 내세워서 반박했다. 다른 말로 그는 하나님의 말씀은 인간 행동에 대한 객관적인 심판으로 영원히 존재한다고 말했다. 바르트에 따르면 윤리적인 기준은 시대와 상황의 흐름에 따라 변하지 않으며, 그 기준이 절대적으로 적절한지 여부를 판단하는 것은 인간의 몫이 아니다. 하나님은 하나님이고, 인간은 인간이다. 바르트에게 있어서 자유주의는 이 둘 사이의 절대적인 분리를 혼동했다. 결국 의롭다고 인정받지 못한 사람이라도 자유주의에서는 종교적인 사람이 될 수 있었다.

그러나 디트리히는 학생 시절에 자유주의에 너무 강하게 영향을 받아서 그것을 완전히 포기할 수 없었다. 그는 역사와 인간의 주도권을 통해 사람들이 하나님 말씀을 이해하게 되고, 교회는 그 시대와 관련성을 갖도록 때로 스스로를 조정해야만 한다고 믿었다. 그는 바르트와 자유주의 신학자들 사이의 간극을 메우고 싶었지만 그가 하고자 했던 이 일은 당시로서는 아직 양쪽 모두가 받아들일 수 없었다. 자유주의자들이 보기에 그는 너무 교리적이었고, 바르트가 보기에는 너무 사회적인 사고를 갖고 있었다. 그러나 디트리히의 입장에서는 오직 진리를 추구했을 뿐이었다. 그리고 만약 진리를 추구하는 것 때문에 어느 한쪽 편의 사람이 되어야 한다고 하더라도 그는 그것을 받아들일 준비가 되어 있었다. 결국 그 또한 마르틴 루터(Martin Luther)의 영적 후계자였다.

그런 디트리히의 태도는 대학의 대부분 나이 든 동료 교수들에게 혐오감을 불러일으켰다. 그렇지만 학생들은 그의 독자적인 사고에 강하게 흥미를 느꼈고, 무리를 지어 그의 강의에 참석했다. 그들은 그가 옛 신학을 비판하는 것을 듣고 싶어 했다. 그러나 디트리히는 젊은 세대가 현대 세계에서 교회의 본질에 대한 그의 급진적인 사상 이상의 것을 찾고 있다는 것을 느꼈다. 그들은 넓은 의미에서 그들의 삶과의 관련성, 권위, 의미를 찾고 있는 것으로 보였다. 학생들 대부분은 독일의 명성과 위신을 회복하는데 거의 역할을 하지 못한 연약한 통치 체제인 바이마르 공화국 아래에서 성년이 되었다. 독일에서 1920년대는 공식적으로 종교적 무관심을 인정했던 시대였고, 전후세대 대부분은 이런 상황에 반기를 들었다. 그들 대부분은 믿을 만한 무언가를 - 그것이 무엇이든지 - 찾을 준비가 되어 있었다.

그래서 디트리히는 대학의 지위가 주는 안전감에 매력을 느꼈지만 그런 지위의 한계에 대한 불안감을 떨칠 수 없었다. 때때로 그는 자신의 강의를 이해하고 있는지 혹은 전혀 의도하지 않았지만 당국에 맞서는 주장으로 사용하고 있지 않은지 궁금했다. 그는 강의실 밖에서는 학생들과 거의 접촉하지 못했고, 그들이 어떻게 사는지 전혀 알지 못했다. 바르셀로나에서 목회자로 있으면서 그는 평범한 사람들이 일상 생활에서 힘들어하는 것에 관심을 가졌었다. 그는 다른 사람들의 삶에 개인적으로 관여함으로써 얻는 보상을 알게 되었다. 지금은 그런 도전을 하지 못하고 있었다.

그 결과 1931년 11월 디트리히가 독일 루터교회에서 안수받고 목사가 되었을 때 그는 강의 외에도 실질적인 목회 사역의 의무를 열정적으로 맡아 해나갔다. 그가 가장 먼저 했던 일은 베를린에서 가장 가난하고, 거친 구역들 중에 하나인 베딩(Wedding) 지역의 어린 10대 청소년 그룹의 견신례 반*을 인도하는 임무를 수락한 것이었다. 그는 자신의 능력이 도전받고, 시야가 넓어지기를 간절히 원했다. 실제로 그가 그 자리를 맡게 된 이유 중에 하나는 어느 누구도 그 일을 맡으려고

---

* 교회와 국가가 분리된 우리나라나 미국 같은 곳에서 교회 출석은 개인의 자유의사에 달렸다. 그러나 1930년대 당시 독일에서는 전통에 따라 대다수의 아이들이 학교에 다니는 것과 마찬가지로 의무적으로 견신례 반에 다녀야 했다. 본회퍼는 1931년 목사 안수를 받자마자 베를린 북부 프렌츨라우어 베르크에 있는 베딩으로 파송 받아 치온교회 견신례 반을 맡았다. 본회퍼는 문제아들의 집합지로 알려진 이 지역에서 견신례 반을 정성껏 가르쳤고, 모든 학생들 가정과 부모를 일일이 심방했으며, 병원에 입원한 소년을 한 주에 두세 번씩 심방했다. 소년들과 더 많은 시간을 보내려고 교회 인근으로 이사를 하고 학생들에게 자신의 집을 개방하기까지 했다. 반사회적으로 여겨졌던 소년들은 본회퍼의 지도를 몇 개월 동안 받고 나서 1932년 3월 13일 주일에 모두 견신례를 받았다.

하지 않았기 때문이었다.

디트리히의 베딩에서의 첫날 모습은 이랬다. 그가 그 반을 맡았던 연로한 목사와 학교 건물로 들어갈 때 이 목사는 손을 내저으며 디트리히에게 불가능한 일을 맡았다고 했다.

"이 악동들은 완전히 예의도 없고, 도덕관념도 없어요." 그 목사는 머리를 흔들며 말했다. "이 아이들이 교회에서 견신례를 받게 되면 기적이에요. 나는 그 아이들이 입교한다고 해서 교회에 도움이 될 거라는 생각이 들지 않아요."

"나는 어려운 케이스의 경험이 좀 있습니다." 디트리히는 바르셀로나 시절을 떠올리며 말했다.

"오, 그러나 이 아이들은 살면서 체계적인 것에 대해서도 아는 게 하나도 없어요. 제일 간단한 것을 가르치려고 해도 아이들은 끝없이 조롱하며 달려들어요. 겁을 주어도 작은 악마들은 꿈쩍도 안 해요. 그들은 권위에 대한 개념이 아주 없어요."

"그렇게 나쁘지는 않을 거라는 생각이 드는데요." 디트리히가 미소를 지으며 말했다.

"보면 알 거예요, 보면 알 거예요."

두 사람이 건물에 가까이 가자 견신례 반 학생들을 보기도 전에 그들의 소리를 먼저 들을 수 있었다. 안에서 폭동이 일어나고 있는 것 같은 소리가 들렸다. 그런 다음 그들이 건물에 들어가 3층 교실의 계단으로 올라가기 시작했을 때 소년들은 난간 너머로 그들을 바라보고 소리를 지르고, 분필과 칠판지우개들을 던지기 시작했다. 디트리히는 머리를 가리고 계속 올라갔다.

3층에 도착해서 디트리히와 그 목사는 험상궂은 눈초리의 20명의 떼거리 소년들을 밀쳐내며 교실로 들어가는 길을 겨우 만들었다. 연로한 목사가 교실 앞으로 가서 시끄러운 소리를 뚫고 새로운 견신례 수업 담당 선생님이 왔다고 알렸다.

"이분은 본회퍼 씨이다!" 그가 외쳤다.

소년들은 즉시 "본(Bon)! 본! 본! 본!"이라고 소리치기 시작했다. 목사는 손을 들어 올렸고 디트리히가 알아서 상황을 처리하도록 내버려 두고 급하게 방을 빠져나갔다.

처음에 디트리히는 아무것도 하지 않았다. 그는 그냥 칠판에 등을 기대고 서서 엉망진창인 상태를 지켜보았다. 모든 것이 목사가 이야기 했던 그대로였다. 소년들은 그들 가운데 교사가 있는 것은 안중에 없이 바닥에서 레슬링을 하고, 농담하며 웃고 있었다. 그들은 진짜로 우리에서 풀려난 짐승들 같았다. 그렇지만 몇 분이 지난 후에 건장한 젊은 사람이 그들의 행동에 전혀 동요되지 않자 소년들은 의아하게 바라보기 시작했고 고함소리가 잦아들었다. 이 새로운 목사는 약간 재미 있어 보였다.

그런 다음 디트리히는 아주 조용하게 말하기 시작했다. 교실 뒤쪽에 있던 소년들은 이것을 알지 못하고 계속 레슬링을 하며 웃고 있었다. 그러나 앞에 있는 아이들이 조용해졌고, 디트리히가 무어라고 하는지

들으려고 했다. 점차로 점점 더 많은 아이들이 이 교사가 그들에게 말하고 있다는 것을 알게 되었다. 그는 이전의 교사들처럼 고함을 치거나 소리를 지르지 않았다. 대신 침착하고 신중한 어조로 이야기하고 있었다.

마침내 뒤쪽에 있던 소년들까지도 책상에 앉아서 그의 이야기를 들으려고 했다.

"할렘은 굉장한 곳이야." 디트리히가 말했다. "만약 너희들이 거기 교회에 간다면 사람들이 독일 교회에서 하는 것처럼 가만히 앉아 있는 것을 볼 수 없을 거야. 아니, 할렘의 기독교인들은 목청껏 찬양을 하고, 거의 설교자의 얼굴에 숨이 닿을 정도로 설교 중에 아주 큰 소리로 '아멘'이라고 한다. 설교가 끝나면 그들은 소리를 지르고, 통로를 따라 춤을 추기 시작한다."

소년들 중 누구도 흑인을 본 적이 없었고, 디트리히가 할렘에서의 경험에 대해서 이야기를 계속하는 동안 그들은 자리에 꼼짝하지 않고 앉아 있었다. 주의력이 산만해지려고 하자 그는 이야기를 마무리했다.

"내가 왔을 때 너희들이 내게 해준 것에 칭찬하고 싶다." 그가 말했다. "덕분에 내가 아비시니안 침례교회에 있던 때의 생각이 많이 떠올랐어. 물론 거기 사람들은 하나님을 사랑하고, 그분을 찬양하기 원해서 외치고, 소리 지르는 거야. 그들이 그냥 바보짓을 하는 게 아니야."

디트리히가 이 말을 하자 몇몇 소년들은 고개를 숙였지만 다른 아이들은 조롱하는 표정으로 그를 바라보았다. 그들은 할 수만 있으면 단순히 목사 한 명에 굴복해서 주눅이 들지 않으려고 했다. 그들의 생각에 그들이 알았던 목사들 중에 아주 조금이라도 통하는 목사는 한 명도 없었다. 그렇지만 몇 주가 지나면서 디트리히는 이런 반항적인 아이들의 마음을 점차 사로잡았고, 그가 그들의 삶에 깊이 관심을 가진 사람임을 보여주었다. 그는 교실에 어느 정도 질서가 있어야 한다고 했지만 그들의 장난이 무례하게 치닫지 않는 한 소란 피우는 것을 내버려 두었다. 그렇지만 처음 몇 주가 지나자 무례한 짓은 거의 사라졌다. 그리고 기적 중에 기적이라고 할 수 있는 것은 이 소년들이 견신례 공부를 아주 잘해서 그해 겨울이 끝날 무렵 대부분 신앙 고백을 했고, 견신례를 받을 준비가 되어 있었다.

디트리히는 그들의 견신례 예배에서 설교를 했고, 보상으로 160km가 넘게 여행을 해서 소년들을 프리드리히스브룬(Friedrichsbrunn)에 있는 부모님의 시골집에 데려갔다. 소년들 대부분은 베를린 밖으로 나가 본 적이 없었고, 그들로서는 이 여행이 지구 절반을 도는 여행과 같았다. 디트리히는 소년들과 숲 속에서 하이킹을 했고, 인근 계곡에 있는 절벽을 등반했다. 그는 또 들판에서 함께 축구를 했다.

에너지가 넘치는 이 청소년들 때문에 관리인이 좀 화를 냈지만 주말여행이 끝났을 때 심각한 피해라고는 단지 유리창 하나가 깨진 것뿐이었다. 맡은 바를 사랑했던 디트리히에게, 그리고 상당히 책임적인 젊은이로 성장했던 소년들에게 그들이 함께 지낸 다섯 달은 깨진 유리창 하나보다 훨씬 가치가 있었다.

또한 1932년 내내 디트리히는 설교에 전념했다. 그는 한 달에 한 번 꼴로 베를린 주변의 여러 교회에서 설교 요청을 받았다. 설교가 듣는 사람의 마음에 직접 메시지를 전달할 수 있다고 생각했기 때문에 그는 강의보다 설교하는 것을 더 좋아했다. 설교가 잘 전달되면 교인들의 마음을 보다 더 변화시킬 수 있었다. 그들의 살아가는 방식 전체를 변화시킬 가능성이 있었다.

나치의 인기가 점점 더 높아지고 있었고, 하나님의 예언의 말씀을 타협하지 않고 선포하는 것이 모든 설교자의 과제였다. 베를린 사람들은 그들의 조국에 대해서 기분이 좋아지는 설교를 들으려고 했고, 그들의 죄를 심각하게 떠올리는 메시지는 받아들일 생각이 없었다. 그들은 그들에게 구세주가 필요하다는 내적인 필요에 직면하게 하는 종교를 원하지 않았고, 그들을 더 나은 독일인으로 만드는 종교를 원했다. 그러나 디트리히는 언제나 구세주를 직면하게 하는 설교를 했다.

1931년 10월 4일 그는 베를린에서 시편 63편 본문으로 추수감사절 설교를 했다.

시편 기자의 삶의 어느 시점에 매우 결정적인 일이 일어났습니다. 하나님께서 그의 삶에 들어오셨습니다. 그 순간부터 그의 삶이 바뀌었습니다. 그가 갑자기 선해지거나 경건해졌다고 말하는 것이 아닙니다. 이전에는 그랬을지 모릅니다. 그러나 이제 하나님 자신이 그에게 오셨고, 가까이 다가 오셨습니다. 그의 삶을 특별하게 만든 것은 단지 하나님께서 거기에 언제나 그와 함께 계시고, 그가 더 이상 하나님에게서 벗어날 수 없다는 사실입니다. 그것이 그의 삶을 완전히 찢어 놓았습니다. 우리는 종교가 사람을 행복하고, 조화롭고, 평화롭고, 만족스럽게 만든다고 자주 듣고 말합니다. 아마 그것은 종교의 경우에 사실일 것입니다. 그렇지만 하나님과 그분이 인간에게 행하시는 일에는 그것이 사실이 아닙니다. 그것은 완전히 잘못된 것입니다. 이것을 시편 기자가 발견했습니다. 그의 내면에서 무엇인가 터져 나왔습니다. 그는 마치 자신이 둘로 쪼개진 것 같은 느낌을 받았습니다. 그의 안에서 싸움이 벌어졌고, 그 싸움은 매일 점점 더 뜨거워지고, 끔찍해졌습니다. 그는 시시각각 자신의 옛 믿음들이 내면에서 찢어지는 것을 경험했습니다. 그는 그것들을 붙잡기 위해 필사적으로 몸부림쳤습니다. 그렇지만 그의 앞에 서 계시는 하나님께서 그것들을 그에게서 빼앗으시고, 다시 돌려주지 않으셨습니다.[3]

얼마 지나지 않아 디트리히 자신은 하나님과의 관계에서 더 깊은 자리를 추구했고, 그 자리를 발견했다. 그는 성서, 특히 산상수훈을 읽으며 더 많은 시간을 보냈고, 기도 생활 또한 더욱 깊어졌다. 디트리히가 할렘의 아비시니안 침례교회에서 사람들이 간증하는 것과 같은 갑작스럽고 극적인 "회심"의 경험을 한 적은 없었다. 그러나 그는 어떻게 자신의 삶에서 하나님의 은혜를 인식하게 되는지를 점차 배우면서 그 은혜에 믿음으로 응답하려고 노력했다. 그리고 믿음의 모든 새로운 단계를 매우 진지하게 받아들였다.

그러나 이제 어둠이 독일의 지평선에 내려앉게 되자 디트리히는 하나님을 알아야 할 필요성과 그분께 자신을 바쳐야 할 필요성에 대해 더 자주 이야기했다. 그것이 후에 고전이 된 《나를 따르라(The Cost of Discipleship)》에서 그가 몇 년 뒤에 반복했던 주제였다. 그러나 그가 이 책을 쓰기 시작한 것은 실제로는 나치 이전 시기에 설교를 하면서부터라고 할 수 있다.

1931년 11월 29일, 그는 개인적으로 하나님을 찾는 것과 그분께 복종하는 것, 이 두 가지가 필요하다는 설교를 했다. 그는 특히 하나님을 찾는 사람의 경험에 대해서 다음과 같이 자세히 설명했다.

… 자신이 하나님께 갈 수는 없지만 하나님께서 그분의 상상할 수 없는 은혜로 자신에게 반드시 오시리라는 사실을 (하나님을 찾는 사람은 압니다.) 그(하나님을 찾는 사람)는 의심을 갖게 만들어 자신을 혼란스럽게 만드는 모든 사람에게 귀를 막고, 자신과…하나님 사이에 다가오는 모든 세력에 눈을 감고, 단지 열정을 갖고 완전히 사로잡혀서 바라보고, 기다리는 것 외에 아무것도 할 수 없습니다. 오직 한 가지만이 그에게 중요합니다. 그는 하나님을 보기를 원합니다. 그는 하나님을 듣기를 원합니다. 그는 하나님을 영접하기를 원합니다. 그는 하나님을 알기를 원합니다. 그는 하나님을 섬기기를 원합

니다. 하나님을 원하는 것 외에… 그가 원하는 것은 아무것도 없습니다.[4]

1932년 2월 21일 현충일에 디트리히는 복음이 고난을 통해서 구원하시고, 조롱을 당한 후에 영광을 받으시는 하나님을 계시했기 때문에 국가의 힘과 영광을 추구하는 것이 교회의 관심사가 되어서는 안 된다는 것을 강조했다. 어려운 시기에 처했기 때문에 강력하고 카리스마가 넘치는 지도자를 찾고 있던 독일 국민의 성향에 정곡을 찌르는 메시지였다. 디트리히가 보기에 이러한 성향은 독일이 진정한 기독교 국가가 되기에 얼마나 부족한지를 보여주는 것이었다. 그는 이렇게 설교했다.

많은 사람을 놀라게 하는 성서의 경이로운 주제는 세상에서 유일하게 눈으로 볼 수 있는 하나님의 표징이 십자가라는 사실입니다. 그리스도는 이 땅에서 영광 중에 하늘로 올라가신 것이 아니고, 십자가로 가셔야만 합니다. 그리고 바로 그곳, 십자가가 서 있는 곳에 부활이 있습니다. 그곳은 모든 사람이 하나님을 의심하기 시작하는 곳입니다. 그곳은 모든 사람이 하나님의 능력에 대해서 절망하는 곳입니다. 그런데 그곳이 하나님께서 온전하신 곳입니다. 그곳이 그리스도께서 활동하고 가까이 계신 곳입니다. 어둠의 권세가 하나님의 빛에 대해서 폭력을 행사하는 그곳에서 하나님께서 승리하시고, 어둠을 심판하십니다.

그런 다음 그는 이 생각을 교인들의 삶에 직접 적용하면서 추가로 경고했다.

> 그리스도께서는 자신의 제자들의 길도 또한 영광스럽고 안전하게 하늘나라로 곧장 가는 길이 아니고, 그들도 역시 어둠을 통과하고, 십자가를 통과해야만 한다는 것을 아십니다. 또한 그들은 싸워야만 합니다. 왜냐하면 그리스도가 가까이 있다는 첫 번째 징조가 그분의 원수들이 커지는 것 즉 유혹과 배신, 불신앙의 세력이 강해지는 것이기 때문입니다. 그분을 믿는 사람들은 하나님에 대해 혼란을 갖게 되는 깊은 구렁텅이에 이르게 됩니다. 그분의 원수들은 그리스도의 이름 뒤에 숨어 있으며, 이제 그리스도를 닮은 모습으로 우리를 유혹해서 그분으로부터 멀어지게 하려고 합니다.[5]

히틀러의 수상 취임 이전에 디트리히가 이렇게 강력하고 통찰력 있는 설교들을 했지만 그 말씀을 마음에 새기는 사람은 없었다. 디트리히는 단지 하나님의 말씀을 될 수 있는 한 순수하게 전하려고 노력했는데, 그때 사람들은 오히려 끊임없이 그를 과격하다고 했다. 하지만 어쩌면 하나님의 말씀을 순수하게 전한 것이 그의 가장 과격한 행동이었을지도 모른다.

디트리히가 히틀러 집권 이전에 했던 마지막 주요 활동은 에큐메니컬 운동이었다. 그는 항상 외국어를 쉽게 익혔으며, 이 재능이 최고의 신학 교육과 결합되어 다른 나라 개신교회들과 관계를 강화하고자 하는 국제적인 운동에서 활발하게 활동할 수 있었다.

유럽에서의 에큐메니컬 운동은 1차세계대전 때 적국이었던 교회들 사이의 관계를 회복하기 위해 전쟁 후에 생겨났다. 다양한 나라의 교회들이 대화함으로써 관계 회복을 하려고 노력했다. 디트리히는 그 운동의 핵심에 있는 이상주의 때문에 여기에 매력을 느꼈다. 그러나 이와 함께 그는 일찍부터 그 운동이 자율적이고 독립적인 국가교회 내의 위험한 경향에 주의를 환기시킴으로 "예언자의" 역할을 수행할 수 있으리라고 확신했다. 그렇게 되면 그러한 위험한 경향은 국제적인 압력으로 중단되거나 완화될 수 있다. 그러나 이런 일은 에큐메니컬 운동이 상당히 명확하고, 강력한 신학적 기반 위에서 작동할 때에만 일어날 수 있었다. 디트리히는 거의 전적으로 혼자 이 사실을 지각하고 있었다.

디트리히는 1932년 7월에 열린 독일과 프랑스 목사들의 컨퍼런스에 고무되었고, 그 컨퍼런스는 양국 사이에 평화와 이해를 구축하는 먼 길을 떠났다. 디트리히가 그 컨퍼런스에서 발언하도록 요청받았을 때 그는 나치 극단주의의 부상이 부분적으로 전쟁 후에 독일을 고립시킨 국가들의 잘못이라는 점을 지적했다. 그는 정직한 대화를 위해서 이런 위험한 발언을 했고, 그의 질책이 공감을 받았을 때 용기를 얻었

다. 참가자 전원은 자주 험악한 관계에 빠지는 두 이웃 국가 사이에 평
화를 더욱 강력하게 이루기 위해 노력하기로 의견을 모았다.

그러나 성서의 일치 원칙을 따르는 분위기가 있었던 그 한 번의 컨
퍼런스는 예외였다. 에큐메니컬 활동의 성서적 기초를 위한 작업을 할
의지가 없음을 다시 보면서, 디트리히는 에큐메니컬 컨퍼런스들이 진
정한 화해를 위한 힘든 작업을 꺼리는 것을 알게 되었다.

1932년 8월, 디트리히는 체코슬로바키아(Czechoslovakia)에서 열린
컨퍼런스에서 일어나서 에큐메니컬 운동에는 "신학이 없다"[6]고 선언
하여 다른 대표자들을 놀라게 했다. 그는 에큐메니컬 운동에 영적 깊
이가 부족하다고 보았다. 그는 이 운동이 이해하기 쉬운 성서적 기초
에 확고한 기반을 두고 있지 않다면 그 운동은 유럽의 정치, 외교적 분
위기의 변화에 취약하다고 믿었다. 더욱이 에큐메니컬 운동이 그 사명
을 실질적으로 진전시키기를 원한다면 그 대표자들은 자신들의 모국
에서 받는 비판을 기꺼이 감수해야만 할 것이다. 그들은 때로 "비애국
적"이라고 불리더라도 그것을 기꺼이 감수해야만 한다. 그들의 일을
정당화할 강력한 신학적 틀이 없다면 그런 비판에도 불구하고 그들이
계속해서 일할 영적 권위를 가질 가능성은 거의 없을 것이다.

디트리히가 8월 컨퍼런스에서 했던 다른 두 가지 지적은 성서에 기
초를 둔 신학에서 나왔다. 그는 특정한 위험한 발상을 옹호하는 운동
을 하는 사람들을 계속 공격했다. 히르쉬(Hirsch)와 알토우스(Althous)
라는 이름을 가진 두 독일 신학자는 에큐메니컬 모임에서 "창조 질서"

라고 불리는 어떤 것에 대해 발언했다. 이 개념에 따르면 어떤 민족과 인종은 태어나면서부터 다른 민족과 인종보다 우월했다. 히르쉬와 알토우스가 말한 모든 것이 신학 언어로 덮여 있었지만 디트리히는 그것이 독을 품은 교리를 위한 발상임을 즉각 알아챘다.

애석하게도, 에큐메니컬 사람들이 그런 개념들에 귀 기울이려고 했기 때문에 에큐메니컬 운동의 치명적인 약점이 그 핵심에서부터 드러났다.

마지막으로 디트리히는 지도자들이 둘러앉아 추상적인 생각을 토론하고, 도덕적인 힘이 더 이상 없는 무의미한 결의안 통과를 선호하는 것에 그 운동을 비판했다. 그는 그 운동이 유럽 기독교의 영적 자질과 도덕성을 강화하는 어려운 일을 미루어 놓고 쉬운 일만 하는 것을 좋아한다고 단언했다. 디트리히는 꼭 필요한 성숙은 신앙고백, 회개, 용서를 통해서만 얻을 수 있다고 느꼈다. 그러나 어떤 이유에서인지 에큐메니컬 운동은 그러한 근본 원칙에 대해 이야기하는 것을 좋아하지 않았다.

에큐메니컬 운동의 이러한 한계에도 불구하고 디트리히는 그 운동을 결코 포기하지 않았다. 그는 그 운동이 대체로 교회 내에서 핵심 기능을 수행하는 것으로 보았다. 그러나 교회가 무엇인지에 대해 깊이 오해하고 있는 것으로 보이는 운동에 결코 자신을 완전히 헌신할 수 없었다. 1938년의 파뇌(Fanø) 대회와 같이 몇 번의 주목할 만한 경우를 제외하고, 에큐메니컬 운동은 디트리히가 상상했던 예언자적인 위상에 결코 도달하지 못했다.

에큐메니컬 운동의 실패는 1931년과 1932년에 더욱 비극적이었는데, 당시 유럽에서 독일 교회에 압력을 행사할 조직이 절실하게 필요했던 때였다. 유대인에 대해 산발적으로 폭력을 행사하는 형태로 인종차별이 분출되고, 1932년에 나치가 의회 의석의 38%를 차지했을 때 독일 기독교 교회들은 대체로 조용히 있었고, 심지어 그런 진전에 박수를 보내기까지 했다. 디트리히로서는 교회조차 국가 내에서 개인의 행복보다 힘 있고 강력한 국가를 원하고 있다는 사실을 받아들이기 어려웠다.

그리고 에큐메니컬 운동이 나치즘을 수용한 독일 교회에 맞설 행동을 준비했을 때는 너무 늦었다. 그것은 가망이 없었다. 현실을 직시하려는 의지가 없었기 때문에 그들이 행사할 수 있었던 영향력은 약화되었다. 악이 광란을 벌였고, 아무도 거기에 저항하지 않았다.

본회퍼와 같이 외로운 목소리는 계속해서 목소리를 높이고 예언자의 역할을 수행할 것이다. 그러나 1933년 2월 1일 디트리히의 라디오 연설이 중단된 것에서 볼 수 있는 것처럼 외로운 목소리는 새로 등장하는 정권의 어디에나 존재하는 권력과 공포에 대항할 힘이 없었다. 실제로 독일의 외로운 목소리는 점점 더 외로워질 것이다.

# 8장

# 결정적인 해

그 당시에 디트리히는 몰랐지만 올해는 독일의 모든 것이 결정되는 해가 될 것이다. 그 후에 일어났던 모든 일의 주사위가 던져졌다.

국가사회주의자들이 의회에서 다수를 차지한 가운데 1933년 1월 30일 정오에 1차세계대전 이전 독일의 영광스러운 시대의 마지막 남은 상징이었던 대통령 힌덴부르크(Hindenburg) 장군이 아돌프 히틀러에게 제국 수상이 되어 줄 것을 요청했다.

디트리히의 친구이자 전기 작가인 에베르하르트 베트게(Eberhard Bethge)는 나치당의 집권 때문에 독일 교회가 어떻게 분열되었는지 극적인 용어로 서술했다. 양쪽의 저명한 두 인물을 인용해서 베트게는 다음과 같이 썼다.

어금꺽쇠십자가 깃발이 숲을 이루며 마그데부르크(Magdeburg) 개신교 대교회당의 제단을 둘러쌌다. 설교단에서 마르틴(Martin) 학장이 다음과 같은 말을 선포했다:

"간단히 말하자면 그것[어금꺽쇠십자가]은 독일 희망의 상징이 되었습니다. 우리의 이 상징을 욕하는 사람은 누구라도 우리 독일을 욕하는 것입니다. 제단 주위의 어금꺽쇠십자가 깃발이 희망, 즉 드디어 새벽이 동터온다는 희망을 뿜어내고 있습니다."

다른 교회들에서도 비슷한 장면이 연출되었고, 거의 같은 말이 선포되었다.

본회퍼는 히틀러의 권력 장악 후 첫 번째 설교를 베를린 삼위일체교회(Dreifaltigkeitskirche)에서 하면서 다른 단어를 사용했다.

교회 안에는 제단이 하나뿐입니다. 그 제단은 지극히 높으신 분의 제단입니다… 그 제단 앞에서는 모든 피조물이 무릎을 꿇어야 합니다… 이와 다른 것을 원하는 사람은 제단에 가까이 가지 말아야 합니다. 그는 하나님의 집에서 우리와 함께 있을 수 없습니다… 교회 안에는 설교단이 하나밖에 없고, 그 설교단에서는 하나님을 믿는 믿음만을 선포해야 합니다. 아무리 선한 의도라고 할지라도 하나님의 뜻 외에 그 밖의 다른 어떤 믿음이나 다른 뜻을 선포해서는 안 됩니다.[7]

그 뒤 몇 달 동안 디트리히가 아침에 신문을 읽을 때 거의 매주 새로운 우스꽝스러운 일들이 신문 헤드라인을 장식했다. 히틀러는 그해 봄에 그의 권력에 도전할 수 없게 하는 일련의 법률을 통과시켰다. 그 첫 번째 법안("국민과 국가를 지키기 위한 제국 총통의 명령"이라는 길고 아이러니한 이름을 가졌다)에서 미국의 수정헌법 1조에서 보장하는 모든 권리, 즉 언론, 집회 및 출판의 자유를 박탈했다. "반역법"*에서는 나치당에 반대하는 사람은 국가의 반역자라고 공표했다. "수권법"**으로 의회의 권한을 끝내고, 독일 헌법을 정지시켰다. 마지막으로 "아리안(Aryan) 조항"으로 독일 시민권을 가졌다고 할지라도 유대인의 경우는 그 권리를 거의 마지막 하나까지 박탈하면서 국가 내에서 유대인들을 분리된 그룹으로 따로 떼어 놓았다. "깨진 유리창의 밤"을 의미하는 **수정의 밤(Kristallnacht)** 사건이 터졌던 5년 뒤 1938년 11월 9일에 이 마지막 법률이 논리적 정점에 다다랐다. 광란의 그날 밤에 유대인의 사

---

업장은 파괴되었고, 베를린에 있는 유대인 회당은 대부분 불탔다.

놀랍게도 대부분의 독일인들은, 심지어 교회 내에서도 이 법률들이 독일에 유익하고 국가 역사의 새롭고 영광스러운 장을 여는 전령사라고 생각했다. 그들은 지난 15년 동안의 바이마르 공화국을 민주주의의 실패한 실험으로 보았고, 질서와 규율을 열망했다. 이 모든 법률은 1945년까지 지속되었고, 나치에 반대했던 디트리히와 같은 반체제 인사들의 운명을 결정했다.

1933년 봄, 독일 루터교회에서 나치 편에 선 사람들이 국가교회 전체를 장악하려고 시도하기 시작했다. 이런 정치적인 성직자들은 전국적으로 고조되고 있던 반유대주의를 이용해서 교회 내의 "순결"에 대한 종교적 열망과 민족주의를 교묘하게 결합시켰다. 그들은 히틀러의 부상을 독일의 문화적 위대함을 회복하고, 유럽 전역에 걸쳐 아리안 기독교의 새로운 천년 통치를 시작할 영적인 지도자의 등장이라고 환영했다. 이 기독교는 유대인과 다른 "약한 종족"이 배제되기 때문에 순결하다는 미사여구로 포장했다.

"독일적 기독교인"(그들 스스로 이렇게 부른다)들이 히틀러를 추종하며 국가교회 기구 내에서 급속하게 영향력을 갖게 되자 그들은 또한 아리안 조항을 포함해서 새로운 법률들을 교회 행정 조직에 적용하려고 했다. 이런 움직임과 함께 저항 운동이 생기기 시작했다. 디트리히는 즉각 저항자들의 편에 섰고, 아리안 조항의 적용*에 반대하는 목소리를 낸 첫 번째 인물이었다.

4월의 목회자 토론 모임에서 그는 "교회와 유대인 문제"라는 제목의 연설을 하며, 나치가 교회에 대해 권력을 과도하게 행사하는 것에 대해 비판했다. 그것은 새로운 정권에 대한 대담한 경고이자, 그리스도의 교회는 국가의 권위보다 하나님의 권위와 더 밀접하게 관계를 맺어야 한다는 선언이었다. 심지어 대부분의 반체제 인사들조차 유대인의 상황에 대해 디트리히와 비교해서 여러 면에서 상반되는 감정을 가지고 있었지만, 그 연설은 새로 생겨나는 저항 운동에 활력을 불어넣는 순간이었다.

디트리히는 국가가 법과 질서를 과도하게 집행할 수 있다고 다음과 같이 분명히 말했다.

그것은 국가가 기독교의 권리인 설교와 기독교 신앙을… 박탈할 정도로 권력을 확장해 나간다는 것을 의미합니다. 국가가 오직 이런 말씀 선포와 믿음으로부터 특별한 권리를 부여받고, 그것에 의해서 권좌에 앉는다는 점을 감안하면 기괴한 상황입니다. 교회는 이렇게 국가 질서가 범하는 침해와 교회 행동에 제한을 가하는 침해를 거

---

* 프로이센의 독일적 기독교인 세력이 지역 교단에 아리안 조항을 삽입하려고 했는데, 이에 따르면 유대인 혈통은 목사나 교회 직원이 될 수 없었다.

부해야 합니다. 기독교의 말씀 선포를 위태롭게 하는 국가는 스스로 국가임을 부정하는 것입니다.

그런 다음 그는 계속해서 국가 권력의 이러한 침해에 대해 교회가 취할 수 있는 세 가지 대응책을 제시했다.

교회가 국가에 대해 행동할 수 있는 방법은 세 가지가 있습니다. 첫째, … 교회는 국가에 그 행동이 합법적인지, 그리고 국가로서 성격에 부합하는지를 질문할 수 있습니다. 즉 교회가 국가에 책임을 물을 수 있습니다. 둘째, 국가의 행위에 희생당한 사람들을 도울 수 있습니다. 교회는 사회 질서에 희생된 사람들에게 무한한 책임이 있습니다. 설령 그들이 기독교인이 아니라고 해도 그렇습니다. "모든 사람에게 선을 행하십시오." … 셋째, 바퀴에 짓밟힌 희생자들에게 붕대를 감아줄 뿐만 아니라 바퀴 자체에 막대기를 끼어 넣어 바퀴를 멈추게 해야 합니다. 그런 행동은 직접적인 정치적 행동이 될 것입니다.[8]

이때 디트리히가 몰랐지만 향후 10년에 걸친 그의 저항 활동이 이런 세 가지 선택 순서대로 실제로 전개되었다. 즉 대화, 희생자에 대한 지원, 직접적인 혁명적 행동이었다. 이런 점을 보면 그의 연설은 무의식적으로 한 예언적인 선언이었다.

저항(혹은 고백운동이라고 알려지게 되었다)의 초기 몇 달 동안 디트리히는 독일 국가교회와 단절하려고 다른 사람들과 정력적으로 일했다. 8월에 그는 새로운 제국교회 정책에 반대하는 최초의 공식적인 선언인 "베델 신앙고백서(Bethel Confession)"*의 작성을 도왔다.

그 신앙고백서는 나치를 지지하는 교회 내 세력의 주장에 대한 신학적 성명이었다. 본질적으로 베델 신앙고백서 작성자들은 무엇보다 먼저 하나님의 선택된 백성이 이스라엘에서 독일로 대체되었다는 주장에 동의하지 않았다. 이것은 그들의 관점에서 보면 명백하게 이단이었고, 신학적으로 확고하게 반대해야만 했다.

따라서 신앙고백서는 "하나님께서는 이스라엘을 이 땅의 많은 나라들 중에서 그분의 백성으로 선택하셨다," 그 이유는 그들이 "뛰어나서"가 아니라 "그분의 말씀의 능력으로 그리고 그분의 사랑하심 때문에"라고 선언했다. 유대인들은 "그들에게 정치적인 자유와 세계 통치를 가져다줄 민족적 메시야"를 원했기 때문에 예수를 거부했다. 그러나 "예수 그리스도는 그런 메시야가 아니었고, 그런 일을 하지 않았다."

그 대신 "유대인과 이방인 사이의 장벽이 예수 그리스도의 십자가

---

* 본회퍼는 1933년 8월 헤르만 자세와 보델슈빙과 함께 빌레펠트에 있는 베델공동체에서 베델 신앙고백의 초안을 작성했다. 여기서 그들은 나치의 세계관에 기초한 신학과 대비되는 참되고 역사적인 기독교 신앙의 기초를 설명했다. 그러나 이 초안은 20명의 신학자들의 검토를 거치고 나서 선명한 노선이 흐릿해졌다. 이에 본회퍼는 충격을 받았고, 최종 초안에 서명하지 않았다.

에 못 박히심과 부활하심으로 무너졌고 … (그리고) 구약의 언약 백성의 자리는 다른 민족에게 주어진 것이 아니라 부름을 받고 모든 민족들 사이에 살아가는 기독교 교회에 주어졌다."

그러나(신앙고백이 계속된다) 하나님께서는 로마서 9-11장의 충분한 설명처럼 자신을 위해 남은 자를 남겨 두겠다고 약속하심으로써 이스라엘에 대한 신의를 지키셨다. 교회는 유대인들에게 다가가 혈통이나 인종에 의해서가 아니라 오직 "성령과 세례"에 의해서 식별되는 이 새로운 몸, 이 새로운 선택된 백성이 되는 세례를 그들에게 베풀 책임을 물려받았다. 따라서 신앙고백서는 "우리는 독일 개신교회를 아리안 혈통 기독교인들의 국가교회로 바꾸려는 시도를 통해서 그것(소명)을 박탈하려는 시도에 반대한다."[9]고 선언했다.

그 후 9월 초, 디트리히는 독일에서 가장 저명한 목사들 중에 한 명인 마르틴 니묄러(Martin Niemöller)*가 주로 유대인 혈통의 루터교 목

---

* 마르틴 니묄러목사(1892-1984)는 독일 루터교 목사의 아들로 태어났다. 나치 치하에서 아리안 조항과 같은 나치의 인종주의에 반대하는 활동을 하며 목사긴급동맹을 만들었고, 고백교회 운동의 중심이 되었다.
결국 1937년부터 1945년까지 8년 동안 다카우 강제수용소에 갇혔다. 전후 헤센-나사우 총회의 총회장을 역임했고, 평화주의자이자 반전주의자로 활동했다. 1966년부터 1972년까지는 국제전쟁저항자모임의 부회장을 역임했고, 베트남 전쟁 기간에는 호치민을 만나기도 했다. 또한 비핵화 운동에도 앞장섰다. 그는 '처음 그들이 왔을 때(침묵의 대가)'라는 시로 우리에게 잘 알려져 있다.
"나치가 공산주의자들을 덮쳤을 때/ 나는 침묵했다./ 나는 공산주의자가 아니었다.// 그다음 그들이 사회민주당원을 가뒀을 때/ 나는 침묵했다./ 나는 사회민주당원이 아니었다.//

사들을 돕는데 전념하는 조직인 목사긴급동맹**을 설립하는 것을 도왔다. 그렇지만 이러한 행동으로 독일적 기독교의 팽창을 막을 수는 없었다. 제국(혹은 국가사회주의)교회는 거의 모든 전선에서 권력을 강화하는 데 성공했는데, 그 반면에 저항은 여전히 약하고, 상대적으로 산발적이었다.

이러한 상황은 9월 5일과 6일에 베를린에서 전국 총회가 열렸을 때 고통스럽지만 명확해졌다. 이때 새로운 제국교회 지도자 대부분이 갈색의 준군사적 유니폼을 입고 있었다. 이 회의에서 "국가사회주의 국가를 무조건 지지"하지 않는 목사를 국가교회 어디에서도 일하게 해서는 안 된다는 결의안이 통과되었다. 앞으로는 "비(非)아리안인"의 채용도 또한 금지되었다. 이 모임은 참석자들이 입었던 유니폼 때문에 후에 "갈색 총회"라고 불렸다.

이런 상황 때문에 디트리히는 독일에서 활동을 중단하고, 영국 런던

---

그다음 그들이 노동조합원을 덮쳤을 때/ 나는 아무 말도 하지 않았다./ 나는 노동조합원이 아니었다.// 그다음에 그들이 유대인에게 왔을 때/ 나는 아무 말도 하지 않았다./ 나는 유대인이 아니었다.// 그들이 나에게 닥쳤을 때는/ 나를 위해 말해 줄 사람이/ 아무도 남아 있지 않았다."

** 갈색 총회에 대응하기 위해 마르틴 니묄러 목사가 1933년 9월 7일부터 실질적으로 작업해서 목사긴급동맹이 만들어졌다. 여기에 참여한 사람들은 모두 아리안 조항의 적용은 신앙고백을 벗어난 것이고, 이를 단호히 거부한다는 입장을 밝혔다. 연말까지 독일 목사의 1/3 이상인 6천 명이 긴급동맹에 가입했다. 이 긴급동맹을 기반으로 몇몇 지역에서 자유총회가 생겼다. 이들은 제국 감독의 관여와 간섭을 거부했고, 1934년 바르멘선언 이후 대부분 고백교회의 구성원이 되었다.

(London)에 있는 독일어를 사용하는 두 개의 작은 교회의 목회직을 수락하기로 결정했다. 그러나 떠나겠다는 그의 결정은 즉흥적이었다. 그 결정 때문에 그는 곧 양심의 괴로움을 겪게 될 것이고, 떠나 있다고 해도 마음이 완전히 평화롭지는 않을 것이다.

# 9장

# 런던

햇빛이 가끔 비치는 회색 하늘은 독일 상황에 대해 디트리히가 느끼는 기분과 같았다. 그는 낙관적인 태도를 유지하려고 노력하고 있었지만 전반적으로 나치즘, 특별히 새로운 제국교회를 반대하는데 점점 외롭고 고독했다. 나치즘을 반대하는 다른 독일 교회 지도자들 대부분은 마치 국가사회주의 교회가 아직 온전한 기독교 교회가 될 가능성이 있는 것처럼 주로 개혁에 대해서 이야기했다. 그러나 디트리히는 그런 식으로 생각할 수 없었다. 그의 생각에 이단은 개혁 대상이 아니었다. 철저하게 거부해야만 한다.

신학자 폴 틸리히(Paul Tillich)와 물리학자 알베르트 아인슈타인(Albert Einstein)과 같은 많은 지식인과 과학자들은 이미 재앙의 조짐을 알고, 미국으로 이주했다. 디트리히는 사태를 분명하게 파악했지만 어떻게 해야 할지 결정하지 못했다. 그는 국가사회주의 교회 설립에 맞서 계속 싸우고, 교회에 대한 성서의 견해를 계속 선포해야 한다는 책임감을 강하게 느꼈다. 그러나 그는 또한 더 많은 지도자들이 모호함과 타협하는 입장을 넘어서지 않는 한 이 투쟁이 불행한 결말을 맞이하게 되리라고 보았다. 그것을 넘어설 수 있으리라는 보장은 없었다.

게다가 자신이 런던에 있는 것과 관련해서 다른 질문들이 떠올라서 괴로웠다. 표면적으로 그는 저항운동에 대한 국제적인 지원을 얻기 위해서 또 런던 외곽에 있는 독일어를 사용하는 두 교회를 목회하기 위해서 거기에 있었다. 둘 다 고귀한 직무였다. 그는 정치적 활동의 압박과 대학의 억압적인 지적 분위기에서 벗어난다는 점에서 그 두 교회의 목회 직무를 환영했다. 그는 또 자신이 목사인 것과 평범한 사람들을 하나님께 더 가까이 다가가도록 돕는 것을 좋아했다.

그러나 또한 단순히 위험한 상황에서 도피하려고 독일 밖의 해외 직무를 수락한 것은 아닌가? 저항이 실패하는 것보다 저항 활동으로 초래될 결과를 더 두려워했나? 이미 독일에서 교구 목사들은 새로운 정권에 충성하지 않는다는 이유로 체포되고, 구금되었다. 디트리히는 단지 자유롭게 지내기 원해서 영국에 갔나?

그는 런던으로 간 자신의 동기가 무엇인지 확신할 수 없었기 때문에 혼란스러웠고, 그래서 해야 할 일이 쌓여 있는데도 새로 맡은 일에 집중하기 어려웠다.

첫째, 그는 매주 두 교회에서 설교를 해야 할 의무가 있었다. 한 교회(성 바울[Paul]) 교인들은 전문직과 대사관 직원들이었다. 다른 교회 (시드남[Sydenham]) 교인들은 상인들과 그 가족들이었다. 설교를 준비 하면서 그는 이 차이를 염두에 두려고 노력했지만 그럼에도 불구하고 그의 신학 대부분을 시드남 교인들의 이해하기 어려울 것이라고 생각 했다.

그 간극을 줄이고자 그는 일하는 사람들의 경험과 관심사에서 끌어 낸 예화로 자신의 설교를 채우려고 노력했다. 어느 일요일에 하나님의 구원이 가깝다는 것을 전하기 위해 그는 신문에 크게 보도된 최근 웨 일즈(Wales)의 광산 사고를 언급했다. 광부들은 너무 오랫동안 돌무더 기 잔해 아래 갇혀서 희망을 거의 포기했었다. 그러나 그들이 죽게 되 었다고 체념하기 시작했던 바로 그 순간 구조하는 사람들이 돌무더기 잔해를 뚫는 소리를 들었다. 갇혀 있던 광부들은 즉시 희망을 갖고 활 력을 얻었고, 결국 구조되었다. 그날 디트리히의 설교 본문은 누가복 음 12장 28절이었다: "이런 일이 되기를 시작하거든 일어나 머리를 들 라. 너희 속량이 가까웠느니라 하시더라."[10]

또 그의 다른 의무는 저항 운동에 대해서 외부의 지지를 확보하는 것이었다. 이와 관련해서 디트리히는 영국 성공회에서 가장 유명한 지 도자 중에 한 명인 치체스터(Chichester)의 조지 벨(George Bell) 주교*와

---

* 본회퍼와 조지 벨 주교는 1933년 11월 21일 치체스터에 있는 주교 관저에서 처음 만났 다. 벨 주교는 1883년 생으로 본회퍼보다 23살 위였는데, 에큐메니컬 운동에 깊이 참여

일찍부터 친분을 쌓았다. 벨 주교는 강인한 얼굴에 백발이 이마에서 뒤로 흘러내리는 키가 작고 건장한 사람이었다. 그는 학자이고 외교관이었지만 디트리히를 친절하고 기탄없이 대해주었다. 디트리히는 아직 서른 살도 되지 않았기 때문에 아주 자연스럽게 주교를 아버지처럼 존경했다.

디트리히와 벨 주교는 보통 치체스터에 있는 주교관의 손질이 잘된 잔디밭을 걸으며 디트리히의 고국에서 급속도로 증폭되고 있는 위기에 대해서 이야기를 나누었다. 디트리히는 개인적으로 갖고 있는 의심과 두려움을 주교에게 고백할 수 있었고 벨은 기꺼이, 열심을 내서 그 젊은 교역자에게 목회자 역할을 했다.

1933년 11월 말 어느 날 비 때문에 아침 산책을 못하게 되자 그들은 벨의 서재 창가에 서서 비가 오는 것을 바라보고 있었다. 주교의 직원 중 하나가 뜨거운 차와 스콘을 가져 왔는데 둘 다 그것을 바로 먹거나 마실 생각이 없었다. 두 사람은 최근에 독일에서 목사들이 박해받고 있는 상황에 대한 생각에 사로잡혀 있었다.

---

하고 있었다. 그는 본회퍼에게 스승이자 친구와 같은 역할을 했고, 본회퍼는 친구들에게 그를 가리켜 조지 삼촌이라고 불렀다. 처형을 당하러 강제수용소로 끌려가는 마지막 순간에 동료수감자를 통해 벨에게 유언을 남겼을 정도로 그는 본회퍼에게 중요한 인물이었다. 처음 만난 이후 몇 년 동안 본회퍼는 독일에서 일어나는 일의 정보를 벨에게 알렸고, 영국 상원의원이었던 벨은 이 정보를 런던 타임스에 보내 나치 치하의 독일 상황을 영국 국민에게 알렸다.

"내 마음이 둘로 갈라진 것 같아요, 조지." 디트리히가 말했다. "내가 여기 런던에 있을 만 한 충분한 이유가 있어요. 하지만 아무리 좋은 대우를 받아도 여기가 편안하게 느껴지지가 않습니다."

"그건 당신이 망명자라고 느끼기 시작했기 때문이에요." 주교가 부드럽게 대답했다.

"망명자라고요? 여기 온 지 겨우 한 달밖에 되지 않았는데요."

"그렇지요. 그런데 요새 같은 때에는 하루가 한 달 같다는 생각이 들어요. 무슨 일이 일어나게 될지 예측할 수 없으니까 시간을 더 의식하게 됩니다."

디트리히는 한숨을 쉬었다. "그게 사실인 것 같아요. 그런데 아직도 내가 이기적으로 투쟁에서 도망쳐 나온 느낌이 들어요. 내가 숨어버린 겁쟁이라는 생각을 떨쳐 버릴 수 없습니다."

"디트리히." 벨 주교가 그의 어깨에 아버지같이 손을 얹으며 말했다. "나는 당신이 하나님께서 지금 있기를 원하는 바로 그곳에 있다고 믿어요. 어느 누구도 당신이 지금 하고 있는 일을 할 수 없어요. 나는 당신이 죄책감에 빠져서 당신에게 주어진 기회를 최대한 활용하지 못하면 안 된다고 강력하게 권고합니다. 그렇게 되면 당신은 진짜로 죄를 짓게 되는 것입니다."

그 다음에 무슨 말을 해야 할지 몰라서 둘 다 말없이 창밖을 내다보았다. 비가 좀 뜸해져서 보슬비가 되었고, 흐린 하늘이 조금 밝아지는 것 같았다. 주변 정원도 또한 녹색을 뿜어내며 빛나는 것처럼 보였다.

"최근 내 생각은 온통 예수 그리스도가 오늘날 우리에게 어떤 분인가 하는 질문을 맴돌고 있습니다" 디트리히가 침묵을 깨고 말했다.

"그게 무슨 뜻이에요?" 벨 주교가 물었다.

"개신교회에서도 예수님의 명령을 역사적인 유물로 생각하고, 의심 없이 복종하기보다는 존경해야 하는 말로 생각하는 경향이 있습니다. 가장 중요한 것은 그 명령을 수행해야 하는 바로 그 순간에 예수님의 명령을 명령으로 인식하지 못한다는 점입니다. 만약 우리가 그 순간을 놓친다면 그 명령에 순종할 기회도 또한 놓치는 것입니다. 어떤 일을 미뤄놓고, 그 일을 죽어라 하고 연구하고, 그런 다음 우리의 우유부단함과 불순종을 분석하는 것이 우리 교회의 거의 제2의 천성이 되었습니다. 그리고 우리는 계속해서 하나님께서 우리를 용서하고 계신다고 생각합니다. 우리의 응답에 대해서 하나님과 흥정할 수 있다고 생각하면서 값싼 은혜라는 잘못된 믿음에 따라 행동하고 있습니다."

"당신이 무슨 말을 하고 있는지 이해가 됩니다." 벨 주교가 두 사람 잔에 차를 따르며 대답했다. "나는 그런 모습을 여기 영국 교회 지도자들 사이에서 항상 봅니다. 그들은 수동적이고, 무의미한 토론에 빠져 있습니다. 그렇지만 당신이 너무 멀리 나갔다고 생각하는 지점이 있습니다. 그것은 하나님의 뜻을 이해하는 것이 언제나 단순한 일이라고 믿는 것입니다. 주님을 기다리는 것, 즉 주께서 자신의 뜻을 이루기 위해서 그분이 그 상황에서 일하시도록 하는 것이 때로는 현명하지 않겠습니까?"

"만약 우리의 적들 역시 기다린다면 우리가 그런 사치를 누릴 수 있다고 생각합니다." 디트리히가 말했다. "그러나 그들은 기다리지 않습니다. 그들은 매일 더 많은 악을 꾸미고 있고, 누가 봐도 알 수 있는 우리의 무력함을 분명히 즐기고 있습니다."

디트리히는 주교가 따라준 차를 마시며 계속했다. "그렇습니다. 불필요하게 무모한 짓은 삼가야 합니다. 그러나 하나님의 완전한 뜻이 무엇인지를 경험을 바탕으로 추측할 수밖에 없을 때라도 우리는 또한 때로는 단호하고 용기 있게 행동해야 합니다. 게다가 구약성서를 읽으면서 나는 하나님께서 유일하게 예언자들을 책망한 때는 그들이 흔들리고, 두려워할 때뿐이라는 것을 알게 되었습니다. 그들은 주님의 말씀을 선포할 때 무모하다고 해서 결코 책망 받지 않았습니다."

벨 주교는 차에서 나는 김을 부드럽게 불었다. 그의 눈은 영국인이 미소를 표현할 수 있는 독특한 방식으로 웃고 있었다. 차를 한 모금 마시며 그가 말했다. "어쩌면 당신이 느끼는 중압감은 당신이 어깨에 짊어지고 있는 예언자 역할의 무게에서 오는 것 같은데요?"

디트리히가 차의 김을 불었다. "나는 예언자 역할을 원하지 않습니다." 그가 말했다. "나는 오직 예수 그리스도의 좋은 제자가 되기를 원합니다."

주교는 한숨을 쉬었다. "그래요. 하지만 오늘날 교회에서조차도 그런 말을 하면 비웃고, 바보 취급을 한다는 것이 부끄러워요. 불성실을 당연한 것으로 여기고 있습니다."

디트리히는 미소를 지으며 주교의 얼굴을 살펴보았다.

"조지, 당신은 나를 바보라고 생각합니까?"

"물론 그렇게 생각하지요." 주교는 미소를 지으며 말했다. "그렇지만 당신 같은 바보들이 훨씬 더 많이 필요해요."

# 10장

# 제국교회

엄청나게 많은 독일 기독교인들이 베를린 스포츠 궁전에 모였다. 그 모임은 독일 개신교회와 아돌프 히틀러의 새 정권 사이의 연합을 축하하기 위한 대규모 집회였다. 참석자 대부분은 이것이 교회 역사에서 중요한 시점이라는 데 같은 의견이었다. 그들은 이러한 연합으로 약해지고 있는 교회의 위상이 회복되고, 또 기독교의 전투성을 새롭고 활기찬 수준으로 만드는데 독일 젊은이들이 나서고, 영감을 받게 될 것이라고 믿었다. 그러나 서로 어울리지 않는 두 사람이 급하게 결혼하는 경우처럼 그 연합이 무엇을 의미하는지는 충분하게 생각하지 않았다.

그 의미는 개회 연설을 한 나치의 고위 관리 크라우제(Krause) 박사에 의해 곧 명확해졌다.* 붉은 어금꺾쇠십자가 깃발이 드리워진 연단에서 크라우제는 "새로운 기독교 의식(意識)에서는 유대교에 의해서 오염된 모든 것이 제거되어야만 한다."는 선언을 마이크에 대고 분명하게 말했다. 그는 심지어 오래도록 계속 내려온 유대 기독교인들을 교회 교인 명부에서 지워버려야 한다는 말까지 했다. 그는 "유대인의 금전 윤리와 가축 상인과 포주들에 대한 이야기가 나오는 구약성서로부터 해방"을 촉구했는데, 이것은 사실상 엄격한 반유대주의가 독일 교회의 공식 정책으로 시행될 것이라는 발표였다. 그것은 또한 이 정책에서 벗어나서 문제를 일으키는 교회를 정부가 처벌할 것임을 암시했다.[11]

그날 청중석에 앉아 있던 많은 사람들이 크라우스의 말에 불쾌감을 느꼈지만 항의에 나설 정도로 불편하지는 않았다.

스포츠 궁전에서 있었던 일에 대해 들었을 때 디트리히는 놀라지 않았다. 그것 때문에 일이 훨씬 단순해졌고, 더 공개적으로 진행되었다. 다른 억지스러운 일들과 함께 최근의 일련의 일 때문에 디트리히

---

* 1933년 11월 13일에 열린 이 집회에서 연사들은 국가사회주의, 즉 나치를 지지하지 않는 모든 목사와 유대인 혈통 신자의 축출, 아리안 조항을 교회 전반에 적용, 성서에서 구약성서의 배제, 예배에서 비(非)게르만적 요소의 제거와 같은 주장을 하며 교회가 나치의 주장을 적극 수용해야 한다고 했다. 그러나 이 집회로 인해 많은 개신교인들은 국가가 단순히 교회 조직에 대한 문제뿐만 아니라 교회의 핵심적인 신학에까지도 관여하려 한다고 생각하게 되었다.

와 영국에 있는 독일 목사들은 제국교회 총회의 신학적 이단성을 요약한 항의 서한을 서둘러 작성했다. 그들은 편지에서 만약 성서의 정경에서 구약성서의 지위를 낮추거나 혹은 유대인들이 구원받을 가치가 없다는 것을 암시하는 공식 입장 표명이 또 있으면 독일 밖에 있는 독일인 교회들은 주저하지 않고 "모(母) 교회"를 떠날 것이라고 썼다.

그 편지 내용이 강경했고, 오래 지나지 않아서 응답이 있었다.

1934년 2월 초, 독일 제국교회 지도자 중에 한 명인 테오도르 헤켈(Theodor Heckel) 감독**이 반항적인 목사들을 바로잡겠다고 영국을 방문했다. 감독과 목회자들은 런던의 성 조지교회에서 만났다. 감독과 심각한 얼굴빛을 띤 수행원들이 긴 탁자 한쪽에 앉았고, 목회자들은 다른 쪽에 앉았다. 고풍스러운 회의실에 아직 전기가 들어오지 않았기 때문에 양초로 불을 밝혔다. 그렇지만 헤켈 감독이 공식적인 발언을 시작하자 공중에 전기가 흐르는 것 같이 긴장이 흘렀다.

"내가 하고 싶은 이야기는 세 가지입니다." 입술이 얇은 이 사람이 이야기를 시작했다. "첫째, 제국교회는 교회의 모든 활동을 최대한 효율적으로 수행하기 위해서 훨씬 더 단단한 조직이 되고자 노력 중입니다. 내가 말하고 있는 지금 이 순간에도 베를린에 명확한 명령 계통이 있으며, 모든 교회는 그것을 따라야 합니다. 둘째, 우리의 총통은 개

---

** 헤켈 감독은 종무부 해외 관계 책임자로 해외에 있는 독일인 교구도 관장했다.

신교회의 일치가 오늘날 가장 중요한 종교 문제라고 판단했습니다. 그래서 일치를 촉진할 수 있다면 그는 특정 사안, 심지어 아리안 조항에 대해서도 타협할 용의를 갖고 있습니다."

헤켈은 이 두 번째 사항에 대해 목사들이 어떻게 반응하는지 알아보기 위해서 눈을 들었다. 목사들은 그것이 계략이라는 것을 즉각 알아차렸고, 아무런 반응도 하지 않았다. 이를 보고 그는 말을 이어갔다. "그리고 셋째, 새로운 교회 지도부에 대한 반대자들 대부분은 이미 징계를 받았고, 복귀했습니다. 이 경우 그들 대부분은 정신적으로 문제가 있었고, 목회에 다소 지친 사람들이었습니다."

이에 디트리히는 역겨워서 눈을 치켜떴다.

감독은 개의치 않고 계속 이야기했다. "우리는 지금 개신교회 내의 최고의 사상가들이 교회의 정책을 명확하게 설명하고, 개선하는데 힘을 쏟아야 할 때라고 생각합니다. 그렇게 하면 그 정책들이 독일 국내나 해외의 회중들 사이에서 폭넓게 이해될 수 있을 것입니다."

헤켈은 의자에 똑바로 앉으며 물었다. "질문이 있습니까?"

망설이지 않고 디트리히가 입을 열었다. "헤켈 감독님, 왜 베를린에서 나오는 모든 이야기가 교회 권력을 강화하고, 교회 당국을 재조직하는 것과 관련이 있습니까? 마치 우리가 공장을 운영하는 것 같습니다. 왜 신학적인 문제에 대해서는 아무런 생각이 없습니까? 구약성서와 교회의 역사적인 신앙고백에 대해서 자유롭게 말할 자유도 사라진 것 같습니다."

헤켈은 이 젊은 선동가를 주의 깊게 바라보았다.

"영국에 있는 우리 독일 목사들은 이단에 동참할 의사가 없습니다."
디트리히가 계속 말했다. "우리의 구원을 위험에 빠뜨리느니 차라리
서로 갈라지는 편이 낫습니다."

"다들 같은 생각입니까?" 디트리히가 말을 끝내자 헤켈이 목사들에
게 물었다. 그리고 목사들 모두가 디트리히와 같은 우려를 표명하자
헤켈은 지금 제국교회에서 어떻게 일이 진행되고 있는지 장황하고, 지
루하게 절차상의 이야기를 했다. 그는 마치 디트리히가 아무 말도 하
지 않았으며, 그 모임이 함께 일하는 동료들 사이의 정기적인 회의인
것처럼 이야기를 했다.

신학적으로 올바른가 여부에 대해 목사들이 우려했지만 그는 이에
대해 직접적으로 한 마디도 대답하지 않았다. 그러나 이 모임이 실패
했음을 자인하고, 다음 날 저녁에 베를린으로 떠나면서 헤켈은 보좌관
중에 하나에게 디트리히의 "반역적인" 행동에 대해서 자세하게 기록
하고, 그것을 공식 자료에 입력하도록 지시했다. 언젠가 폭발 위험성
이 있는 건방진 녀석을 짓이길 기회를 갖게 될 때를 위해 그는 공격 무
기를 갖고 있기를 원했다.

디트리히는 헤켈과 만남이 의미 있었다고 생각하지 않았다. 하지만
바르트와 니묄러 및 다른 사람들에게 편지를 써서 베를린에 대해 계
속 압력을 가하려고 노력했다. 그리고 영국에 있는 나머지 기간 동안
그는 벨 주교를 자주 만나 베를린에서 계속 일어나고 있는 권력 남용

에 대해 이야기를 나누었다. 그 주교는 디트리히 때문에 히틀러를 절대적으로 불신하게 되었다. 사실 벨 주교는 독일 밖에서 독일 지도자에 대해 가장 일찍이, 가장 큰 목소리를 내어 비판하는 사람 중에 하나가 되었다. 디트리히는 나치 정권에 굴복하는 독일 목사들에 대해 정기적으로 듣고 있었다. 하지만 그는 주교의 확고한 지원에 격려를 받았다.

두 사람은 종종 독일에서의 사건들에 대해서 전혀 이야기하지 않고 그 대신 음악을 듣거나 문학에 대해서 이야기하며 함께 시간을 보냈다. 그렇게 해서 불안한 시대에서 잠시 벗어났다. 디트리히는 나이 든 주교와의 우정 때문에 고국이 종말을 향해 치닫고 있던 당시에 마음에 위안을 받았다.

디트리히는 독일 내 반대 세력의 붕괴를 우려했지만 반대 세력의 핵심 그룹은 여전히 매우 강했다. 특히 히틀러가 점점 더 강해짐에 따라 제국교회와 관계를 끊고자 하는 정서가 커지고 있었다. 이런 정서는 기독교 역사상 가장 중요한 문서 중에 하나인 바르멘 선언(Barmen Declaration)*에서 최고조에 달했다.

---

* 1934년 5월 27일에서 31일까지 바르멘에서 목사 긴급동맹 지도자들이 총회를 개최했다. 여기서 바르멘 선언을 채택했고, 이 신학선언에서 고백교회가 태어났다. 이 선언문은 독일교회가 국가 권력 아래 있지 않다는 것을 분명히 밝히고, 반유대주의와 독일적 기독교인들의 이단 사설과 뮐러가 이끄는 제국교회를 배격했다.

칼 바르트가 초안을 하고, 1934년 5월 말에 저항 세력의 지도자들 대부분이 서명을 한 바르멘 선언은 미국 독립선언서와 같이 모국 혹은 모(母) 교회에 대한 불만 사항을 제시했다. 그 선언에서 제국교회의 이단성을 대담하게 비난했고, 오직 교회의 주(主)이신 그리스도에게만 충성하겠다고 맹세했다. 그 선언에서 거부한 내용은 다음과 같다.

> 교회가... 하나님의 유일한 말씀을 넘어서 다른 사건, 권세, 형상, 진리를 하나님의 계시로 인정할 수 있고, 또 인정해야 한다고 하는... 거짓 교리.
> 교회의 직제와 사명의 형태를 교회가 제 마음대로 바꿀 수 있고 혹은 우세한 이념적, 정치적 견해에 따라 바꿀 수 있다는 거짓 교리.... 혹은 교회가 통치 권력을 가진 특별한 지도자들을 세울 수 있고, 교회를 그들에게 맡기는 것을 받아들일 수 있다는 거짓 교리...[12]

디트리히 자신은 당시 런던에서 업무로 바빴기 때문에 바르멘 회의에 참석하지 못했다. 그러나 그 선언은 적어도 부분적으로는 확실한 입장을 취하며 저항을 하도록 그가 끊임없이 밀어붙이고, 촉구한 결과였다. 많은 문구들이 그가 바르트와 주고받은 토론과 편지에서 나왔다. 교회가 종교개혁의 원칙에 충실해야 할 필요가 있다는 점은 그와 바르트 사이에 전혀 의견의 차이가 없었던 부분이었다.

그러나 디트리히는 새로 창설된 "고백교회"* 내의 많은 사람들이 아직 자신을 혁명가라기보다는 개혁가로 생각한다는 것을 알고 있었다. 대부분은 아직 독일 국가교회에 정서적으로 강하게 끌린다고 느꼈고, 그 교회와의 분리가 단지 일시적인 것이라고 믿었다. 일단 용납할 수 없는 요소들이 조금 더 제거되면 비록 여전히 나치의 깃발로 덮여 있다고 하더라도 많은 사람들은 기꺼이 그 집단으로 되돌아갈 것이었다.

물론 디트리히는 좀 더 결정적인 단절을 원했다. 그에게 제국교회는 전혀 교회가 아니었다. 그의 생각에는 이 점을 보지 못하는 저항은 어쩔 수 없이 허약한 저항이었다.

바르멘 선언 이후 몇 달 동안 이런 도전에 대한 제국교회의 유일한 반응은 히틀러에 대한 충성을 강화하고, 복종하지 않는 사람들에 대해 박해를 확대하는 것뿐이었다. 8월에 대통령 힌덴부르크가 죽었고 히틀러가 자신을 독일에서 두 개의 최고위 자리를 결합한 "독일 공화국의 총통이자 제국 수상"이라고 선언했다. 이때 특히 불길한 조짐이 보였다. 이제 히틀러의 권력에 균형을 잡아 줄 수 있는 사람은 독일에

---

* 고백교회는 1934년 5월 바르멘 선언을 통해 창설되었고, 그 바르멘에서의 목사 긴급동맹 지도자들의 회의가 고백교회 1차 총회가 되었다. 1934년 10월 베를린 다렘에서 2차 총회가 열렸고, 여기서 총회원들은 독일적 기독교인 소속 교회 지도자들이 교회를 이끌 권리를 박탈한다고 선언했으며, 총회의 지도부인 '형제단'을 세웠다. 고백교회는 제국 국가교회는 이단적인 교회이고, 자신들이 유일한 독일 정통교회라는 입장을 견지했다. 그들은 나치로부터 인정받지 못했고, 나치는 오히려 모든 수단을 동원해서 그들의 영향력을 차단하려고 했다.

아무도 남지 않았다. 그 여름부터 그는 절대적인 권력을 가진 독재자였다.

이렇게 절대 권력자가 된 히틀러는 독일의 모든 목사와 교회 지도자들이 "복무 선서"를 해야 한다는 것을 승인했다. 이 선서는 국가사회당에 대한 충성 서약(대부분의 독일 목사들은 이미 이 서약을 했다)뿐만 아니라 히틀러 자신에 대한 개인적인 충성 서약도 요구했다. 그 내용은 이렇다. "나는 하나님 앞에서 독일 민족과 국가의 총통인 아돌프 히틀러에게 진실하고, 복종할 것을 맹세하고, 독일 민족, 특별히 개신교 독일인을 위해 희생과 봉사를 다 할 것을 다짐합니다."[13]

이것으로 새로운 정권의 기독교 배신이 완성되었다.

디트리히는 자신이 전념해야 할 유일한 곳은 에큐메니컬 운동이라고 보았다. 그는 그 운동이 소위 독일적 기독교인들이 거짓이라는 것을 밝히는데 핵심적인 역할을 할 수 있을 것이라고 믿었다. 디트리히는 에큐메니컬 운동이 고백교회를 받아들임으로써 독일에서 벌어지고 있는 일에 대해 다른 나라의 여론에 영향을 끼치고, 알릴 수 있게 되기를 희망했다. 그러므로 그는 독일 내 기독교의 합법적인 대표자가 되겠다는 제국교회의 요구를 완전히 거부하도록 추진했다. 왜냐하면 만약 에큐메니컬 운동이 전 세계 차원에서 기독교 교회를 대표하기를 원한다면 무엇보다 그 운동이 진정한 기독교도의 운동이어야 하고, 그 사업을 기독교 방식으로 수행하는 것이 필수적이었기 때문이었다.

디트리히는 에큐메니컬 운동을 주재하는 아문센(Ammundson)* 감독에게 쓴 8월의 편지에서 이런 정서를 표현했다.

> 두렵기는 하지만 우리는 국가사회주의와 기독교 사이에서 결정을 내려야만 할 때가 임박했다는 사실을 분명히 해야 합니다… 그것 때문에 우리 모두가 끔찍할 정도로 힘들고 어렵겠지만 우리가 외교적으로 처신하지 않고. 열린 기독교인으로 말하고, 사안의 뿌리에 바로 접근해야만 합니다. 그리고 함께 기도하는 가운데 우리는 길을 찾게 될 것입니다.[14]

그달 말에 덴마크(Denmark) 파뇌에서 열린 세계 에큐메니컬 회의에서 고백교회를 독일의 합법적인 개신교 교회로 과감하게 인정함으로써 디트리히의 우려를 민감하게 받아들였다. 이것은 교회 투쟁에서 극적인 순간이었고, 조류(潮流)가 바뀌는 전조(前兆)처럼 보였다.

---

\* 발데마르 아문센은 스웨덴 루터교 감독이었다. 그는 고백교회가 창설된 이후 1934년 9월 하순에 불가리아 소피아에서 열린 '교회 친선을 위한 세계동맹'의 에큐메니컬 회의 이후 벨 주교와 함께 본회퍼의 에큐메니컬 운동의 동지였다. 본회퍼의 활약으로 벨 주교와 아문센 감독이 주도하여 이 회의에서는 '유대인에게 가해지는 가혹 행위에 대한 심각한 우려'를 표명했다. 또 같은 시기에 불가리아 노비사드에서 열린 '생활과 실천협의회'에서 나치 치하에서의 유대인 문제에 대해 이보다 좀 더 강력한 결의안이 통과되었다. 즉 비아리아인 목사와 교회 지도자들에 대한 독일 교회 조치는 예수 그리스도의 가르침과 복음을 부정하는 것이라고 단언했다.

그 회의의 주요 연설자 중 한 명이었던 디트리히는 양쪽이 단지 신학적 주장의 두 측면 이상을 대변하는 것이라고 (돌이켜 보면 정확하게) 규정하여 참석자들의 주목을 받았다. 그는 양쪽을 전쟁과 평화를 대변하는 교회라고 규정했고, 평화를 위해 일하는 교회가 참된 교회라고 했다. 시편 85:8을 본문으로 그는 참된 교회는 실제로 "평화의 계명" 아래 있다고 했다.

> … 이 땅의 평화는 [해결되어야 할] 문제가 아니라 그리스도가 오셔서 주신 계명입니다. 하나님의 이 명령을 대하는 데에는 두 가지 길이 있습니다. 하나는 무조건적이고 맹목적으로 순종하는 행동이고, 아니면 "그래, 하나님이 말씀하셨어?…" 하는 뱀의 위선적인 질문입니다. 이런 질문은 순종의 대적이고, 그래서 모든 진정한 평화의 대적입니다… 순종하기 전에 하나님의 계명에 의문을 품는 사람은 이미 그분을 부정하는 것입니다.

후에 그는 설교에서 이렇게 말했다.

> 평화가 어떻게 옵니까? 정치적인 조약 체결을 통해서? 다른 나라의 자본 투자를 통해서? 대형 은행을 통해서? 돈을 통해서? 혹은 평화를 보장하기 위한 전 세계적인 평화적 재무장을 통해서 옵니까? 이들 중에 어느 것을 통해서도 평화가 오지 않습니다. 그 이유는 하나

입니다. 그것들은 모두 평화를 안전과 혼동하고 있기 때문입니다. 안전을 따라간다고 해서 평화가 오지 않습니다. 평화를 위해서는 과감하게 용기를 내야 합니다. 그것은 위대한 모험입니다. 결코 안전할 수 없습니다. 평화는 안전의 반대입니다. 안전을 요구하는 것은 불신이고, 이 불신은 결국 전쟁을 낳습니다. 안전을 요구하는 것은 자신을 지키고 싶어 하기 때문입니다. 평화는 안전을 바라지 않고, 이기적인 목적을 위해서 평화를 지향하지 않고, 나라의 운명을 믿음과 순종으로 전능하신 하나님의 손에 두고 자신을 전적으로 하나님 말씀에 맡기는 것을 의미합니다. 전쟁의 승리는 무기에 달려 있지 않고 하나님께 달려 있습니다. 그 길이 십자가로 이어질 때 승리할 수 있습니다. 만약 한 국가가 무기를 손에 들고 있는 것이 아니라 기도하며 무방비 상태로, 바로 그 이유로 "결코 함락되지 않는 보루"에 의해 보호받아 침략자를 맞이한다면 그것이 이 세상에 의미하는 바를 우리들 중에 누가 안다고 말할 수 있겠습니까?[15]

디트리히의 급진적이고 다소 유토피아적인 견해는 고백교회를 지지하는 에큐메니컬 운동에 활력을 불어넣는데 도움이 되었다. 파뇌 회의 이후 일어난 사건들로 이것이 분명해졌다. 나치 정권은 다시 한번 반대하는 교회를 탄압하려고 했지만 이번에는 정권이 어느 정도 종교의 자유를 허용해야 한다고 하는 국내외의 압력으로 저지되었다. 이러한 국제적인 지지의 분위기 속에서 고백교회는 자체로 새로운 신학교들을 설립했고, 그중 하나를 다음 해에 디트리히가 이끌게 되었다.

파뇌 회의에서 디트리히는 뉴욕 유니온 신학교에서 그에게 "평화 복음"을 소개해 주었던 장 라세르를 만나면서 활기를 찾았다. 그들은 3 일 동안 같이 지내면서 옛날이야기를 하고, 앞으로 부닥칠 어려운 싸움을 위해 서로 정신적으로 지원했다. 디트리히의 신약의 평화 계명에 대한 헌신도 또한 이 기간 동안 강화되었다. 그는 고백교회가 이 문제와 관련해서는 타협할 수 없다고 새롭게 깨달았다. 전쟁에 굶주린 정권에 굴복할 수 없었다.

그러나 곧 교회 내에, 특히 에큐메니컬 운동 내에 보다 온건한 목소리가 등장하여 제국교회에 대한 압력이 약해졌다. 디트리히는 승리의 확대를 이렇게 거부하는 것에 실망했다. 이로 말미암아 디트리히는 이 기간 동안 경험했던 정치적 조치들에 대해 환멸감이 더 커졌다. 다음 겨울에 파뇌가 교회의 더 큰 저항의 첫걸음이 아니라, 저항의 정점이라는 사실이 분명해지자 디트리히는 순수한 영적인 문제에 점점 더 관심을 기울였다. 파뇌에서 설교했던 것처럼 그는 독일 내의 갈등은 영적 문제이고, 진정한 평화는 오직 기도와 마음의 집단적 변화를 통해서 이루어질 수 있다고 믿었다.

그는 또한 동료 나치 반대자들이 교회 갈등의 본질을 이해하지 못하는 것에 낙담했다. 그들 중에 많은 사람이 마치 히틀러와 제국교회의 지도자들이 단순히 "나쁜 나치"이고, 만약 반대자 자신들에게 기회가 주어진다면 그들은 "좋은 나치"가 될 수 있는 것처럼 행동했다. 그들 중에 다수는 정권을 구하기 위한 전쟁에 기꺼이 나서려고 했고, 디트리히가 본 전쟁과 평화에 대한 성서의 분명한 가르침을 대놓고 무시했다. 그들은 당면한 위기에 기독교 방식으로 대응할 만큼 철저하지 못했다. 그들은 마치 극단적인 상황에서 극단주의가 정확한 해결책이 아니라는 것처럼 모든 용기 있는 행동을 극단적이라고 딱지를 붙였다.

디트리히는 1934년 5월에 할머니 타펠에게 보낸 편지에서 자신의 좌절감 밝혔다. "불행하게도 나는 교회 내의 정권 반대자들을 거의 신뢰하지 못합니다. 나는 그들이 일하는 방식이 완전히 싫고, 그들이 책임을 맡는 순간이 정말로 두렵습니다. 우리는 다시 한 번 더 기독교가 끔찍한 타협을 하는 것을 목격해야만 합니다."[16]

디트리히가 보기에 전 세계에서 그가 이상으로 여겼던 근본적인 평화적 저항을 실현한 잘 알려진 인물은 오직 한 명뿐이었다. 바로 마하트마 간디(Mahatma Gandhi)였다. 1930년대 내내 디트리히는 이 위대한 인도 지도자에 대해서 읽을 수 있는 것은 모두 읽었다. 그의 친구들은 그런 인물에 그가 그렇게 빠지는 것을 조금도 과장하지 않고 이상하다고 생각했다. 그러나 디트리히는 간디를 서구의 자기만족에 대한 질책이라고 보았다. 서구의 기독교인들이 신문을 읽으면서 세계의 상황에 대해 무기력하게 초조해하고 있는데, 식민지 국가의 온유한 힌두교인은 매일 산상수훈에 따라서 실제로 살아가고 있었다.

과거 바르셀로나 목회 시절부터 디트리히는 비폭력 저항과 깊은 영성이 어떻게 결합될 수 있는지를 배우기 위해 몇 번이나 인도에 가려고 노력했다. 공식적인 힌두교 교리에서 무엇인가를 찾았던 것이 아니었다. 그는 서유럽의 자유주의적인 사회기독교와 정치적으로 급진적이지만 철저하게 종교적인 간디 지지자들의 실천이 대조를 이루는 데 주목했다.

런던 체류가 끝나갈 즈음 디트리히는 다시 인도 여행을 하려고 준비에 나섰다. 벨 주교는 그를 간디에게 소개하는 편지를 보내 주었다. 그러나 인도를 순례하려는 이 마지막 시도는 고백교회의 필요 때문에 좌절되었다. 그는 적절하고, 심오하며, 체계적인 영성의 예를 찾고자 하는 열망을 가지고 있었지만, 이 열망은 영국 시골에 있는 몇몇 성공회 수도원을 방문하는 것으로 만족해야 했다. 자신의 생각을 구체적인 행동으로 옮기기 전에 그 생각을 더 발전시키고자 하는 그를 고백교회는 기다릴 수 없었다. 그는 새로운 유형의 기독교 지도자를 양성하고자 하는 새로운 신학교들 중에 하나를 이끌도록 부름을 받았다.

실망했지만 디트리히는 이 기회를 최대한 활용하기로 결심했다. 그는 그해 1월에 형 카를 프리드리히에게 이렇게 편지를 썼다.

교회의 회복은 확실히 새로운 종류의 수도 생활에 달려 있습니다. 새로운 수도 생활은 옛날의 수도 생활과 공통점이 없고, 그리스도를 본받아 산상수훈을 비타협적으로 고수하는 생활을 하는 삶입니다. 나는 이 일을 위해 사람들을 하나로 모아야 할 때가 왔다고 믿습니다.[17]

# 11장

# 고백교회

디트리히가 "새로운 종류의 수도 생활"을 실천에 옮길 현장은 발틱 (Baltic)해 연안 인근 소도시 핀켄발데(Finkenwalde)의 외곽에 있는 커다 란 건물이었다. 그 건물은 원래 사립 고등학교였는데 나치가 학교들을 쉽게 통제하려고 하면서 폐교되었다.

밖에서 보면 그 건물은 대형 주택이나 작은 호텔처럼 보였다. 거기 에는 공동 식사를 할 수 있는 넓은 공간과 두 대의 그랜드 피아노가 있 는 음악실, 체육실도 있었다. 하지만 시설은 매우 간소했고, 대부분의 방에는 찬바람이 들어왔다. 신학교를 운영하기에 완벽한 장소는 아니 었지만 할 수 없었다. 고백교회 운동으로서는 거기 외에 다른 곳을 제 공할 형편이 되지 않았다.

신학교를 시작하는 것은 위험 부담이 있는 계획이었다. 루터교회의 목사가 되기 위해서 학부를 마치고 신학교를 가는 것은 독일 전통이 아니었다. 디트리히가 그랬던 것처럼 보통 대학에서 신학을 전공하여 석사 학위를 취득하고 목사가 되었다. 그러나 제국교회가 부상하면서 여기에 반대하는 신학자 대부분이 교수진에서 축출됨에 따라 목사가 되기를 원하지만 새로운 진행 방식에 반대하는 젊은이는 누구도 석사 과정 교육을 받을 곳이 없었다.

다행히 고백교회 운동 지도자들이 이 문제를 일찍 인식했고 그들 자신의 교육의 장을 만들고자 했다. 1년 동안 교육을 받은 후 이 신학교를 나온 젊은이들이 고백교회 운동의 선구자가 되고, 신학적 순수성이 흔들리지 않게 될 것이라고 마음속에 그렸다.

반드시 이수해야만 하는 일정한 커리큘럼이 있었지만 그 외에는 신학교 지도자들이 적합하다고 생각하는 어떤 방식으로든 자유롭게 진행할 수 있었다. 그 실험이 성공적인지 아닌지 여부는 발휘하는 리더십의 질에 달려 있었다.


어느 토요일, 디트리히와 핀켄발데 신학교의 23명의 목사 후보생(혹은 목사 임직 후보자)들은 참나무로 된 큰 테이블 주위에 마주 앉았다. 그리 멀지 않은 바다에서 불어오는 바람 때문에 널찍한 식당 한쪽 벽의 창문이 덜그럭거렸고, 디트리히가 큰 소리로 말해야 알아들을 수 있었다. 일요일을 나들이, 오락, 휴식을 위해 따로 떼어 놓았기 때문에 토요일을 학생들에게 설교하는 날로 정했다. 장소는 식당이었고, 그때가 디트리히가 공식적으로 설교하는 유일한 시간이었고, 주간 중 다른 날은 실제적인 수업과 강의로 가득 차 있었다.

이 특별한 토요일, 디트리히는 무엇보다 하나님을 두려워하는 것으로 목사 후보생들을 격려하려고 했다. 요한계시록 14:6-13을 읽고 그는 7절에 초점을 맞추어서 이 구절에 대한 자신의 해석을 다음과 같이 간결하게 전했다.

… 다음 말씀은 아주 단순해서 누구나 이해할 수 있습니다. "하나님을 두려워하며 그에게 영광을 돌리라. 이는 그의 심판의 시간이 이르렀음이니 하늘과 땅과 바다와 물들의 근원을 만드신 이를 경배하라." 그것이 첫째 계명이요, 온전한 복음입니다. "하나님을 두려워하라." – 다른 것들을 두려워하지 마십시오. 다가오는 날을 두려워하지 마십시오. 다른 사람들을 두려워하지 마십시오. 여러분의 재산과 생명을 빼앗을 수 있다고 하더라도 정권과 권력을 두려워하지 마십시오. 이 세상의 대단한 사람들을 두려워하지 마십시오. 심지어 여러분 자신을 두려워하지 마십시오. 죄를 두려워하지 마십시오. 이 모든 것을 두려워하면 여러분은 죽음에 이르게 될 것입니다. 여러분은 이 모든 두려움에서 자유로워졌습니다. 두려움은 여러분의 몫이 아닙니다. 오직 하나님만을 두려워하십시오. 왜냐하면 그분은 이 세상의 권세들을 다스리는 권세를 갖고 계시기 때문입니다. 온 세상이 그분을 두려워해야만 합니다. 그분은 우리에게 생명

을 주거나 혹은 멸망시킬 권세를 갖고 계십니다. 다른 것은 모두 잠시 즐기는 놀이에 불과합니다. 오직 하나님만이 진실하시고, 전적으로 진실하십니다. 하나님의 진실하심을 두려워하고, 그분께 영광을 돌리십시오. 그분은 세상의 창조자로서 또 우리의 창조자로서 그것을 요구하십니다. 그분은 그리스도 안에서 하나님과 인간 사이에 화평을 이룬 화해자로서 그것을 요구하십니다. 그분은 모든 죄와 무거운 짐으로부터 최종적으로 우리를 해방시켜 주실 구원자로서 그것을 요구하십니다. 그분의 거룩한 복음 안에서 그분께 영광을 돌리십시오. "이는 그의 심판의 시간이 이르렀음이니."

테이블에 둘러앉은 젊은이들은 모두 고백교회에서 일하기 위해서 장래가 촉망되는 직업과 명성, 급여를 포기했다. 핀켄발데의 찬바람이 들어오는 건물에 있는 것이 그들이 세상의 야망보다 복음을 더 중요하게 여긴다는 간증이었다. 그렇지만 디트리히는 그들 중에 여러 명이 희생이 필요한지 여부를 확신하지 못하고, 여전히 두려워하고, 믿음에 확신이 없다는 것을 알았다. 그래서 그는 그들을 더욱 격려했다.

다가오는 심판의 날에 하나님께서 우리에게 무엇을 물으시겠습니까? 심판 때에 하나님께서는 오직 그분의 영원한 복음에 대해서만 물으십니다. 너는 복음을 믿고, 순종했느냐? 그분은 우리가 독일인인지 혹은 유대인인지, 나치인지 아닌지, 심지어 우리가 고백교회에 속했는지 아닌지를 묻지 않으십니다. 우리가 위대하고, 영향력이 있고, 성공했는지, 세상에 보여줄 필생의 역작이 있는지, 세상에서 존경을 받았는지 혹은 중요하지 않고, 하찮은 인생이었는지, 성공하지 못하고 인정받지 못했는지 여부도 묻지 않으십니다. 모든 사람이 언젠가 하나님으로부터 복음의 시험을 감당할 수 있는지 여부를 질문받게 될 것입니다. 오직 복음만이 우리의 재판관이 될 것입니다.

디트리히는 잠시 말을 멈추고 테이블을 둘러보았다. 대부분은 말씀을 들으려는 간절한 마음으로 그를 향해 얼굴을 돌렸다. 그러나 몇 명은 눈을 내리깔고 있었다. 디트리히는 이 낙담한 사람들이 듣고 있는지 확신할 수 없었다. 그렇지만 그들의 마음을 가볍게 하기 위해서 타협적으로 설교할 생각이 없었다. 그 대신에 그는 자신의 요점을 강조했다.

복음에서 길이 영원히 나누어집니다. 우리가 이 사실을 알게 되면, 또 우리가 세상과 교회에서 복음을 얼마나 대수롭지 않게 여기는지를 보게 되면 — 아마 우리는 두려워하게 될지도 모릅니다.[18]

디트리히는 복음을 위해 살아가는데 방해되는 모든 것, 즉 이기적 욕망, 용서하지 않음, 좌절 등을 죽이라고 학생들에게 촉구하며 설교를 마쳤다. 그는 테이블 주위에 모인 신학생들에게 큰 기대를 갖고 있었고, 그들이 단지 고백교회에 참여하는 것만으로 충분하다고 생각하지 않기를 원했다. 그들은 미래에 어려운 결단을 내릴 정도로 강하고, 헌신적이어야 했다. 교회 내의 정권 반대자들을 대상으로 한 법률이 점점 늘어나고 있는 현실에서 이에 저항하는 지역교회 목회자들에게 무슨 일이 일어나고 있는지 디트리히는 그들보다 더 잘 알고 있었다. 그는 사태가 나아지기보다는 훨씬 더 악화될 가능성이 있다는 것을 이미 알고 있었다. 목사 후보생들은 어떤 일이든지 감당할 준비가 되어 있어야만 했고, 믿음과 희망, 갈망을 오직 하나님께만 두어야 그렇게 할 수 있었다.

목사 후보생들로 하여금 이런 제자의 자리에 도달할 수 있도록 디트리히가 도왔던 방법은 매일 일정을 엄격하게 실행하는 것이었다. 그는 다양한 종교 공동체에 대한 연구와 관찰을 바탕으로 생활환경을 사치스럽지 않으면서 깨끗하게 유지하며, 기도, 연구, 묵상을 중심으로 하루 일정을 짰다. 그는 또한 그들이 상대적인 은둔을 유지할 수 있도록 노력했는데, 그렇게 함으로써 그들이 진정한 공동체 의식을 키울 수 있도록 하기 위해서였다.

어차피 주변 도시에는 할 것이 많지 않았다. 핀켄발데는 독일 문화의 편의 시설과는 거리가 멀었다. 지역 산업이 쇠퇴하면서 도시가 황폐해졌고, 저녁에 즐길 수 있는 오락거리도 없었다. 심지어 전후 경제 침체 때문에 괜찮은 식당 하나도 남아 있지 않았다. 목사 후보생들은 모두 슈니첼과 따뜻한 갈색 빵을 먹거나, 밤에 영화를 보거나 혹은 자신 개인 침실에서 거위 털로 만든 매트리스를 쓰든지 하는 가정에서 평범하게 누릴 수 있는 편안함을 간절히 바라는 시기를 겪었다. 핀켄발데에서는 모두가 막사 형태의 큰 방 하나에서 같이 잠을 잤다.

그런 꽉 막힌 환경 때문에 목사 후보생들 사이에 일정한 긴장, 더 나아가서 불평까지 생겼다. 이에 대해 디트리히는 목사 후보생들로 하여금 매일 아침 성서 한 구절에 대해 30분 동안 묵상하는 처방을 했다. 젊은 학생들 어느 누구도 이것을 어떻게 해야 하는지 배운 적이 없었고, 대부분 그렇게 집중하는 것이 불가능하다고 생각했다. 대학에서 그들은 성서를 학문적 교과서처럼 읽도록 배웠다. 하나님께서 그들 개개인에게 무엇이라고 말씀하는지를 알기 위해 성서를 읽는다는 것은 생소한 개념이었다.

그들 대부분은 마음이 끊임없이 방황했고, 그 30분이 유익하지 못했다고 이야기했다. 디트리히는 자신의 신앙생활에서 묵상 때문에 생긴 유익에 대해서 이야기하며 그것을 계속 실천하도록 독려했다. 하지만 그는 때때로 그들이 그룹으로 모여서 성서에 대해 토론하게 했고, 틀에 박힌 일과를 이런 식으로 중단하는 것으로 커지는 불만이 누그러지는 것처럼 보였다.

갈등이 있었지만 학기가 진행되면서 핀켄발데의 목사 후보생들은 긴밀하게 결속된 하나의 그룹이 되었다. 디트리히의 실험적인 작업 방식은 고백교회 운동 곳곳에서 거론되었고, 마침내 방문객들이 목사 후보생들을 관찰하고, 질문하기 위해서 꾸준히 핀켄발데에 왔다. 이렇게 주목을 받으면서 목사 후보생들은 더 큰 목적의식을 갖게 되었다. 그들은 외부 세계 사람들이 자신들에게 매료되었다고 한다면 자신들이 무엇인가 중요한 일을 하고 있는 것이 틀림없다고 판단했다. 디트리히는 이렇게 "찾아온 사람들" 그룹에게 편의를 제공하려고 노력했다. 그러나 그는 그 사람들이 목사 후보생들에게 매우 유용한 그의 시도에 방해가 된다는 것을 알게 되었다. 그가 일으켜 세우고자 하는 공동체 의식에 외부 사람들이 위협이 되었고, 그는 점점 그들을 무시하려고 했다.

얼마 지나지 않아 디트리히는 좀 더 분투(奮鬪)를 요하는 형태의 수도 생활에 대한 아이디어가 떠올랐다. 그는 목사 후보생들에게 더 깊은 영적 헌신과 상호 용기를 북돋우는 작은 그룹을 이끌기 위해서 학년이 끝난 후에도 자신은 핀켄발데에 남아 있으려고 한다고 말했다. 예상과 달리 처음에는 그 계획에 대해서 반응이 그리 크지 않았다. 대부분의 목사 후보생들은 집으로 돌아가는 것을 늦출 생각이 없었다. 그러나 연말에 (후에 디트리히의 전기 작가가 된 에베르하르트 베트게를 포함해서) 소수의 학생들이 디트리히가 "형제의 집"이라고 불렀던 공동체에 참여하겠다고 나섰다.

1936년 여름, 핀켄발데 신학교는 고백교회의 전위대를 위한 영적 훈련소로 알려졌다. 제국교회 정책을 따르라는 모든 압력에 저항하는 신학생들의 강력한 결의는 독일 교회 전체에서 유명해졌다. 그러나 신학교는 여러 방면에서 포위 공격을 받고 있었다.

신학교 존립에 가장 심각한 문제는 재정 부족이었다. 공식적인 국가 교회와 달리 고백교회 운동은 정부 자금을 받을 수 없었다. 전적으로 자발적인 증여와 헌금에 의존해야 했다. 교인 수가 아주 적었다는 것을 감안하면 이것은 심각한 고민거리였다. 하지만 다행스럽게도 핀켄발데 신학교는 주변 포메라니아(Pomerania) 지역의 상류층으로부터 지원을 받았다. 포메라니아는 1800년대 후반에 여러 차례 개신교의 부흥이 있었던 지역이었고, 많은 지주들이 여전히 그 믿음이 독실했고, 열심을 갖고 있었다. 일단 신학교가 주님의 사업을 하고 있다는 확신을 갖게 되자 그들은 아끼지 않고 기꺼이 후하게 지원을 했다. 이런 지주 가문 중에 하나인 폰 클라이스트-레트초브스(von Kleist-Retzows)는 신학교에 재정 지원을 했고, 그 대신 손녀들에게 (그중에 하나가 마리아 폰 베데마이어[Maria von Wedemeyer]였는데, 그녀는 후에 디트리히의 약혼자가 되었다) 교리 문답 공부를 시켜 줄 것을 요청했다.

핀켄발데에서 디트리히가 부닥친 다른 문제는 그의 평화주의 원칙에 대한 목사 후보생들의 저항이었다. 그는 그들이 자신의 입장을 완전히 받아들이리라고 기대하지는 않았지만 그들 중에 더 많은 사람들이 영향을 받아 신약성서의 평화에 대한 강조에 공감하기를 원했다. 이것은 디트리히의 강의에 자주 등장하는 주제가 아니었는데 그렇지만 그 주제가 나오자 깜짝 놀랄 정도로 경멸을 받았다. 목사 후보생 거의 모두가 군대에 소집이 되면 기꺼이 입대할 의향이 있었고, 조국을 지키기 위해서 전쟁에 나가는 것에 아무런 거리낌이 없었다. 디트리히 와 마찬가지로 그들은 1차세계대전에서 영국, 미국, 특히 프랑스에 패 했던 수치를 기억했다. 애국적인 독일인이라면 누구라도 군사적으로 승리해서 제거하기를 원하는 어떤 장막이 독일을 계속 덮고 있었다.

다른 사람들과 마찬가지로 조국을 사랑했던 디트리히는 자신을 애 국자로 생각했다. 그는 단지 독일 사람들 영혼의 한 부분으로 보이는 군사적 정복에 대한 갈증을 이해할 수 없었다. 그는 매일 발터를 생각 했고, 재능이 있는 형을 잃은 것을 아직도 비극적인 낭비로 여겼다. 그 의 생각에 전쟁, 특히 정복 전쟁은 그 전쟁에서 얻는 것보다 언제나 더 많은 대가를 치렀다. 전쟁에 이르는 과정은 언제나 맹목적이었고, 이 맹목성 때문에 하나님의 목적에 대한 관점이 왜곡되었다.

더욱이 지배적 이데올로기에 반대하는 에큐메니스트, 국제주의자, 평화주의자로서 디트리히는 전쟁 자체를 인류의 진정한 적이라고 생 각했다. 그것은 세계 역사에서 완전히 가장 악마적인 요소였다. 그는 기독교인이 다른 기독교인을 죽이도록 만드는 것을 어떻게 다른 식으 로 판단할 수 있는가 하고 추론했다. 그렇지만 그의 학생들 중에 누구 도 그렇게 생각하지 않았다. 실제로 이것은 학생들이 그들의 선생을 약간 조롱하고 싶은 유혹을 느꼈던 유일한 사안이었다.

디트리히는 학생들의 반(反) 평화주의적인 견해를 무시하는 모습을 결코 보이지 않았던 반면에 그 후 몇 년 동안 최전선에서 몇몇 학생들 이 죽자 거의 절망에 빠질 정도로 슬퍼했다. 이런 일이 일어났을 때 그는 자녀가 죽은 각 가족에게 직접 장문의 편지를 썼다.

신학교는 경제적, 개인적인 위기에서 살아남았지만 그 존립에 가장 심각한 위협은 결국 학교를 폐쇄할 것이라는 사실이었다. 그 위협은 나치 정권에서 왔다.

핀켄발데가 고백교회 운동에서 신학적, 영적 저항의 보루로 알려지면서 나치 정권의 고위층에서 주목을 했다. 결과적으로 이것 때문에 전반적으로 고백교회 운동에 더 큰 관심이 생겨났다. 1937년 6월 9일, 고백교회와 관련된 조직에 기부하는 것은 불법이라고 규정하는 법이 통과되었다. 5일 후에 게슈타포가 고백교회 본부에 불시에 들이닥쳐 서류들을 강탈해갔다. 핀켄발데 학생들이 갑자기 나치 요원에 의해서 구금되었고, 그들의 활동에 대해서 철저하게 심문을 받았다. 6월 23일 고백교회 운동의 최고 지도자들이 체포되기 시작했다. 10주 후에 핀켄발데 신학교의 문이 영원히 잠겼고, 이것은 나치의 교회 정책에 대한 실질적인 합법적 저항이 종식되었음을 시사했다. 그것은 또 디트리히의 무대가 나치 정권에 대한 개인적인 저항에서 새로운 무대, 결국 죽음을 가져오게 될 무대로 바뀌는 것을 시사했다.

# 12장

# 나를 따르라[*]

핀켄발데 신학교가 폐쇄된 후 디트리히는 자신이 어정쩡한 상태라는 것을 알았다. 집도 없었고, 목회할 곳도 없었다. 흩어진 학생들에게 격려가 담긴 회람 편지를 보내 계속 연락을 취했지만 이 편지들에도 슬픔이 깃들어 있었다. 그 편지를 보면 독일에 하나님의 심판이 임하고 있고, 모든 것이 다시는 이전과 같지 않으리라는 느낌이 있었다. 그것은 전쟁 전 마지막 몇 년 동안 독일 전체가 감정적으로 고조된 현실에 반(反)하는 예언자적 통찰이었다. 경제는 호황을 누리고 있었고, 히

---

[*] 본회퍼의 책 《나를 따르라(Nachfolge)》를 영어 번역본은 《제자도의 대가(The cost of Discipleship)》로 번역했다. 이 책에서는 원서 독일어의 제목대로 '나를 따르라'로 번역했다.

틀러는 국가의 자부심을 회복시켰다.

그러나 디트리히는 또한 이 "회복"의 이면도 알고 있었다. 그의 여동생 사비네는 유대인 변호사 게르하르트 라이프홀츠와 결혼했는데, 덕분에 디트리히는 독일에서 유대인의 상황이 어떻게 악화되고 있는지잘 알 수 있었다. 대부분의 경우 유대인은 이미 "사람이 아닌 존재"로여겨졌다. 고백교회 지도자와 목사들의 경우도 역시 마찬가지로 이 사실을 잘 알고 있었다. 고백교회 운동의 두 목사가 이 문제에 대해 침묵하지 않았고, 그 비판 때문에 고통을 겪었다.

고백교회에서 히틀러에 대해 가장 눈에 거슬리는 비판을 했던 마르틴 니묄러는 어느 날 아침 밖에서 어린 아들과 놀고 있다가 게슈타포가 차를 몰고 와서 조사할 것이 있다고 그를 연행했다. 전에도 일시적으로 구금된 적이 있었기 때문에 그는 그날 늦게 집에 돌아올 것이라고 생각했다. 그러나 투옥되었고, 8년 후에 전쟁이 끝날 때까지 아들을다시 보지 못했다.

또 다른 고백교회 목사인 슈나이더(Schneider)는 그의 목회 활동이 "공공 안전을 위태롭게 한다"는 혐의를 받고 고향인 라인란트(Rhineland)를떠나도록 명령을 받았다. 슈나이더는 히틀러에게 편지를 보내 대담하게 자신의 추방을 거부했다. 그는 "나는 하나님으로부터 이 교회에 부름을 받았고, 사람이 나를 이 교회에서 떠나게 할 수 없습니다."라고 썼다.그는 목회를 계속하다가 체포되었고, 결국 부헨발트(Buchenwald) 강제수용소에 수감되었는데, 그곳에서 1939년에 구타를 당해서 죽었다.[19]

이렇게 긴장된 분위기 속에서 디트리히는 핀켄발데에서 시작했던 책 한 권의 집필을 마치고 싶어 했다. 그 책은 후에 그의 가장 인기 있는 불후의 저작이 되었다. 폰 클라이스트-레트초브스 가족이 살았던 소도시 코신(Kossin)에서 그 책의 대부분을 썼다. 디트리히는 저녁 시간 대부분을 그 가족의 집에서 보냈고, 또 시간을 내서 핀켄발데에서 온 난민들을 대상으로 그 지역에서 "집단 목회"를 했다. 그러나 그가 《나를 따르라》라고 제목을 붙인 그 책에 대부분의 시간을 할애했다.

저항 운동 안팎의 모든 사람이 정치와 국제 문제를 가장 중요하게 여기고 있던 때 디트리히가 제자의 길을 주제로 한 논문에 몰두했다는 것이 이상하게 보일 수도 있다. 그러나 그의 책은 신학적 주제에 대한 무미건조한 논문 그 이상이었다. 그것은 새로운 종교개혁을 해야 한다는 담대한 외침이었고, 왜 독일 기독교가 지금 우상 숭배로 전락하게 되었는지 그 이유를 밝힌 것이었다.

디트리히는 첫 번째 종교개혁의 본보기를 따라 교회에 달라붙어 있는 죽은 것들을 제거하고 순수한 하나님의 말씀으로 돌아가라고 교회에 촉구하는 것으로 시작했다. 이것은 참된 생명이 교회에 다시 거하기 위한 전제조건이었다. 그는 이렇게 썼다.

교회 생활의 회복은 언제나 성서에 대한 더 풍부한 이해에서 온다. 교회에서 벌이는 논쟁의 모든 주장과 표어의 뒤… 거기에서 모든 것의 유일한 대상이신 그분, 곧 예수 그리스도에 대한 좀 더 결연한 탐구가 일어난다. 예수께서 우리에게 무엇을 말씀하려고 하셨나? 오늘 우리를 향한 그분의 뜻은 무엇인가?… 진짜 문제는 예수의 순수한 말씀이 아주 많은 인간적인 짐 즉 부담스러운 규정과 규제, 거짓된 희망과 위로로 뒤덮여 있어서 그리스도를 향한 진실한 결단을 내리기가 극도로 어렵게 되었다는 것이다.

그런 다음 디트리히는 자신의 주장의 핵심으로 들어갔다. 즉 독일 루터교(혹은 루터의 독일)가 "값싼 은혜"를 강조함으로써 믿음에 의한 의인(義認)의 진리를 왜곡했다는 것이다. 그는 값싼 은혜를 다음과 같이 정의했다.

값싼 은혜는 죄에서 떠난 죄인, 즉 그 사람으로부터 죄가 떠난 회개한 죄인을 의롭다고 인정하는 것이 아니라, 죄를 의롭다고 인정하는 은혜이다. 값싼 은혜는 죄의 고역(苦役)에서 우리를 해방시키는 죄의 용서가 아니다. 값싼 은혜는 우리가 우리 자신에게 베푸는 은혜이다…
값싼 은혜는 회개를 요구하지 않는 용서, 교회의 가르침이 없는 세례, 신앙고백이 없는 성찬, 개인의 참회가 없는 사죄(赦罪)를 설교한다. 값싼 은혜는 제자도가 없는 은혜, 십자가가 없는 은혜, 살아계시고 성육신하신 예수 그리스도가 없는 은혜이다.

디트리히는 또한 값싼 은혜가 독일 내의 대부분의 자유주의 기독교 교회가 제공했던 은혜임을 암시했다. 그럼으로써 결과적으로 교회와 세상, 교회와 정치, 교회와 국가 사이의 정체성이 너무 가까워졌다. 이런 이유로 그것은 또한 그 자체로 교회 투쟁의 영적 열쇠가 되었고, 필연적으로 교회를 구별하는 단층선(斷層線)이 되었다. 그 의미는 값싼 은혜의 교회는 실제로 전혀 교회가 아니라는 것이었다. 그런 교회는 결코 이 땅 위의 그리스도의 몸이 될 수 없다. 왜냐하면 반드시 필요한 분리를 부정함으로써 십자가의 전체 의미를 값싸게 만들었기 때문이다.

값싼 은혜에 대한 유일한 대답은 디트리히가 "값비싼 은혜"라고 불렀던 것을 새롭게 불러내는 것이었다. 믿음과 행위를 너무 밀접하게 동일시하는 신학적 함정(그렇게 되면 그는 자신이 다시 살려내려고 했던 바로 그 종교개혁을 거부하게 되었을 것이다)을 조심스럽게 피하면서 그는 값비싼 은혜의 특징은 그 은혜를 받은 사람을 순종과 참된 믿음의 길로 인도하는 데 있다고 했다.

그는 값비싼 은혜에 대해 다음과 같이 보다 상세하게 정의를 내렸다.

… 하나님의 성소, 그것은 이 세상으로부터 보호되어야만 하고, 그것을 개에게 던져서는 안 된다. 그것은 그분이 기뻐하는 대로 말씀하는 살아 있는 말씀, 하나님의 말씀이다. 값비싼 은혜는 예수를 따르라는 은혜로운 부름으로 우리에게 다가오고, 상한 심령과 통회하는 마음에 용서의 말씀으로 다가온다. 은혜가 값비싼 이유는 사람

으로 하여금 그리스도의 멍에를 메고 그분을 따르도록 하기 때문이
다. 예수께서 "내 멍에는 쉽고, 내 짐은 가볍다"고 말씀하셨기 때문
에 그것이 은혜이다.

디트리히는 거듭해서 진실하게 그리스도를 따르는 것과 진실한 회
심만이 오직 진정한 자유와 해방을 가져온다고 강조했다. 그가 말하고
자 하는 것은 신약성서의 역설적 표현이었다. "예수께서 한 사람을 부
르시는 것은 와서 죽으라고 명하시는 것이다."라고 그는 썼다.

그러나 그는 기독교인 개개인에게 자기 부인의 결단을 하라고 촉구
하지 않았다. 새로운 삶으로 인도하는 것은 그런 종류의 부인이 아니
었다. 오직 고난을 받고 죽으신 그리스도와 자기를 동일시할 때, 또 이
땅의 그리스도의 몸인 교회와 자기를 동일시할 때 진정한 자기 부인
이 가능해진다. 고난의 필요성을 부인하는 교회, 오직 그리스도 안에
서만 자신의 정체성을 찾아야 할 필요성을 부인하는 교회, 자신의 의
(義), 자신의 존엄성, 자기만족을 위해서 십자가를 무시해야 할 "수치
스러운 것"으로 보는 교회는 신성한 삶을 살 능력이 없는 순전히 인간
의 제도였다. 그는 이렇게 썼다.

만약 우리 기독교가 예수를 따르는 것을 진지하게 여기지 않는다
면, 만약 우리가 희생을 요구하지 않고, 그리고 자연인으로 살아가
는 것과 기독교인으로 살아가는 것 사이를 구분하지 않는 감정 끝

어올리기로 복음을 희석시킨다면, 우리는 십자가를 매일 일상에서 겪는 불행으로 여기고 또 삶에서 겪는 시련과 환난 중에 하나로 여기게 된다. 그러면 우리는 십자가가 고난을 겪는 것일 뿐만 아니라 거부당하고, 수치당하는 것임을 망각하게 된다. 시편 기자가 사람들로부터 멸시받고 버림받았다고 탄식했는데, 그것이 십자가 고난의 본질적인 특성이다. 그러나 평범한 인간의 삶과 그리스도께 헌신한 삶 사이에 어떤 차이도 없는 기독교에서는 이 개념이 이해되지 않는다. 십자가는 그리스도의 고난을 마지막까지, 최고로 완전하게 함께 나누어 짊어지는 것을 의미한다. 그분을 온전히 따르는 사람만이 십자가의 의미를 경험할 수 있다.

교회는 그리스도와 함께 죽은 사람들의 모임으로 정의되었다. 그리고 그리스도와 함께 죽는 것은 수치와 고난으로 하나 되는 것이다. 그것은 바로 들판으로 추방된 희생양이 되는 것이다. 그러나 교회는 또한 그리스도 안에서 새 생명을 찾은 사람들의 모임이다. 디트리히는 초대교회를 순교자와 잠재적 순교자들의 교회라고 하는 데에는 그만한 이유가 있다고 했다. 그들은 그리스도 안에서 발견한 삶과 교제와 비교하면 자신들의 지상 생활을 아무것도 아닌 것으로 여겼다. 그들은 자신들이 주님과 같은 운명을 겪게 되리라는 것을 이상하게 생각하지 않았다. 그 대신 그들은 기쁨과 순종으로 그 운명을 받아들였다.

다음 구절에서 볼 수 있는 것처럼 디트리히는 그 자신이 순교할 수 있다는 점을 자주 이야기했다.

> 만약 우리가 자기 십자가를 거부하고, 사람들에 의한 고난과 배척을 받아들이는 것을 거부한다면 우리는 그리스도와 교제를 상실하게 되고, 그분을 따르는 것을 중단하는 것이다. 그렇지만 만약 우리가 그분을 섬기는 일로 목숨을 잃고, 자기 십자가를 진다면 우리는 그리스도와 함께 십자가의 교제 안에서 다시 우리의 생명을 발견하게 될 것이다. 그리스도를 따르는 것의 반대는 그리스도와 그분의 십자가와 십자가에 수반된 모든 모욕을 부끄러워하는 것이다.

그 책의 다른 부분에서 디트리히는 "악에 대한 무저항"이라는 주제를 살폈다. 이것은 산상수훈에 나오는 "다른 뺨도 돌려대라"는 명령(마 5:38-42)에 기초하고 있었다. 그가 히틀러에 저항하는 음모에 참여했을 때 아직 비폭력 저항이라는 입장을 강하게 갖고 있었다. 일부에서는 그가 기꺼이 이 음모에 가담한 것은 이전에 끊임없이 설교했던 "평화 복음"을 부인한 것이라고 비난했다. 그러나 디트리히 자신은 그것을 평화 복음을 부인(否認)한 것이 아니라 오히려 가공(可恐)할 만한 필요성으로 보았다. 그는 이 음모를 두 가지 악 중에서 덜 악한 쪽을 선택해야만 했던 상황 때문에 생긴 어쩔 수 없는 최후의 수단으로 보았다.

1937년에 디트리히는 국가의 악에 대해서 이야기하지 않았다. 그는 그리스도보다는 오히려 주변 사회와 자신을 동일시함으로써 실제로 그리스도의 적이 된 "기성" 교회 내부의 상황에 대해서 훨씬 더 많이 관심을 갖고 있었다. 그렇지만 문제를 더 복잡하게 만든 것은 사방에서 박해를 받게 되더라도 기독교인이 사랑해야 한다고 명령받은 원수들 중에 하나가 그것이라는 점이었다.

우리 앞에 놓여 있는 투쟁에서, 부분적으로 우리가 이미 여러 해 동안 참여해온 거룩한 투쟁에서 원수를 사랑하고 복수를 하지 말라고 하는 이 계명이 점점 더 절박해질 것이다. 그 안에서 사랑과 증오가 필사적으로 싸운다. 스스로 그것을 준비하는 것은 모든 기독교인 영혼의 긴박한 의무이다. 이미 그렇게 되었지만 살아계신 하나님에 대한 신앙고백 때문에 세상으로부터 증오와 분노를 받을 뿐만 아니라 소위 "인간 사회"로부터 완전히 추방당하게 되는 때가 오고 있다.

그 책의 마지막 부분에서 디트리히는 교회가 올바른 그리스도의 형상을 꼭 잡아야 할 필요성에 대해서 이야기했다. 그에게 있어서 "교회투쟁" 전체가 그리스도의 형상 때문에 벌어진 투쟁이었다. 제국교회는 그리스도의 형상을 적을 뿌리 뽑고 무자비하게 멸망시켰던 게르만 정복자로 묘사했다. 디트리히에게 이것은 이교도적 형상이었다. 그 대신에 그는 성육신으로 되돌아갔다. 거기서 하나님이 실제로 누구인지 드러내 보이기 위해서 하나님이 인간이 되셨다. 다시 말해서 교회 개혁에서 성육신이 하나님 형상의 기초가 되는 것이었다.

그것은 죄와 죽음의 한가운데로 들어오신 분의 형상이고, 인간의 모든 슬픔을 스스로 짊어지신 분의 형상이다. 그것은 죄인에 대한 하나님의 진노와 심판을 겸손하게 감당하고, 고난과 죽음 속에서도 하나님의 뜻에 변함없이 헌신하는 분의 형상이다. 그는 가난하게 태어난 자요, 세리와 죄인들의 친구이고, 사람으로부터 배척받고 하나님으로부터 버림받은 비통한 사람이다. 여기에 인간이 되신 하나님이 있고, 여기에 새로운 하나님의 형상이신 인간이 있다.

교회는 이 형상을 닮도록 부름 받았는데, 그러나 인간의 노력으로는 그렇게 할 수 없다. 교회는 단지 제자의 자세로 그 가운데서 행하시는 하나님의 사역에 복종할 뿐이다.

그리스도의 형상을 닮는 것은 실현하려고 노력해야 하는 이상(理想)이 아니다. 우리가 할 수 있는 한 그분을 본받아야만 한다는 것이 아니다. 우리는 자신을 그분의 형상으로 변화시킬 수 없다. 그분은 우리 속에 그리스도의 형상을 이루려고 하고(갈 4:19), 그 형상이 우리 속에 나타나게 되기를 원한다. 우리 속에서의 그리스도의 사역은 그분이 우리 속에 그분 자신의 모습을 완성할 때까지 끝나지 않는다. 우리는 온전한 그리스도의 모습, 즉 성육신하고 십자가에 못 박히고 영광을 받으신 그리스도의 모습과 똑같아져야만 한다.

최종적으로 디트리히는 교회가 지상에 있는 유일한 그리스도의 형상이라고 거듭 강조했다. 교회는 그리스도의 삶뿐만 아니라, 그 앞선 예이고, 결과이었던 필연적인 죽음도 본받았다. 그분은 십자가 뒤에 거하시기 때문에 하나님께 가는데 쉬운 길은 없다.

지상에서 그리스도의 모습은 십자가에서 죽은 모습이다. 하나님의 형상은 십자가에서 못 박힌 그리스도의 형상이다. 제자들의 삶은 이 형상을 따라야만 한다. 즉 그들은 그분의 죽음을 본받아야만 한다(빌 3:10, 롬 6:4). 기독교인의 삶은 십자가에 못 박히는 삶이다(갈 2:20).[20]

핀켄발데 신학교가 폐쇄된 후 자신의 선택지를 심사숙고하면서 디트리히는 하나님께서 자신의 비전을 넓게 만드는 것을 받아들이기 시작했다. 기독교인의 삶에 대한 그의 전통적인 관점은 가혹한 시련의 사건들 때문에 무너지고 있었고, 그는 하나님께서 자신이 예측할 수 없는 제자의 길로 부르시리라는 것을 알고 있었다. 그 책을 쓰면서 그 길이 다른 기독교인들의 마음을 상하게 할지라도 — 그리고 위험할 정도로 악과 가깝게 접촉하게 되는 길이라고 할지라도, 그는 그 어떤 길이라도 기꺼이 순종하겠다는 결심을 굳게 했다.

# 13장

# 국방정보국과의 만남

디트리히는 누나 크리스티네의 집 현관문을 두드렸다. 2월 말이었는데 차가운 비가 우산에 쏟아져 내렸다. 마침내 그녀가 늦게 나와서 미안하다며 문을 열고 그를 현관으로 안내했다. 거기서 비옷을 벗어 옷걸이에 걸었다.

"가서 한스와 다른 사람들을 데리고 올게." 그녀가 말했다. "응접실에서 기다릴래? 디트리히."

소파에 앉아 그는 앞 테이블에 있는 사진 몇 장을 집어서 살펴보았다. 크리스티네와 한스의 사진이었다. 한스는 디트리히의 어린 시절 친구인데, 디트리히가 신학을 공부할 때 그는 법학 대학원에 다녔다. 지금 그와 크리스티네는 베를린의 부유층이 사는 지역의 널찍한 집에 살고 있었다. 값비싼 가구와 벽에 걸린 예술품을 보면 한스가 법무부의 변호사로서 또 판사로서 성공했다는 것을 알 수 있었다. 그러나 디트리히가 은밀하게 들은 바에 따르면 지금 그는 어렵게 얻은 안락과 안전을 모두 위험에 빠뜨릴 수 있는 일에 연루되어 있었다. 디트리히는 그가 바로 그 문제에 대해서 이야기하려고 자신을 오라고 한 것이 아닌가 추측했다.

"디트리히, 반가워." 한스가 세 명의 노신사와 함께 응접실에 들어오면서 말했다. "이분들을 소개할게. 카나리스(Canaris) 제독, 베크(Beck) 장군, 오스테르(Oster) 장군이셔."

디트리히는 세 사람을 보고 조금 당황했고, 자신이 그곳에 오게 된 이유가 더욱 의아해졌다. 그가 오게 된 것이 단순히 사교를 위한 것이 아닌 것으로 보였다.

다른 사람들과 함께 등받이가 높은 의자에 앉은 후 카나리스 제독이 "당신 매형이 당신에 대해 아주 많은 이야기를 했습니다."라고 이야기했다. "당신 또래에 비해서 아주 굉장한 여러 경험을 했더군요."

"감사합니다." 디트리히가 말했다. "나는 바쁘게 지내는 것이 좋습니다." 그는 자신이 지원한 적이 없는 취업 자리를 놓고 면접을 보고 있는 기분이 들기 시작했다.

"당신이 영국과 미국에서 얼마간 지냈다고 들었습니다." 오스테르 장군이 덧붙이자 디트리히는 고개를 끄덕였다. 그의 얼굴에는 불편한 기색이 고스란히 드러났다.

"미안해, 디트리히." 한스가 마침내 말했다. "너로서는 이 자리가 분명히 혼란스러울 거야."

"조금." 디트리히가 인정했다.

"크리스티네는 너를 관련시키는 것을 조금도 원하지 않았어." 한스가 계속 말했다. "그녀는 네가 정치가 아니라 오직 신학에만 관심이 있다고 이야기했어. 그럴 수 있어. 만약 그러면 편안하게 이야기해. 그러나 나는 또한 네가 우리의 대의(大義)에 크게 도움이 될 수 있을 거라고 생각해."

한스는 계속 이야기하기 전에 잠시 망설였다. "있잖아, 여기 계신 제독과 장군들은 내가 아주 최근에 법률 고문직을 맡은 국방정보국의 지도부야. 국방정보국은 1934년에 제국 정부 산하에서 방첩을 위한 군사 조직으로 시작되었어. 그 조직과 임무의 성격 때문에 제국의 다른 안보 부서들로부터 상당하게 자유롭고 독립적이야. 덧붙이자면 이모든 것이 유리한 정황이야."

"유리하다니?" 디트리히가 물었다.

"그렇습니다. 하지만 먼저 몇 가지 배경지식을 알려 드려야 하겠습니다." 오스테르 장군이 말했다. "우리 정보 소식통으로부터 히틀러가 곧 선을 넘는 행동을 할 것이라는 확실한 증거를 확보했습니다. 체코슬로바키아와 폴란드(Poland)를 침공할 계획이 세워져 있습니다. 우리는 독일 국민이 그런 군사 행동에 마음의 준비가 되어 있다고 생각하지 않습니다. 사실 우리는 국민들이 분노할 거라고 믿고 있습니다. 그의미는 그때가 지도력을 교체할 적절한 때가 될 수 있다는 겁니다."

"오?" 디트리히가 대답했다.

"그러나 아마 네가 더 관심을 가질만한 것은" 한스가 끼어들었다. "히틀러와 그의 측근들이 독일에서 유대인들을 모두 제거하는 계획을 시작하고 있다는 점이야. 네가 알다시피 아리안 조항으로 이미 박해는 시작되었고, 어떤 유대인도 독일에서 살지 못하게 하려는 계획을 법무부에서 이미 세우고 있어. 또 지금은 의심할 뿐이지만 다른 일들도 진행 중이야."

디트리히는 크리스티네가 현관에서 서성거리는 것을 보았다. "죄송합니다. 여러분." 그가 말했다. "나는 이 모든 정보 때문에 아주 혼란스럽습니다. 그런데 여러분이 왜 내게 그 이야기를 하는지 모르겠습니다."

군인들이 서로 쳐다보다 다시 디트리히를 바라보았다.

"왜냐하면 총통을 타도하는데 당신이 우리를 도와주기를 원하기 때문입니다." 카나리스 제독이 단호하게 말했다.

디트리히는 순간적으로 어리벙벙했다.

"디트리히, 내가 하는 이야기를 들어 봐." 한스가 말했다. "네가 국제적인 접촉을 해왔잖아. 그래서 앞에서 말한 군사 행동이 일어날 때 독일과 반드시 싸우게 될 연합국과 우리 사이에 네가 아주 소중한 연락책이 될 수 있어. 이 범죄 정권이 붕괴된 이후에 독일 정부를 재건할 준비가 된 자격이 있는 사람들이 있다는 사실을 영국과 미국의 지도자들에게 확신시킬 누군가가 필요해. 그것이 교회 계통 사람이라도 좋

아. 이것이 또 다른 세계 대전을 피할 수 있는 유일한 길이야. 보다시피 굉장히 위험한 일이야."

디트리히는 머릿속에 맴도는 생각을 정리할 수 없었다. 어떤 의미에서는 크리스티네가 옳았다. 그는 주로 교회 투쟁에 관심을 가졌다. 지난 5년 동안 승리보다는 패배를 더 많이 겪고 나서 교회 투쟁은 파멸 상태였다. 그가 그쪽에서 할 수 있는 일은 거의 없었다.

그렇지만 그는 자신을 정치적 혁명가로 생각한 적이 없었다. 그것은 그의 귀족적 배경과 상류 사회의 교육에 어긋나는 일이었다. 또 그것이 그의 신학에 어긋나지 않는다는 확신이 서지 않았다. 교회 내에서 불법적인 지도부에 반대해서 혁명을 일으키고, 친숙한 전문 영역에서 다른 신학자들에 맞서 싸우는 것과 국가 자체에 맞서 들고 일어나 투표로 정당하게 선출된 정부를 전복시키려는 것은 전혀 다른 문제였다.

카나리스 제독이 그의 불안함을 알아차리고 이야기했다. "본회퍼 목사님, 내가 이 방에 있는 다른 사람들만큼 유대인의 운명에 대해서 심각하게 걱정하고 있다고 할 수 없습니다. 하지만 나는 그 소수에 대한 대우가 현 정부가 초래하는 더 큰 혼란을 상징한다고 봅니다. 1933년 이후 이 정권은 법과 무엇보다 우리 가족들이 소중히 여기는 인류 문명의 모든 기반에 대해서 점점 오만하고, 무례한 태도를 보여 왔습니다. 아시다시피 나는 독일의 애국자입니다. 애국자의 한 사람으로서 나는 미친 사람 하나가 이 지구가 만들어낸 가장 위대한 문화를 파괴하는 것을 그냥 보고만 있을 수 없습니다. 히틀러는 입에 거품을 물고 있는 난폭한 잡종 개입니다. 그런 흉포한 짐승이 앞에 있는 사람들을 공격하기 전에 처리해야 합니다!"

다른 군인들이 동의하며 고개를 끄덕였다.

"그러므로 유대인 박해가 당신의 주요 관심사라면" 카나리스가 계속 말했다. "그것을 막는 가장 좋은 방법은 그 명령을 내리는 사람을 제거하는 것입니다. 사실, 그것이 유일한 방법입니다. 왜냐하면 아시다시피 우리가 더 이상 민주주의 사회에 살고 있지 않기 때문입니다."

디트리히는 고개를 끄덕이며 한숨을 쉬었다. "당신은 아주 좋은 예를 들었습니다." 그는 카나리스에게 말했다.

"네가 생각해야 하는 또 다른 부분이 하나 있어." 한스가 끼어들었다. "네가 아직 마흔 살이 되지 않았고, 실직 상태이기 때문에 전쟁이 시작되면 즉시 징집될 거야. 징집되면 너에게 총통에 대한 충성 서약에 서명하라고 할 거야. 그렇지만 네가 국방정보국에 합류해서 말하자면 일종의 정보 장교가 되면 충성 서약을 하지 않을 수 있고, 전선에 나갈 가능성도 피할 수 있어. 나는 네가 그 두 가능성을 모두 피하고 싶어 할 거라고 생각해."

"서약하는 것이 전선에 나가는 것보다 더 끔찍해." 다시 한숨을 쉬며 디트리히가 말했다. "한스, 너는 나를 이러지도 저러지도 못하는 궁지로 몰아넣고 있어. 무엇보다 정부를 전복할 수 있는 현실적인 가능성은 어느 정도야?"

이번에는 베크 장군이 말했다. "총통과 영국 체임벌린(Chamberlain)

총리 사이에 곧 회담이 예정되어 있습니다. 히틀러는 독일이 주데텐란트(Sudetanland)*를 침공할 때 영국이 모르는 척해 달라고 할 것으로 보입니다. 체임벌린은 분명히 거절할 것이고, 그러나 히틀러는 고집스럽게 자신의 계획을 진행할 것입니다. 그 시점에서 그는 아주 강하게 밀어붙일 것이고, 여론은 그에게서 등을 돌릴 것입니다. 소란이 일어나는 와중에 총통과 가까운 장교들이 그와 괴벨스(Goebels), 히믈러(Himmler)를 구금하고, 나머지 사람들을 체포할 것입니다. 우리가 시간을 정확하게 맞추기만 하면 그렇게 될 것입니다. 장군들 대부분이 우리와 같은 생각을 하고 있지만 앞장서서 움직일 의사는 없습니다. 일단 움직임이 있으면 그들은 우리 뒤에 줄을 서게 될 것입니다."

"감동 받았습니다." 벽난로를 바라보며 디트리히가 말했다. "물론 내가 공식적으로 군사정보국에 합류하는 큰 진전을 이룰 수 있도록 기도해야 되겠지요. 그러나 그때까지 내가 할 수 있는 모든 방법으로 여러분을 돕겠습니다. 나는 박해와 그 밖의 모든 것이 반드시 중단되어야 한다는 데 동의합니다."

---

* 주데텐란트는 1차세계대전 이후 오스트리아-헝가리 제국이 해체되면서 체코슬로바키아에 편입되었고, 300만 명의 독일계 주민이 거주하고 있었다. 히틀러는 1938년 9월 영국 체임벌린, 프랑스 달라디에, 독일 히틀러, 이탈리아 무솔리니의 4개국 정상이 모인 뮌헨회담에서 이를 명분으로 삼아 영국과 프랑스로부터 독일의 주데텐란트 점유를 인정받았고, 그 대신에 독일은 더 이상 영토 요구를 하지 않겠다고 약속했다. 그러나 주데텐란트를 차지한 후 6개월 뒤에 히틀러는 체코슬로바키아를 침공해서 '뮌헨협정'을 무효로 만들었고, 곧 이어 폴란드를 공격해서 2차세계대전으로 이어졌다.

한스는 그를 바라보며 미소를 지었다. "좋아, 디트리히."

크리스티네가 방에 들어와서 동생의 손을 잡았다. 그녀는 눈물이 글썽거렸다.

"지금 내가 바로 할 수 있는 일이 있어?" 디트리히가 물었다.

"한 가지 있어." 한스가 대답했다. "게르하르트와 사비네를 독일에서 내보내야 해. 즉시."


구름이 가득한 어느 10월 밤, 디트리히는 부모님의 검은색 세단을 타고 라이프홀츠의 집 앞에 차를 세웠다. 사비네는 부엌 창문을 통해 헤드라이트가 비치는지 지켜보고 있었다. 그 빛을 보자 아이들을 한자리에 모았다. 게르하르트는 서류 가방과 가족이 가져갈 소지품이 모두 들어 있는 커다란 여행 가방을 집어 들었다. 그런 다음 그는 집 옆문을 통해 앞장서서 나갔다.

디트리히는 침울한 미소로 그들을 맞이하고 여행 가방을 차의 트렁크에 실었다. 아이들에게는 단지 휴가 가는 것이라고 말했고, 처음 얼마 갈 때까지 아이들은 각자의 휴가 계획에 대해서 재잘거렸다. 그런데 디트리히의 심각한 분위기가 차 안에 번지기 시작했고, 대화는 점점 줄어들었다. 얼마 지나지 않아 아이들은 잠이 들었다.

아침이 다 되어서 스위스(Swiss) 국경에서 디트리히가 에큐메니컬 운동에서 알게 된 오래된 친구 한 명을 만났다. 이 사람이 라이프홀츠의 보증인이 되어 입국 허가를 받았다. 쌍둥이 남매는 헤어지기 전에

서로 포옹하고, 입 맞추고, 울었다. 남매는 곧 다시 만나자고 다짐했고, 디트리히는 행정적으로 겪을 어려움을 해결해 줄 소개 편지를 그들에게 주었다.

그런 다음 디트리히는 차에 다시 올라타고 베를린으로 차를 몰았다.

이틀 뒤, 그때까지 있었던 유대인에 대한 폭력 중에서 가장 큰 폭력 사태가 베를린과 전국에서 벌어졌다. 폭도들이 돌아다니면서 유대인 소유 상점의 창문을 깨뜨렸고, 수백 개의 회당이 완전히 타버렸다. 경찰은 거의 나타나지 않았고, 독일계 유대인들은 난동과 약탈에 무방비 상태에 놓였다. 보도와 거리에 어지럽게 흩어져 있던 유리 때문에 후에 그날 밤을 수정의 밤("깨진 유리창의 밤")*이라고 불렀다. 많은 사람들은 이때부터 홀로코스트(Holocaust)가 진짜 시작된 것이라고 했다.

**수정의 밤** 사건이 터지면서 게르하르트와 사비네를 독일에서 탈출시킨 디트리히의 행동이 정당화되었지만 그렇다고 해서 쌍둥이 사비네와 헤어진 것에 대한 그의 기분이 나아지지는 않았다. 그는 항상 사비네와 이상하고, 거의 신비로운 유대감을 느꼈다. 그들은 상대방이

---

* "수정의 밤"은 나치스 돌격대와 독일인들이 유대인 상점과 회당을 공격한 사건이다. 파리에서 독일 대사관의 라트가 1938년 11월 7일에 살해당한 후 11월 9일 저녁부터 10일까지 7,000여 개 상점과 29개의 백화점, 주택 171동, 유대인 회당 193개소가 불에 타거나 파괴되었다. 유대인이 최소한 91명이 사망했고, 3만 명 이상이 체포되었다. 수정의 밤은 유태인에 대한 나치 독일의 박해에 있어서 중요한 전환점이었다.

무슨 생각을 하고, 무엇을 느끼고 있는지 말할 수 있을 정도였고, 그녀의 탈출로 그는 마음이 절단된 것 같았다.

사비네가 떠난 것이 엄청난 충격이었지만 그해 겨울 그의 정서적, 심리적 평안을 흔드는 몇 가지 다른 어려운 문제들이 있었다.

우선 고백교회가 지속적으로 악화되었다. 점점 더 많은 목사들이 나치 정책에 타협하고 히틀러에게 충성을 맹세했다. 그들 대부분은 부양해야 할 가족이 있었기 때문에 그랬다. 그러나 또한 많은 사람들은 독일이 다시 부상(浮上)하고 있다고 느꼈고, 그 일부가 되기를 원했다. 독일 민족주의의 매력이 목사들이 저항하기 힘들 정도로 너무 강했다.

이런 민족주의 물결 때문에 디트리히는 자신이 군 복무를 어떻게 해야 할지 고민하게 되었다. 비록 디트리히가 모든 면에서 전쟁에 반대했지만, 개인적으로 징집되어 전투에 나서는 것을 꺼려하지 않았다. 전쟁이 시작된 후 그는 이전의 핀켄발데 학생들에게 "군인 중에 군인"이 되라고 격려까지 했다. 그가 끔찍하게 여긴 것은 히틀러에 대한 개인적인 충성이 포함된 군인 선서를 해야 한다는 사실이었다. 만약 그가 국방정보국에 합류를 한다면 직무의 독립성 때문에 이 딜레마를 적어도 일시적으로 피할 수 있었다.

그럼에도 불구하고 디트리히가 그 선택을 주저했던 이유는 음모에 더 깊이 관여하는 것을 극도로 꺼렸기 때문이었다. 통치자에게 복종하라는 성서의 명령을 어기는 것은 루터주의자로서 그의 양심에 여전히 괴로웠다. 그러나 성서는 또한 교회의 권위에 복종하도록 가르쳤고, 그는 참된 권위와 거짓 권위를 교회가 구별하는 것에 조금도 양심의 가책을 느끼지 않았다. 그에 대해 더 기도하고 생각할수록 그는 점차 정치적 혁명이 성서를 왜곡하지 않고 정당화될 수 있다고 믿게 되었다. 하지만 디트리히로서는 완전히 양심에 꺼릴 게 없이 국방정보국에 합류하는 것은 아마도 불가능했을 것이다.

그렇지만 그 당시에 더 큰 문제는 베크 장군이 히틀러와 체임벌린 사이의 뮌헨회담 결과를 정확하게 예측하지 못했다는 점이었다. 히틀러는 이 회담에서 영국 총리를 매료시켜서 독일이 단지 주데텐란트만 합병하고 그 이상은 합병하지 않을 것이라고 믿게 만들었다. 어쨌든 히틀러는 주데텐란트 주민 대부분은 독일인이라고 주장했다. 체임벌린은 히틀러의 악명 높은 유화책에 그의 약속을 믿었고, 독일과 체코슬로바키아를 분리하는 길고 좁은 지구로 독일군이 이동하는 것에 영국이 반대하지 않을 것이라고 했다.

그러나 히틀러는 주데텐란트를 전체 체코슬로바키아 합병의 첫걸음으로 삼았고, "우리 시대의 평화"를 외치며 런던으로 돌아온 체임벌린을 바보로 만들었다. 거기에 더 파멸적이었던 것은 뮌헨회담에서 히틀러가 "승리"함으로 독일 대중 사이에서 그에 대한 지지가 더 강해졌고, 하나님의 섭리가 총통에게 있다고 생각하기 시작했다는 것이었다. 그가 초인적인 지혜를 갖고 있는 것처럼 보였다. 뮌헨회담 이전에 국방정보국 지도부는 정부 전복 기도에 대한 대중들의 지지를 쿠데타의 근거로 삼았는데, 모든 것이 공중으로 사라졌다. 그렇지만 그들은 목표를 다시 생각하기보다는 방법을 재검토했다. 히틀러를 제거하는 확실한 유일한 방법으로 암살이 거론되기 시작했다.

디트리히는 공모자들 사이에서 암살이 거론되는 것을 몰랐지만 전반적인 정세 때문에 낙담하고, 다시 한번 잠시 나라를 떠나 있기로 결정했다. 그는 멘토로 여겼던 벨 주교와 상황에 대해 논의하기를 원했다. 또 그가 런던에 가게 되면 게슈타포가 손을 뻗쳐서 스위스에서 쫓겨난 사비네와 게르하르트를 방문할 수 있을 것이었다. 그래서 한스에게 그가 런던에 있는 동안 할 수 있는 국방정보국 사업이 있는지 확인한 뒤 1939년 3월 독일을 떠났다.

무엇보다 그는 마음을 비울 기회를 찾고 있었다. 최근에는 기도하는 것조차 어려웠다.

# 14장

# 참여냐, 도피냐

    창밖에 눈이 조금씩 내리고 있었고, 책이 가지런히 꽂혀 있는 쾌적한 벨 주교의 서재에서 디트리히는 다시 차를 마시고, 스콘을 먹고 있었다. 그런 안식처에서는 주교와 무엇이든지 말할 수 있다고 느꼈다.

    "그럼 입대할 때 하는 선서가 지금 당장 당신에게 최고의 딜레마입니까?" 벨이 물었다.

    "그것이 가장 큰 문제 중에 하나입니다." 디트리히가 대답했다. "기독교인의 입장에서 보면 지금 상황에서 군 복무를 하는 것은 어렵다고 생각합니다. 하지만 내 친구들 중에 극소수만이 이런 입장에 찬성합니다. 선교 현장에 갈 생각을 해 왔습니다. 도피가 목적이 아닙니다. 봉사가 진짜로 필요한 곳에서 봉사하기 원했기 때문이고, 내가 아직 나 자신을 무엇보다 먼저 목사로 여기고 있기 때문입니다. 하지만 나

같은 사람을 선교사로 보낼 기관을 찾기가 아주 어렵습니다."

"사실 그렇습니다." 주교가 말했다. 그러고서 그가 물었다. "에큐메니컬 운동에서 당신이 할 일이 무언가 있지 않습니까? 내가 보기에 그 운동에서는 당신같이 재능과 능력이 있는 사람을 항상 필요로 할 텐데요."

"솔직히 말하자면" 디트리히가 대답했다. "아직 그 운동에 참여하고 있는 친한 친구 몇 명을 제외하고 에큐메니컬 운동에 완전히 환멸을 느꼈습니다. 그들이 헤켈과 그 측근들에게 겨울청년대회에 참석하는 것을 허용했을 때 정나미가 떨어졌습니다. 그건 힘겹게 싸우고 있는 사람들의 뺨을 때리는 것이나 마찬가지였습니다."

"그러면 왜 다시 고백교회 운동에 온 힘을 기울여 보지 않습니까? 내가 알기로는 그들이 신학교를 폐쇄했다고 하는데 하지만 거기서 당신이 무언가 할 일이 있을 텐데요."

"내 생각은 그렇지 않습니다." 디트리히는 딱 잘라서 이야기했다. 주교는 믿지 못하겠다는 듯한 표정을 지었다.

"죄송합니다. 주교님" 디트리히가 계속 말했다. "요사이 교회 투쟁이 처한 안타까운 상황에 대해서 설명하기가 어렵습니다. 만약 니묄러같은 초기 지도자들이 감옥에 갇히지 않았다면 아마 상황은 달랐을 것입니다만…" 그의 목소리가 점점 작아졌다.

"나는 그 두 운동에 대한 당신의 평가에 동의하지 않습니다." 주교가 대답했다. "나는 아직 두 운동의 멤버들과 아주 긴밀하게 협력하고 있습니다. 하지만 그 점에 대해서 논쟁하지 않겠습니다. 내가 정말 궁금한 것은 당신의 마음과 정신 상태입니다. 하나님께서 당신을 어디로 인도하신다고 느낍니까? 무엇을 하면 당신이 내면의 평화를 가질 수 있으리라고 생각합니까?"

"친애하는 주교님, 다시 한번 더 솔직하게 말씀드리자면 내가 하나님의 완전한 뜻을 알게 되는 사치를, 혹은 내면의 평화를 누릴 사치를 가질 수 있을지 확신이 없습니다." 의자에 깊숙이 앉으며 디트리히가 말했다. "지금 상황에서는 그런 것은 불가능합니다. 많은 책임적인 기독교인들은 두 가지 악 중에서 덜 악한 쪽을 선택해야만 하는 처지에 빠지게 될 것입니다. 아예 활동하지 않아야 순수함을 유지할 수 있을 것입니다. 실제로 우리는 참여할지 아니면 도피할지를 선택해야 합니다. 그리고 어느 쪽을 택해도 거기에 죄가 존재합니다."

주교는 몇 분 동안 조용히 앉아 있었다. 그러고서 부드럽게 물었다. "그래서 디트리히, 당신은 참여와 도피 중에서 어느 쪽을 택했습니까?"

디트리히는 눈을 비볐다. 갑자기 매우 피곤해졌다. "아직 선택하지 못했습니다."

"아, 알겠습니다." 주교는 책상으로 가서 서랍을 열고, 디트리히가 보기에 수첩 같은 것을 꺼내서 페이지를 넘겼다. "당신이 결정을 내리는데 아마 나보다 더 잘 도울 수 있는 사람이 있습니다." 그는 수첩에서 한 페이지를 들여다보며 이야기했다. "니버 교수가 회의에 참석하려고 다음 주간에 미국에서 런던으로 올 예정입니다. 그가 여기에 있는 동안 그와 이야기 나누는 것이 어때요? 내가 약속을 잡아 줄 수 있습니다."

"예, 좋은 생각 같은데요." 디트리히는 8년 전에 뉴욕에 머물 때 "나이 많은 레이니(Reinie)"와 얼마나 막역하게 지냈는지를 기억하며 말했다. 아마 약간 오래된 훌륭한 미국의 실용주의가 그의 마음속에 있는 정체(停滯)를 깨뜨릴 수 있을지도 모르겠다고 생각했다.

그는 주교에게 약속을 잡아 달라고 했다.


"뉴욕에 오지 않겠습니까?" 자신이 머물고 있던 전원주택의 담장을 따라 디트리히와 함께 걸으며 니버가 물었다.

디트리히는 천천히 고개를 저었다. "하지만 이런 시기에 어떻게 그런 여행을 할 수 있겠습니까?"

"어떻게 그렇게 할 수 있냐고요?" 니버가 대꾸했다. "고백교회는 폐허가 되었습니다. 히틀러는 동유럽을 장악할 준비가 끝났습니다. 당신은 교회도 없고, 직업도 없고, 심지어 나라도 더 이상 없습니다. 미국에서 당신은 우리나라의 몇몇 명청이 외교관들에게 상황이 심각하다고 설득할 수 있습니다. 그들 대부분은 노회한 아돌프가 동유럽만을 원한다고 생각하고 있고, 동유럽이 어찌 되든지 별로 관심이 없습니다. 그들은 총통이 베르사이유(Versailles)를 마음에 두고 있고, 프랑스가 분명히 다음 쇼핑 목록이라는 사실을 망각하고 있습니다. 솔직히 말해서 영국도 또한 그다지 안전하지 않습니다."

"예, 나도 당신과 같은 생각입니다." 디트리히가 말했다.

"그래서 당연히 당신 같은 사람이 유일하게 선택할 수 있는 것은 상대적으로 안전한 대서양 바다 저편에서 무언가 좋은 일을 하는 것입니다. 당신이 아주 바쁘게 지낼 수 있도록 당신을 위해서 유니온 신학교에 한두 개의 강좌를 개설할 수 있습니다."

"나, 나, 나는 모르겠습니다." 디트리히는 말을 더듬었다.

"디트리히, 이제 정말로" 니버가 외쳤다. "당신이 뉴욕에 가지 않으면 당신은 분명히 군복을 입고 손에 총을 들고 베를린에 있게 될 것입니다. 당신이 신봉하는 평화주의 원칙을 생각하면 그건 볼 만한 모습일 겁니다. 그런 복장을 한 당신 자신을 진짜로 받아들일 수 있습니까?"

"그러기는 어렵지요." 디트리히는 동의했다. "하지만 다른 선택지가 있을 수도 있습니다." 그는 한스와 국방정보국을 생각하고 있었다.

"아마 그렇겠지요." 니버는 멈춰 서서 울타리에 기대어 봄꽃이 흩어져 피어 있는 들판을 바라보며 말했다. "하지만 당신은 무엇이 **최선의** 선택인지를 결정해야만 합니다. 일단 그것을 알게 되면 선택만 하면 됩니다. 그건 정말 아주 단순합니다."

디트리히는 그 말에 미소를 지었다. "교수님, 당신은 언제나 단순화하는데 명수입니다."

"당신은 언제나 일을 복잡하게 만드는데 선수였어요." 니버가 웃으며 디트리히의 등을 치며 말을 받았다. "당신이 유니온에 있을 때 아우구스티누스와 루터의 **정의로운 전쟁**에 대한 정의(定義)를 구분하는 데 한 주간 수업 시간 전부를 사용했던 것이 기억납니다. 학생들이 내게 불평하며 당신 머리에 추상적인 질문과 의구심으로 가득 차 있어서 현실 세계에서 사는데 어려움이 있다고 했습니다. 나도 그 이야기에 동의하는 쪽입니다. 현실 세계에서는 종종 이상적인 상황을 찾을 수 없습니다. 당신은 차선의 상황을 받아들여야만 하고, 그것에 대해 자책해서는 안 됩니다."

디트리히는 고통스러운 표정을 지었다. "하지만 그것이 **기독교적인** 관점일까요?"

니버는 빙그레 웃었다. "나는 모르겠습니다. 그러나 그것이 성서의 세계입니다. 성서를 보면 사람들은 너무 많이 생각하지 않고 행동했습니다." 그러고서 그는 잠시 멈추었다. "특별히 배고플 때는." 그의 말투가 달라졌다. "그럼 우리 이제 집에 가서 소금에 절인 쇠고기나 이 영국인들이 식료품 저장실에 보관하고 있는 것 무엇이라도 찾아보는 것이 어떻습니까?"

같이 낄낄 웃으면서 디트리히도 그러자고 했다. 몇 주 만에 처음으로 그는 실제로 식욕을 느꼈다.


디트리히는 런던에 남아 있던 몇 주 동안 사비네와 게르하르트와 함께 보냈다. 그는 모든 노력을 기울여서 게르하르트가 사람들과 관계를 맺고 법률사무소를 다시 열 수 있도록 도왔다. 저녁에는 자정이 넘도록 사비네와 함께 어린 시절을 회상했다.

그러나 마음 한구석에서 자신이 내려야 하는 결정, 즉 독일로 돌아가서 완전히 저항에 나설 것인지 (독일 내에서 자신이 실질적으로 할 수 있는 유일한 선택은 이것뿐이라고 인식하게 되었다) 아니면 미국으로 가서 거기에서 그가 할 수 있는 무언가 좋은 일을 할 것인지에 대해서 계속 심사숙고하고 있었다. 행동하는 것이 중요하다는 니버의 충고는 전적으로 훌륭하고 맞는 이야기였지만 먼저 행동하고 그 뒤에 생각하는 것은 디트리히의 방식이 아니었다. 그에게 가장 중요한 것은 자기 자신에게 진실한 것이었다.

결국 어느 쪽도 특별히 설득력이 있거나 옳은 것으로 보이지 않았다. 음모에 연루됨으로써 엄청난 위험에 처할 수 있는데, 그는 이를 피할 가능성이 있는 쪽을 선택하기로 결정했다. 그다음 달에 그는 뉴욕으로 가는 배를 탔다.*

그는 자신이 왜 가고 있는지 완전히 확신하지 못했다.


1939년 여름, 뉴욕은 북적거렸다. 세계 박람회가 열리는 해였고, 그

---

* 본회퍼는 영국에서 벨 주교와 니버를 만난 후 1939년 4월 18일 베를린으로 돌아왔다. 니버, 헨리 라이퍼, 폴 레만의 수고로 유니온 신학교로부터 공식 초청장을 받고 6월 4일 베를린을 떠나 영국 런던을 거쳐 6월 7일 사우샘프턴에서 미국행 배를 탔다. 뉴욕에 도착한 것은 6월 12일이었다.

도시는 바글거리는 지구촌 같았다. 형형색색의 길게 늘어진 겉옷을 입은 아프리카인들이 뺨이 불그스레한 호주 사람들과 어깨를 나란히 하고 거리를 걷는 모습을 볼 수 있었다. 브라질과 스웨덴 사람들이 코너에 있는 델리카트슨(delicatessen)** 옆 부스에 앉아 있었다. 그리고 모든 사람이 거기에 있는 것이 행복해 보였다. 그런데 한 사람 예외가 있었는데, 바로 자기의 기분이 어떤지 알 수 없었던 디트리히였다.

그는 니버가 그에게 가르치도록 준비해 준 강의 준비를 하며 대부분의 시간을 시설이 좋은 유니온 신학교 아파트에서 보냈다. 그의 우편함에 매일 파티와 모임의 초대장이 쌓였지만 짧고 정중한 편지로 대부분 거절했다. 그는 아주 바쁘다고 평계를 댔지만 사실은 베를린에서 이미 했던 강의를 단지 수정만 하면 되었다. 그는 주로 침대에 누워 같은 일에 대해 계속해서 생각하고 기도하며 시간을 보냈다.

첫 주간에 그는 몇몇 미국 외교관들을 만났는데, 독일에서 저항 운동이 급증하고 있다는 그의 주의 깊은 주장을 이상하게도 그들이 믿으려고 하지 않는다는 것을 알게 되었다. 체임벌린을 대신해서 영국 총리가 된 윈스턴 처칠(Winston Churchill)처럼 그들은 독일 사람들이 히틀러와 그의 정책을 만장일치로 지지한다고 보는 식으로 상황을 단순화했다. 디트리히가 복잡한 상황을 아무리 설명해도 상대방 모두 디

---

** 조리된 육류나 치즈, 흔하지 않은 수입식품 등을 파는 가게

트리히가 직접 관찰한 것을 분명히 잘못 판단하고 있다고 여기고, 덜 복잡한 그들 자신의 견해를 믿으려고 했다. 얼마 지나지 않아 그는 독일에 대해 전혀 이야기하지 않았고, 혼자 있는 것이 덜 괴롭다는 것을 알았다.

정기적으로 방문하며 아파트 밖으로 나가라고 이야기했던 니버가 아니었다면 그는 그냥 고립되어 지냈을 것이다. 어느 날 저녁 디트리히는 의무감으로 저녁 식사를 하러 다른 교수의 집에 갔다. 거기에서 그는 그 도시에서 가장 유명한 목사 몇 명을 소개받았다. 이 사람들은 독일 상황에 대한 디트리히의 이야기를 미국 정부보다 훨씬 더 잘 받아들였다. 실제로 그들은 너무 걱정이 되어서 저녁 식사 후 즉석 기도회를 열었다. 디트리히는 "우리의 독일 형제들"을 위한 그들의 진심 어린 기도에 깊은 감동을 받았지만 또한 그 기도는 디트리히의 향수병을 깊게 만들었고, 상처 입은 의무감을 괴롭히기도 했다.[21]

다음 날 그는 주변을 구경하며, 자신의 미래에 대해 조용히 기도하면서 혼자 시내를 돌아다녔다. 그는 집에서 아무런 소식도 듣지 못했고, 정보에 굶주려 있었다. 그는 연결되어 있다는 느낌이 필요했다. 신문에서는 단지 폴란드에 대한 괴벨스와 다른 나치 지도자들의 위협이 증가하고 있다고 보도했다. 이것은 전체적인 상황이었다. 전쟁은 불가피했다. 그러나 디트리히는 겉에 보이는 장면 뒤에서 일어나고 있는 일에 관여하기를 갈망했다. 미국에 옴으로써 사실상 그는 독일의 진로와 미래에 대해 어떤 책임도 지지 않아도 되었다. 그렇지만 그는 하나님 아래에서 자신이 책임져야 할 의무, 즉 그의 양심의 순수성이 위협 받든지 받지 않든지 간에 독일인으로서 독일의 비운(悲運)을 경험해야 할 의무가 있다고 여전히 느꼈다. 마음속으로 그는 자신이 미국에 온 것이 진정한 신앙의 길이 아니라는 것을 알고 있었다. 그는 위험보다 안전을 선택했다.

그날 저녁에 디트리히는 일기에 이렇게 썼다. "사실 우리는 무엇이든 정당화할 수 있다. 하지만 마지막에 가서는 우리에게 숨겨져 있는 그 어떤 차원에 따라 행동하고 있다. 그리고 우리는 하나님께 우리를 판단하고, 용서해 달라고 요청할 수 있을 뿐이다."[22]

그런 다음 다른 종이를 가져다가 니버에게 편지를 쓰기 시작했다.

내가 미국에 온 것은 끔찍한 실수였습니다. 우리 민족 역사의 어려운 시기에 나는 반드시 독일의 기독교인들과 운명을 함께해야만 합니다. 내가 이 시기의 고난을 우리 민족과 함께 겪지 않는다면 전쟁이 끝난 후 독일에서 기독교인의 삶을 재건하는데 참여할 아무런 권리도 없을 것입니다… 독일의 기독교인들은 기독교 문명이 살아남도록 조국의 패망을 원하든지 아니면 조국이 승리해서 우리 문명이 파괴되는 것을 원하든지, 이 둘 중에 하나를 선택해야 하는 끔찍한 경우에 직면하고 있습니다. 내가 어느 쪽을 선택해야만 하는지 나는 알고 있습니다. 그렇지만 평안한 마음으로 그 선택을 할 수 없습니다![23]

# 15장

# 다시는 안전하지 않다

디트리히가 탄 비행기가 1939년 7월 27일 베를린에 착륙했다.* 앞으로 그가 다시 몇 차례 고국을 떠나겠지만 책임을 피해서 도피한다는 느낌은 이제 사라졌다. 시간이 오래 걸리기는 했지만 이번에 그는 제때에 제자리로 돌아왔다.

미국에서 디트리히는 안전하고, 의롭다고 느꼈다. 안전하다는 느낌은 이해할 수 있었지만 의롭다는 느낌은 좀 복잡했다. 미국인들은 그

---

* 본회퍼는 1939년 6월 12일 미국에 도착한 이후 악화되는 독일의 정세에 조국을 버리고 도피했다는 내적 갈등을 겪었다. 결국 미국 동료들의 만류에도 불구하고 자신은 고통을 겪고 있는 조국에 있어야 한다는 결정을 내리고 미국 도착 후 26일 만인 7월 7일에 뉴욕에서 배를 타고 미국을 떠났다. 귀국 도중에 영국에서 열흘을 보냈고, 7월 27일 비행기 편으로 베를린에 도착했다.

를 이미 고난을 겪은 사람으로 여겼다. 그들은 교회의 투쟁과 고백교회 운동이 내린 용기 있는 여러 결정에 대해서 읽었다. 디트리히는 이미 히틀러 혹은 적어도 히틀러의 하수인들에게 맞선 몇 안 되는 사람들 중에 하나였다. 그리고 그는 미국인들이 이 사실 때문에 그를 존경한다는 것을 민감하게 알았다.

그러나 그는 자신이 결코 타협하지 않았다는 사실 때문에 의롭다고 느꼈다. 그는 평화주의 원칙이 상황을 변화시키지 못한다는 것이 분명해질 때까지 그 원칙을 고수했다. 그런 다음 그는 떠났다. 그로서는 나라를 구하기 위해 할 수 있는 것이 아무것도 없으면 일단 나라를 떠나는 것이 논리적이라고 판단했다. 그냥 머물러 있는 것은 조국과 함께 어둠의 한가운데로 들어가는 것이었을 것이다. 여러 가지 많은 경험을 했지만 그것은 생각하기조차 힘든 일이었다. 평화 시대에 평화의 사람이 되는 것은 상대적으로 쉽다. 그러나 유럽 전체가 전쟁 중인데 평화의 사람이 되는 것은 어딘가 동굴 속에 살지 않는 한 아마 불가능했을 것이다.

그건 아니다. 전쟁은 사람들에게 두 가지 (혹은 세 가지 혹은 네 가지) 악 사이에서 하나를 선택하게 만든다. 전쟁은 경건한 사람들조차도 오로지 인간으로 살아남기 위해 "속물"이 되게 만든다. 디트리히는 이것을 알았고, 그런데도 되돌아가는 쪽을 선택했다. 그는 다시는 조금도 안전하지 않을 것이다. 그는 또 조금도 의롭지 않을 것이다. 그는 하나님께서 자신을 용서해 주실 것이라는 믿음만 갖고 있었다.

그렇지만 처음에 그가 할 일이 많지 않았다. 뮌헨회담 이후 정부 전복 계획은 일시적으로 보류되었다. 디트리히는 한스를 만나 돕겠다고 했지만 아직 공식적으로 국방정보국에 합류할 준비는 되어 있지 않았다. 그는 한스에게 자신이 "쓸모가 있기를" 바란다고 단순하게 말했고, 한스는 그에게 계속 연락하자고 했다.

1939년 9월 1일, 독일이 폴란드를 침공했고, 2차세계대전이 시작되었다. 디트리히는 이제 징집당할 가능성이 커졌지만 징집되기 전까지 고백교회 활동에 참여했고, 입대한 이전의 학생들에게 편지를 썼다. 핀켄발데에서 조용한 학생 중에 한 명이었던 테오도르 마스(Theodor Maas)가 폴란드에서 전사했을 때 그는 특히 고통스러웠다.

고백교회와 관련해서 디트리히는 논란이 되고 있는 문제들에 대해 더 강한 입장을 취하도록 여전히 지도부를 압박했다. 이번에 그는 교회가 전쟁 자체에 반대하는 목소리를 내기를 원했다. 그는 그렇게 하면 무엇을 잃게 되는지 따져 보았다. 그렇지만 대다수의 교회 지도자들은 뒤따라 올 결과에 대해서 두려워했다. 애국적인 독일인이라면 어느 누구도 크게 성공한 일련의 군사 행동에 반대하는 목소리를 내지 않았다. 교회 지도부는 신학적인 문제들에만 전념하기를 원했고, 디트리히가 보기에 그 문제들은 점점 더 의미가 없어지고 있었다. 한때 그는 제국교회에 대해 신학적 저항을 할 필요가 있다고 단호하게 주장했지만, 이제 상황은 그것을 넘어섰다. 교회가 스스로 한계를 지어 그렇게 제한된 부분에만 관심 갖기에는 너무 늦었다.

베를린에 돌아온 후 디트리히가 자신의 견해를 거침없이 밝혀왔기 때문에 게슈타포는 그를 주시하고 있었다. 이미 그는 정권에 반대하는 사람으로 공개 기록에 올라가 있었고, 지금 그의 행동이나 말을 최악의 시각으로 보게 될 것이었다. 이것은 그가 다음 해 여름 고백교회 운동 회원들을 주된 초청 대상자로 삼아서 성서 컨퍼런스를 조직했을 때 명백해졌다. 게슈타포는 이 컨퍼런스를 음모 활동의 위장 수단으로 보고, 열지 못하게 했다. 디트리히가 자신의 집안의 지위까지 이용해서 항의했지만 아무 소용이 없었다. 그 후 얼마 지나지 않아 그는 대중 앞에서 연설하는 것이 금지되었고, 심지어 정기적으로 경찰에 보고할 것을 "요청받기"까지 했다.

1940년 가을, 디트리히는 국방정보국의 보호막 안으로 어쩔 수 없이 끌려 들어갔다. 방첩 부대에 합류하면서 그는 군대 징집을 당하지 않고, 충성 선서를 하지 않게 되었다. 또한 정부를 성공적으로 전복시키고 나서 새로운 헌법을 만드는데 그가 기여할 수 있게 될 것이었다. 다른 한편으로 이중간첩이 될 수밖에 없었기 때문에 그는 끊임없이 그 자신이 아닌 다른 어떤 사람인 척하게 되었다. 그는 더 이상 목사직이라는 안전한 피난처로 도피할 수 없게 되었다. 그의 생명은 나치가 권력에서 축출될 때까지 끊임없이 위기에 처하게 될 것이었다. 사실 그는 살아남기 위해서 속임수를 연습해야만 했다.

디트리히는 이미 지난 6월 메멜(Memel)시에서 있었던 목회자 컨퍼런스에 참석하는 동안 이런 식으로 살아가는 모습을 보여주었다. 파리

(Paris)가 함락되었다는 소식이 발표되었을 때 그는 친구 에베르하르트 베트게와 함께 한 카페의 테라스에서 휴식을 취하고 있었다. 사람들은 즉시 일어나 나치식 경례로 팔을 내밀면서 환호했다. 디트리히도 자리에서 벌떡 일어나 "하일 히틀러(Heil Hitler)!"라고 외치는 것을 보고 베트게는 놀랐다. 베트게가 그냥 자리에 앉아 있자 디트리히는 몸을 구부리고 "일어나, 바보야. 이걸로 주목받을 필요는 없잖아."라고 그의 귀에 대고 속삭였다. 그의 친구가 나치에 충성스러운 역할을 그렇게 교묘하게 할 수 있다는 사실에 놀란 베트게는 재빨리 자리에서 일어났다.

따라서 디트리히가 11월에 정식 요원으로 일하겠다고 국방정보국에 제안한 것은 놀라운 일이 아니었다. 그는 오직 국방정보국에서만 자신의 재능과 자질을 가장 효과적으로 사용해서 "조국의 패배를 위해서 일"할 수 있다고 판단했다. 그는 또한 파리를 함락한 후 히틀러가 대중의 지지를 받으며 권력을 굳건하게 다졌다는 것을 깨달았다. 히틀러는 기대했던 것만큼 쉽게 물러나지 않을 것이었다. 정권을 약화시키려면 아마 여러 해에 걸쳐 지속적으로 노력할 필요가 있을 것이었다. 따라서 국방정보국에 복무하는 것만이 유일한 책임적인 방안으로 보였고, 한스는 신속하게 디트리히를 그 조직의 뮌헨 사무소에 배정했다.

당장 해야 할 일이 별로 없었기 때문에 그해 겨울에 디트리히는 아이러니하게 윤리에 관한 책을 집필하기 위해 뮌헨 인근의 베네딕트 수도원에서 수도사들과 함께 지냈다. 전쟁이 두 전선에서 진행되고 있는데 수도원의 평화로운 분위기에 있는 것이 낯설었지만 디트리히에게는 그것이 특별한 은총의 선물처럼 보였다. 수도원의 일과에 따르는 것이 생각을 정리하고 성서를 진정으로 묵상하는 데 도움이 되었다. 11월에 베트게에게 보낸 편지에서 디트리히는 수도원에 머무는 즐거움에 대해 이렇게 썼다.

> 나는 [여기에서] 아직 손님입니다. 질서정연한 생활이 나에게 아주 잘 어울리고, 우리가 [핀켄발데에서] 했던 것과 많은 부분이 비슷하다는 사실에 놀랐습니다…. 특별히 베네딕트회에서 분명히 중요한 일인 자연스러운 환대, 그리스도를 위해서 정말로 기독교인들이 낯선 사람들을 배려하는 자연스러운 환대 때문에 부끄러워집니다. 당신도 언젠가 여기에 와 봐야 합니다! 환대를 제대로 경험할 수 있습니다….[24]

그렇지만 그의 생각은 종종 사비네에게로, 실패한 교회 투쟁으로, 개신교의 전반적인 상황으로 되돌아갔다. 온 세상이 고난과 고통의 북새통 가운데 무너지고 있는데, 반면에 교회는 그 물결을 막는데 이상할 정도로 무기력하고, 심지어 무관심한 것처럼 보였다. 디트리히는 수도원에서 경험했고, 로마에서 보았던 가톨릭의 한결같음을 존경했지만 그러나 그는 회복되기만 하면 현대 세계의 실질적인 영적인 문제를 다루는데 개신교의 전통이 가장 적합하다고 아직도 생각했다. 디트리히에게 원칙적으로 개신교는 어느 누구도 "종교"와 문화 뒤에 숨어 있을 수 없다는 것을 의미했다. 자신의 존재의 적나라한 현실을 직시하고, 불가능해 보인다고 할지라도 믿음으로 그 현실에 응답해야 한다. 다시 말하자면 제자로 사는 유일한 길은 십자가를 통과하는 길 뿐이다.

마침내 2월에 한스는 디트리히에게 스위스로 가서 추방된 유대인들을 받아들일 의사가 있는 사람들과 접촉하라고 했다. 국방정보국의 보호 아래 수십 명의 유대인들을 성공적으로 독일에서 탈출시키는 "작전 7"이라고 후에 불렸던 작전이 있었는데, 디트리히의 임무는 이 작전을 위한 길을 준비하는 것이었다. 국방정보국은 그것을 대외 관계의 책략이라고 부르며 나치 고위층에게 이를 정당화했다. 유대인들은 아마 나치 정권에 대해 좋은 말을 하도록 지시를 받았을 것이다.

그렇지만 게슈타포는 금세 의심을 품었고, 이로 인해 작전은 훨씬 더 위험해졌다. 실제로 몇 년 후에 게슈타포는 국방정보국이 작전 7을 벌이는 동안 사용한 자금에 대해 조사하면서 디트리히와 국방정보국 지도부의 체포를 가져온 유죄 입증 문서들을 발견했다. 그러나 체포되기 전에 국방정보국은 많은 일을 할 수 있었다.

1941년에 전쟁과 독일 내의 여러 사건들이 극적으로 확대되었다. 4월에 독일군은 유고슬라비아(Yugoslavia)와 그리스(Greece)를 침공했다.

5월 23일에 고백교회의 남아 있는 지도부 대부분이 체포되었다. 6월 22일 독일군이 소련을 침공했다. 9월 19일 독일의 모든 유대인들은 옷에 노란색별을 달아야 한다는 법령이 발표되었다. 10월에 폴란드 아우슈비츠(Auschwitz)에 최초의 가스실이 만들어졌다. 12월 7일, 일본이 하와이(Hawaii) 진주만을 공격하여 미국을 완전히 전쟁으로 끌어들였다. 그리고 1942년 1월, 나치 지도부는 독일과 점령지에서 모든 유대인을 말살하는 "최종 해결" 정책의 시행을 승인했다.

1941년 내내 디트리히가 국방정보국에서 벌인 이중간첩 활동 대부분은 두꺼운 비밀 장막 안에서 이루어졌다. 그는 뮌헨과 스위스 사이를 오가면서 외국 지도자들과 연결되는 사람들을 만났다. 나치 고위층 내부에 잘 조직되고 드러나지 않는 저항 세력이 있다는 사실을 미국인과 영국인에게 확신시키는 것이 변함없는 목표였다. 그러나 연합국은 소위 가시적인 저항의 결과를 보기 전까지는 확신하지 못했고, 따라서 음모 가담자들은 악순환에 빠졌다. 그들의 계획이 성공하려면 외부 지원이 필요한데 외부 지원은 그들이 성공하기 전에는 제공되지 않을 것이었다.

외국의 지지를 가져오는 극도로 어려운 임무에서 디트리히는 핵심적인 역할을 했다. 1942년 5월 그는 저항 운동을 대표해서 벨 주교와 대화하기 위해 스웨덴(Sweden)의 시그투나(Sigtuna)로 갔다. 이것이 서로 마지막으로 만나는 것이라는 사실을 그들은 알지 못했다. 디트리히는 히틀러를 무너뜨리려는 확실한 음모가 존재하고, 정권을 장악하고, 연합국이 받아들일 수 있는 민주 정부를 다시 세울 준비를 하는 사람들이 있다고 처칠 총리를 확신시키는 노력을 해달라고 역설했다. 그들에게 필요한 것은 그 계획을 실행에 옮기기 위한 전쟁의 소강상 태였다.

벨이 최선을 다하겠다고 약속했지만 성공하지 못했다. 처칠은 "그림 자뿐인" 음모의 필요에 맞추기 위해서 전쟁 활동의 방침을 정할 의향 이 없었다. 그는 히틀러가 있든지 없든지 독일 자체를 정복하기로 결 정했다.

이제 디트리히는 니버가 역설했던 의미에서 "활동적"이 되었기 때 문에 교회가 얼마나 무력한지 더 잘 알게 되었다. 그들 가운데 일어나 고 있는 불법의 물결을 저지하기 위해서 소수의 사람들이 기도하는 것 외에는 독일 기독교인들 사이에서 어떤 의미 있는 일도 일어나지 않았다. 디트리히가 보기에 이렇게 참여를 거부하는 것은 경건해서가 아니라 오히려 도덕적 용기가 부족했기 때문이었다. 루터의 땅에 살고 있는 그로서는 이런 비겁함은 큰 충격이었다. 하지만 스스로 "종교적" 인 영역으로 이렇게 자진해서 숨어버리는 것을 그는 얼마나 많이 보 아 왔는가?

베트게에게 보낸 편지에서 발췌한 다음 내용과 같이 그는 보다 영 적인 위안을 위해서 이 세상의 고통에서 탈출하는 것이 얼마나 쉬운 일인지 몇 번이나 성찰했다.

"종교적인" 모든 것에 대한 저항이 내 안에 자라나고 있습니다. 종교적인 것으로부터 종종 본능적인 공포에 가까운 느낌을 받습니다. ─ 그것은 확실히 문제투성이입니다. 나는 원래 종교적이지 않습니다. 나는 하나님과 그리스도를 계속 생각합니다. 진정성, 생명, 자유, 자비는 내게 큰 의미가 있습니다. 그러나 그것들의 종교적인 모습은 조금도 매력적이지 않습니다. 이해가 되었는지요?[25]

디트리히는 유럽에서 가장 기독교적인 국가 중에 하나에서 나치즘이 생길 수 있었다는 사실에 계속 관심을 가졌다. 신앙 자체에 반대되는 하나의 사회 구성물로서 종교에 대한 그의 비판은 더욱 커졌다. 이러한 사고방식에서 후에 그는 충격적으로 "비종교적 기독교"라는 주제를 다루었다. 그러나 이 문제에 대한 그의 생각은 자리 잡고 앉아서 작업할 여유가 생길 때까지 더 완전하게 발전되지 않았다.

불행하게도 이러한 여유 있는 시간은 그가 정권에 의해 투옥되고 나서야 생겼다.

# 16장

# 사랑과 암살

1942년 봄 마리아 폰 베데마이어라는 이름 때문에 즐겁고 복잡한 문제가 디트리히의 삶에 들어왔다. 그녀는 핀켄발데 신학교의 초기 후원자 중에 한 명인 루쓰 폰 클라이스트 - 레초브(Ruth von Kleist-Retzow)의 손녀였고, 디트리히를 처음 만난 것은 12살 때였다. 수줍음이 많고 막 사춘기에 접어든 소녀였기 때문에 디트리히는 물론 그때 그녀를 주목하지 않았다. 단지 그녀와 그녀의 언니에게 견신례 공부를 시켜 달라고 요청받았을 뿐이었고, 이것은 당시 그의 삶에서 작은 부분이었다. 그러나 6년 후에 마리아는 아름다운 여성으로 성장했고, 그의 머리에서 쉽사리 사라지지 않았다.

그들이 다시 만나게 된 것은 비극적인 사건 때문이었다. 마리아의 아버지(그리고 루쓰의 사위)가 동부전선에서 전사했다. 디트리히가 마리아의 할머니와 계속 연락을 유지해왔기 때문에 이 소식을 들을 수 있었다. 루쓰 폰 클라이스트-레쵸브는 고백교회의 변함없는 지지자 중에 한 명이었을 뿐만 아니라 또한 신학에 대해서도 잘 이해하고 있었다. 디트리히는 기회가 있을 때마다 바르트와 다른 유명한 신학자들의 글에 대해 그녀와 토론하는 것을 좋아했다. 시간이 지나면서 그들은 가까운 친구가 되었다.

그래서 디트리히는 그녀로부터 폰 베데마이어 백작이 죽었다는 전보를 받았을 때 모든 것을 중단하고 위로하기 위해 클라인-코쎈(Klein-Kossin)에 있는 그 가족의 집으로 달려갔다.

하지만 도착하자마자 그는 이전의 견신례 반 학생이 있는 것을 보고 마음이 끌렸다. 처음에 그는 그녀가 그때 그 학생이라는 것을 믿을 수 없었다. 그녀는 더 이상 수줍어하지 않았고, 광채가 나면서도 깊고 부드럽고 겸손한 눈으로 그의 시선을 마주했다. 어머니를 도와서 조문객들을 맞이하는 모습에서 그녀의 성숙함이 눈에 띄었는데, 18살이라는 나이가 믿어지지 않았다.

때가 때인 만큼 이때 디트리히는 감정을 당장 드러내지 않았다. 그러나 기회가 처음 생겼을 때 그는 마리아와 개인적인 대화를 나누었다. 조문객들 대부분이 저녁 식사를 하기 위해 각자의 집으로 돌아간 늦은 오후에 두 사람은 이야기를 시작했다. 어쩌다 보니 두 사람은 수학에 대해서 이야기를 시작했고, 둘 다 수학에 대해서 잘 몰랐지만 몇 시간 동안 이야기를 하고 나서야 끝났다. 디트리히로서는 신경이 쓰였겠지만 그들은 거미에 대해 이야기할 수도 있을 정도였다. 그래도 대화는 즐거웠을 것이다.

둘 사이에 즉각적인 교감이 있었음에도 불구하고 디트리히와 마리아는 그녀가 할머니를 돌보기 위해 베를린에 온 가을까지 서로 다시 보지 못했다. 둘 다 계속 상대방에 대한 생각을 하고 있었기 때문에 마리아가 베를린에 있다고 디트리히에게 편지를 보냈을 때 그는 매우 기뻤다. 그녀를 보기 위해 서둘러 일정을 조정했다.

가족들과 어느 정도 떨어져 있게 되자 마리아는 디트리히 앞에서 전보다 훨씬 더 외향적이었고, 활기가 넘쳤다. 시골 소녀로서 그녀는 베를린의 명소 보기를 간절히 원했고, 디트리히는 그녀의 여행 가이드 역할을 열심히 했다. 나치의 어금꺽쇠십자가 깃발이 사방에 걸려 있었지만 베를린은 아직 전 세계에서 그의 마음에 가장 친밀한 도시였다. 그는 마리아와 함께 광대한 박물관, 드넓게 펼쳐진 도시 정원, 이 도시를 유럽의 문화 중심지로 만든 경이로운 건축물들을 즐겁게 둘러보았다. 또 마리아는 상점에서 자신과 형제자매들을 위해 기념품을 구입했다. 디트리히는 피곤하지 않았고 언제까지나 걸을 수 있을 것 같았는데, 마리아가 구두를 벗어 손에 들었을 때 그들은 마침내 노천카페에 들어갔다.

작은 테이블에 앉았을 때 디트리히는 갑자기 멍해졌다. 그는 무슨 일이 일어나고 있는지 믿을 수 없었다. 바깥 세계는 혼란에 빠져 있었고, 독일에는 전쟁 바람이 휩쓸고 있었으며, 디트리히 자신은 제3제국을 무너뜨리려는 계획에 연루되어 있었다. 그리고 그가 생각할 수 있는 것은 잘 알지 못하는 젊은 여성에 대해 점점 커져가는 사랑이 전부였다. 그것을 믿을 수 없어서 디트리히는 그것이 진짜로 하나님의 뜻인지 의문을 품을 정도였다.

마리아가 "무슨 생각을 하고 있어요? 디트리히." 하고 물었을 때 그는 공상에서 빠져나왔다. 그녀의 목소리는 낮았지만 감미로웠다.

"아, 정말 아무것 아니에요." 그가 대답했다.

"어디에 가고 싶어요?"

"아니요. 전혀."

그는 자신이 느끼는 것을 어떻게 표현해야 할지 아무것도 모른다는 것을 깨달았다. 특히 국방정보국에서 자신의 생각을 보다 적게 표현하도록 훈련받았기 때문에 더욱 그랬다. 그리고 나이 차이때문에 좀 편안하지 않았다. 마침내 그는 마리아의 가족에 대해서 물어보는 것으로 침묵을 깼다.

"아, 어머니는 잘 지내고 계세요." 마리아가 말했다. "엄마는 내가 눈앞에 보이지 않으면 좋아하지 않지만 나는 기회만 있으면 빠져나가요."

디트리히는 미소를 지었다.

"이상하게" 그녀는 계속 말했다. "나는 다 컸다고 생각하는데 당신을 빼놓고 나를 어른으로 대하는 사람은 아무도 없어요. 나를 계속 지켜보고 있어요."

디트리히는 마리아의 가족이 그들의 나이 차이를 이례적인 것으로 여기고 관계를 인정하지 않을 것을 걱정해 왔다. 그녀에게 "내게는 당신이 매우 성숙해 보여요. 분명히 모든 사람들이 곧 그것을 알게 될 거예요. 단지 시간문제이고 인내해야 하는 문제에요."라고 말했다.

"그런 것 같아요." 마리아가 길을 따라 늘어선 상점들을 바라보며 대답했다. "하지만 정말로 당신에게 해야 할 말이 있어요. 디트리히."

"예?"

"엄마가 우리가 만나는 것을 정말로 찬성하지 않아요."

**바로 이것이다,** 디트리히는 생각했다. 그의 두려움이 현실이 되었다. "나이 차이 때문에 그래요?" 이미 답을 알고 있다고 생각하며 그가 물었다.

"글쎄, 그것도 한 부분이에요." 커피를 한 모금 더 마시며 그녀가 말했다. "하지만 엄마가 정말로 걱정하는 것은 당신이 군인이 아니라는 사실이에요. 우리 가족의 모든 여자들은 장교하고 결혼했고, 엄마는 당신 나이의 남자가 왜 **남자다운** 직업에 종사하지 않는지 이해가 안 된대요."

디트리히는 충격을 받았고, 또 크게 웃음을 터뜨리기 직전이었다. 마리아가 말한 것으로는 그녀가 그를 놀리는 것인지 혹은 정말로 진지한 것인지 알 수 없었다.

그가 할 수 있는 말은 "흠"이 전부였다. 그러나 그런 다음 그녀는 결혼에 대해 언급했다.

"그건 내게 중요하지 않아요." 마리아가 말을 이었다. "할머니와 나는 당신이 어떤 남자인지 알고 있어요. 그리고 엄마가 찬성하지 않는다고 하더라도" 그녀는 잠시 쉬고 나서 말했다. "나는 할 거예요."

디트리히는 미소를 지으며 말했다. "그 이야기를 듣고 얼마나 기쁜지 이루 말로 다할 수 없어요."

1942년 봄, 작전 7이 전개되었다. 몇 달 동안 복잡한 계획을 세운 끝에 국방정보국은 소수의 유대인들을 스위스로 데려가서 게슈타포의 손에서 벗어나게 하는 데 성공했다. 독일 전역에서 유대인 검거가 늘어났고, 그들 대부분이 죽음의 수용소에 갇혔기 때문에 그들은 이 작전에 열중했다. 이 작전에서 디트리히는 그 그룹이 스위스에서 생활할 수 있도록 주선하고 그들을 이동시키는 데 참여했다. 그는 이런 활동을 통해 자신이 국방정보국의 정치적인 저항에 절대적으로 헌신한다는 것을 증명했다. 한스는 이제 무엇이든지 그를 믿을 수 있게 되었다고 느꼈다.

그렇지만 그것은 서로 호혜적인 상황이었다. 왜냐하면 디트리히는 징집을 받을 처지에 있는 이전 고백교회 운동의 목사들이 징병 유예를 받을 수 있도록 한스를 이용했기 때문이었다. 많은 사람들이 여기저기 흩어져 있는 군사정보국 사무실에 배치되었고, "정보 장교"와 같은 직함을 부여받았다. 그렇게 해서 그들은 징병을 피할 수 있었다. 이로 인해 게슈타포로부터 의심을 받았지만 한스는 디트리히가 이전의 학생들과 동료들이 히틀러의 전쟁에 나가서 죽는 것을 바라봐야 하는 고통을 덜어주게 되어 매우 기뻤다.

늦봄과 여름 동안 디트리히는 윤리학 책을 수정하고, 마무리하려고 했지만 한스가 이전보다 더 자주 그에게 연락을 하는 바람에 그의 신학 작업은 무기한 연기되었다. 그렇지만 디트리히는 자신이 도울 수 있는 일은 무엇이든지 기꺼이 하려고 했고, 특별히 한스가 노르웨이 (Norway)로 가 달라고 했을 때 디트리히는 꼭 가고 싶었다.

노르웨이는 전쟁 초기에 독일에 함락되었고, 제국교회는 역시 루터교파인 노르웨이 개신교 국교회에 자신들의 교회 규칙을 시행하려고 했다. 그렇지만 독일에서 진행되었던 것과는 반대로 노르웨이 루터교 목사들은 1942년 4월에 그들의 신학적인 믿음을 타협하기보다는 사임하는 것으로 맞섰다. 이 일로 노르웨이 루터교 수석감독 베르크그라프(Berggrav)가 체포되었다.

그 사건을 직접 알아보도록 한스는 저항 활동을 하는 또 다른 사람 폰 몰트케(von Moltke)와 함께 디트리히를 파견했다. 공식적으로 그들은 그 저항을 진압하기 위한 방법을 찾기 위해 국방정보국의 후원을 받아 가는 것이었지만 그들의 의도는 완전히 정반대였다.

디트리히는 노르웨이 목사들의 집단행동이 자신이 수년 전에 독일교회에서 추진했던 것과 정확하게 똑같은 극적인 대응이었기 때문에 그곳 상황에 매료되었다. 독일교회로서는 수치스럽지만, 이제 노르웨이가 국가의 지배에 대항해서 루터교회가 효과적으로 저항하는 모델을 제공했다. 디트리히와 폰 몰트케는 노르웨이 교회의 저항하겠다는 결심이 확고부동하다는 것을 알고 나서 기뻐했다. 히틀러가 그들을 전혀 그의 발밑에 둘 수 없다는 것이 분명했다.

7월에 디트리히는 한스와 함께 이탈리아(Italy)로 갔는데, 목적은 그곳 저항세력과 관계를 구축하기 위한 것이었다. 그러나 그들은 최근 독일이 계속 승리를 거두면서 이탈리아 내 파시즘(Fascism) 반대자들이 약화되었다는 것을 알게 되었다. 사기가 떨어져 있었다. 그러나 디트리히와 한스는 독일 저항 세력과 바티칸(Vatican) 사이의 유대를 강화하는 데 성공했다. 바티칸에는 국방정보국 사람인 요세프 뮬러(Josef Muller)가 종신직으로 파견되어 있었다.

가을과 겨울 내내 디트리히는 독일 내의 다양한 저항 세력을 통합하고, 후속 암살 계획을 세우는 데 한스를 도왔는데, 마리아와 관계도 역시 진전되었다. 비록 서로를 거의 볼 수 없었지만 그들은 엽서와 가끔 전화 통화를 하며 연락을 유지했다. 이렇게 제한적으로 접촉했지만 상대방과 결혼하겠다는 뜻은 더 굳어졌고, 약혼을 하고 싶다는 뜻을 전하기 위해 크리스마스에 마리아의 어머니에게 갔다.

"안 돼, 절대 안 돼! 마리아는 너무 어려요." 폰 베데마이어 부인의 첫 반응이었다. 그러나 디트리히는 단념하지 않았다. 그는 자신의 인생에서 지금 이 시기에 마리아가 필요하다는 것을 알았고, 그들이 함께하는 것이 하나님의 뜻이라고 확신했다. 마리아도 똑같이 느꼈지만 어머니를 거스를 마음은 덜 했다.

그럼에도 불구하고 매력과 결단력을 보여주면서 디트리히는 마침내 폰 베데마이어 부인의 축복을 받아 냈다. 그녀는 단지 당분간 혹은 마리아가 20살이 될 때까지 약혼을 비밀로 해달라고 당부했다. 두 사람은 동의했고, 결국 디트리히가 테겔 형무소에 갇힐 때까지 그들의 약혼은 공개되지 않았다.

디트리히는 후에 마리아의 어머니에게 약혼을 강요했던 것이 이기적이지 않았나 생각했다. 그는 이런 상황에서 자신이 감당해야만 했던 심각한 의무와 충돌할 수 있는 의무에 마리아를 묶어 두려고 그토록 열심을 냈어야 했는지 의문을 품었다. 그러나 그는 그해 겨울에 나치 정권을 전복시킬 저항의 기회가 있을 것이라고 완전히 확신했다. 그는 히틀러 이후의 독일에서 마리아와 자신이 가족으로 생활을 함께 시작하게 되리라는 것을 분명하게 마음속에 그렸다. 약혼은 그 낙관주의와 믿음의 표현일 뿐이었다. 그런 단계가 불필요하게 위험하고, 좀 무모한 것이라고 이야기한다면 그것은 사랑의 본질을 비난하는 것에 지나지 않는다고 할 수 있다.

그렇지만 겨울이 깊어 가면서 러시아 전선에서 전해지는 소식은 공모자들에게 좋지 않았다. 독일군은 러시아 영토 깊숙한 곳에서 수렁에 빠졌고, 처음으로 군사적으로 대규모로 패배할 가능성이 보였다. 독일이 패전하기 전에 히틀러를 반드시 제거해야만 했다. 왜냐하면 히틀러가 최고 권력자로 통치할 때 독일이 패배한다면 연합국이 독일에 자비를 베풀지 않을 것이기 때문이었다. 공모자들은 독일의 미래에 유리한 조건으로 항복할 수 있기 위해서 필사적으로 다른 정부를 세우려고 했다. 그들은 조국이 응징받게 되리라는 것을 알았지만 아예 멸망하는 것은 원하지 않았다.

일단 저항 세력의 다양한 중심인물들이 조직되자 총통 암살 계획이 본격화되었다. 첫 번째 시도는 1943년 3월 동부전선에서 있었다. 히틀러가 장군들로부터 전쟁 진행 상황 보고를 받고, 군대 사기가 어떤지 보기 위해 스몰렌스크(Smolensk)에 갈 예정이었는데 공모자들은 이때를 기회라고 생각했다. 히틀러가 그곳에 있는 동안 국방정보국 요원 한 사람이 영국제 폭탄을 그의 귀국 비행기에 설치했다. 그 폭탄은 비행기가 공중에 떠있는 동안 폭발하도록 설정되었다. 급하게 계획을 세웠지만 치밀했다. 따라서 히틀러가 독일에 무사히 착륙했다는 소식이 전해졌을 때 저항 세력 전체는 놀라움을 금할 수 없었다. 이유는 알 수 없었지만 폭탄이 폭발하지 않았다.

다행히도 그것은 또한 탐지되지 않았다.

두 번째 시도는 2주 후에 있었다. 히틀러가 전리품이 진열되어 있는 무기고를 둘러볼 예정이었다. 훈장을 받은 전쟁 영웅인 폰 게르스도르프(von Gersdorff) 소령이 자폭 임무를 맡겠다고 자원했다. 국방정보국은 그를 히틀러의 안내자 중에 한 명으로 배치했고, 주머니에 폭발물 두 개를 넣어 가기로 했다. 히틀러가 그의 옆에 섰을 때 그가 이 둘을 폭발시킬 예정이었고, 그러면 3미터 안에 있는 사람은 모두 죽게 될 것이었다.

암살 시도가 있던 날 저녁, 디트리히와 한스는 디트리히의 누나 우르술라(Ursula)의 집에 같이 있었다. 그들은 다른 가족들과 함께 다음 날 있을 아버지 카를 본회퍼의 75세 생일을 위해 고른 음악을 연습하고 있었다. 디트리히는 평소 스타일대로 열정적으로 피아노를 쳤고, 한스는 노래를 불렀다. 가족 중 어느 누구도 그들 둘이 임무가 성공했다고 알려 줄 전화벨이 울리기를 기다리고 있다는 것을 꿈에도 생각하지 못했다. 심지어 한스의 자동차는 정부를 새로 조직하는 일을 돕기 위해 즉시 떠날 수 있도록 시동이 걸린 상태로 차도에 있었다.

그러나 전화는 오지 않았다. 어떤 이유에서인지 히틀러는 무기고 방문 일정을 줄이겠다고 했다. 그는 폰 게르스도르프 근처에 가지 않았다.

믿기 힘들지만 총통은 잘 계획되었고, 실패의 염려가 없었던 것으로 보였던 두 번의 암살 시도에서 살아남았다. 정말로 하나님께서 그를 보호하시는 것인가?

일주일 후, 다른 암살 시도가 있기 전에 게슈타포는 디트리히와 한스의 체포 영장을 발부받기에 충분할 만큼 작전 7에 대해 아주 깊이 조사했다. 둘은 같은 날 구속되었다.

# 17장

# 테겔 형무소

테겔 형무소에서 디트리히는 규칙적으로 생활했는데, 특히 외부로부터 책을 받을 수 있게 되고 난 뒤에 더 그랬다. 그는 6시에 일어나서 미지근한 물 한 바가지로 얼굴을 씻었다. 그런 다음 그게 무슨 책이 되었든지 최근 소포로 받은 책들을 읽었다. 간혹 신학, 철학, 역사 책들이 있었지만 디트리히는 점점 더 소설과 시, 특히 19세기 독일 작가들의 작품에 끌렸다.

이 문학의 낭만적 스타일 때문에 젊을 때 가졌던 조국에 대한 이상주의가 떠올랐다. 한때 그는 독일이 이 세계에서 가장 순수하고, 고귀한 나라라고 믿었다. 그러나 이와 비슷한 사상으로 나치가 권력 장악에 다가서게 되자 그는 자신의 생각이 더 크고, 매우 위험한 민족 신화의 일부임을 알게 되었다. 지난 10년 동안 그가 조국에 대해서 계속 가졌던 감정은 수치심과 실망감이었다. 그는 자기 나라 사람들에 대해서 화를 내지 않았다. 혹은 적어도 더 이상 화를 내지 않게 되었다. 이제 그들을 위해 끊임없이 기도하며 그들을 불쌍히 여길 뿐이었다.

두어 시간가량 책을 읽은 후 디트리히는 글을 쓰려고 노력했다. 가족이나 친구들에게 편지를 썼고, 체포되기 전에 시작했던 윤리학 대작을 위해 메모를 했다. 하지만 책 읽는 것에 맞춰 또 소설을 쓰려고 했다. 그 이야기는 그의 가족과 다르지 않은 한 가족, 즉 사회 혼란 속에서 자신의 가치를 지키려고 했던 귀족 가문의 이야기였다. 디트리히는 전에는 이야기를 써보려고 한 적이 없었는데 그렇지만 글을 쓰면서 깊은 기쁨과 만족감으로 가득 찼다. 그 소설이 출판되거나 혹은 자신 외에 다른 누가 읽게 되리라고 생각하지 않았지만 그는 그것을 계속 써야 한다고 느꼈다. 자신의 경험을 허구의 이야기에 녹여내는 것이 그의 마음을 안정시키는데 도움이 되었다.

점심 식사로 검은 빵과 물을 탄 묽은 커피를 마신 후 보통 걷는 운동을 하기 위해 감옥 마당으로 계호되어 나갔다. 이 운동 시간에 디트리히는 그의 우편물에 대해서 링케 상등병과 이야기할 수 있었다. 링케는 그의 편지가 검열관을 통과했는지, 또 그날 아침에 그에게 소포가 왔는지 알려 주었다. 일반적으로 각 재소자에게 일주일에 소포 한 개만 허용되었기 때문에 디트리히는 링케에게 소포가 왔는지 매번 묻지 않았다. 그는 자신이 실망하게 되리라는 것을 알고 있었다.

때때로 디트리히는 운동 시간에 기대하지 못했던 면회자들 때문에 놀랐는데, 그중에는 그의 부모님, 자매 중에 한 명, 혹은 가장 행복했던 경우인 마리아가 있었다.

약혼한 이 두 사람이 완전히 다른 사람이 없는 데서 만나는 것은 허용되지 않았고, 마리아의 면회라고 사전에 알려 주지도 않았다. 이런 방식은 바로 나치의 미묘하지만 잔인한 정서적 고문이었다. 당연히 디트리히로서는 마리아의 면회를 준비할 시간이 며칠 더 있었으면 좋았을 것이다. 그렇다면 그녀를 만나기까지 며칠, 몇 시간, 몇 분을 세면서 그녀를 보기를 고대하는 강렬한 기쁨과 고통을 경험할 수 있었을 것이다. 그랬더라면 그에게 시간이 더 소중하고 현실적으로 느껴졌을 것이다.

그 대신 그는 매번 마당에서 불려 나갔고, 자신이 심문을 받으러 가는 것이라고 생각했다. 그런데 방에 들어가면 마리아가 젊음 특유의 아름다운 모습으로 환하게 홍조를 띠고 거기에 앉아 있었다. 물론 게슈타포 요원이 진행 중인 심문에 도움이 되는 내용이 있는지 대화 내용을 기록하려고 구석에 은밀하게 앉아 있었다. 그리고 문 안에는 경비병이 언제나 있었다.

그러나 어쨌든 디트리히가 흥분해서 상상 속에서 그녀를 환상으로 보는 것이 아니라 분명히 육신으로 그녀가 거기에 실제로 있었다.

첫 면회 때 예기치 못하고 마리아를 보는 바람에 그는 무릎이 꺾일 정도로 다리에 힘이 거의 풀렸다. 그녀는 평범한 파란 색 여름옷을 입고 있었고, 얼굴과 팔은 햇볕에 약간 그을려 있었다. 그는 거의 넘어질

듯 그녀 쪽으로 갔고, 그녀의 눈에는 자신도 모르게 눈물이 가득 찼다. 구석에 있던 게슈타포 요원이 "면회 시간은 15분입니다."라고 말했고, 그들은 처음 5분 동안 그저 서로의 얼굴을 쳐다보기만 했다. 그런 다음 감옥에서 귀족다운 신중함을 이미 조금 잃어버린 디트리히가 먼저 말을 급류처럼 쏟아냈다. 그는 그녀에 대한 사랑을 최고조의 감정적인 말로 고백하는 것을 조금도 부끄러워하지 않았다. 그다음에 그녀의 가족과 그의 가족의 소식을 물었고, 모든 사람들이 어떻게 지내는지 급하게 물었다.

마리아는 먼저 디트리히의 건강을 걱정했다. 테겔에서 처음 한 달 동안 그의 몸무게는 9kg 줄었고, 그래서 이전의 통통한 얼굴 모습이 사라졌다. 그는 더 나이 들고 피곤해 보였고, 눈은 퀭했다. 마리아는 살면서 이런 상황을 겪게 될 것이라고 상상해 본 적이 없었고, 자신이 그것을 견디어 낼 수 있을지 종종 의문이 들었다.

그러나 디트리히는 그녀에게 믿음을 지키라는 강한 권고로 첫 면회를 마쳤다. 그 권고를 할 때 그는 아버지와 같은 어조로 말했다.

성서를 읽고 암송하는 것을 꼭 기억하십시오.
그렇게 할 때 다른 어떤 것을 하는 것보다 당신의 힘을 더 잘 지켜나갈 수 있습니다….
여기에 있는 우리 모두를 위해서 기도해 주십시오. 이들 중에 몇몇은 죽을 지경에 빠져서 비참한 처지에 있습니다….

나의 부모님께 내가 잘 지내고 있고, 공부도 많이 하고, 일도 많이 하고 있다고 전해주십시오….

당신의 어머니가 아무리 까다롭게 굴어도 어머니를 잘 모셔야 하고, 어머니를 떠나지 말아야 한다는 것을 꼭 기억하십시오….

마리아는 이런 이야기를 순순히 듣고, 애써 순종했지만 종종 디트리히의 나이가 자신과 비슷했다면 상황이 어떻게 달랐을까 궁금해했다. 서로 좀 더 평등한 차원이었을까 아니면 그가 남자이기 때문에 여전히 그녀에게 그렇게 말했을까? 그녀는 알 수 없었다. 그러나 그녀는 그를 여전히 사랑하고 존경했고, 그가 감옥에 있는 동안 어떤 식으로든지 그를 실망시키고 싶지 않았다.

첫 면회를 하고 나서 얼마 지나지 않아서 마리아는 디트리히로부터 두 사람의 관계가 하나님께서 정해주신 운명이라는 그녀의 믿음을 강화하기 위한 편지를 받았다. 다음과 같이 쓴 것을 보면 그는 그녀가 확신하지 못하는 것을 눈치챈 것 같았다.

지금 나의 현재 상황에서 내게 당신이 있는 것이 무엇을 의미하는지 당신은 상상할 수 없을 것입니다. 나는 여기에 하나님의 특별한 인도하심이 있음을 확신합니다. 내가 감옥에 갇히기 직전에 우리가 서로를 알게 된 과정과 시기를 생각하면, 그것은 분명히 하나님의 인도하심이었습니다…. 내가 넘치게 받은 과분한 이 행복이 날

마다 나를 새롭게 덮고 있고, 또 지난 한 해 동안 하나님께서 당신을 이끄신 고통의 훈련에 나는 날마다 가슴이 너무 아픕니다. 그리고 지금 내가 당신에게 슬픔과 고통을 안겨주고 있지만 그것이 그분의 뜻인 것 같습니다… 그렇게 해서 아마 서로에 대한 우리의 사랑이 제대로 된 기초를 쌓게 되고, 올바른 인내를 이루게 될 것입니다. 또한 이 세계의 상황과 우리 개인 운명에 대해 완전히 모른다는 점 그리고 나의 현재 투옥을 생각할 때 나는 우리의 결합이 오직 우리를 믿음으로 부르시는 하나님의 은혜와 사랑의 표시라고 믿습니다. 우리가 그것을 보지 못한다면 우리 눈이 먼 것입니다. 예레미야(Jeremiah)는 그의 백성이 굉장히 어려움에 처한 순간에 미래에 대한 신뢰의 표시로 "이 나라에서 집과 밭을 사라"고 말합니다. 이것이 믿음의 세계입니다. 하나님께서 날마다 우리에게 그 믿음을 주시기 원합니다. 내가 말하는 믿음은 세상으로부터 도피하는 믿음이 아닙니다. 그 믿음은 세상을 견디고, 우리가 부닥치게 되는 온갖 고통에도 불구하고 세상을 사랑하고, 세상에 충실한 믿음입니다. 우리의 결혼은 하나님의 세계에 대한 긍정입니다. 그것은 이 세상에서 무엇인가를 이루려고 하는 우리의 용기를 강화시켜 줄 것입니다. 나는 지상에서 오직 한쪽 다리로만 서 있는 기독교인들이 또한 하늘에서도 오직 한쪽 다리로만 서 있을 것이라고 생각합니다.[26]

테겔에 갇혀 있던 처음 몇 달 동안 디트리히는 감옥 생활이 단지 일시적이기를 희망했다. 만일 감옥 생활이 오래 될 것이라고 의심했다면 그가 마리아에게 거짓된 희망을 심어주고, 약혼자로 남아 있도록 부추겼을 리가 없다. 하지만 그는 한스가 그들의 모든 행적을 아주 잘 은폐했고, 게슈타포가 공모자들을 감옥에 오래 가두어 둘 증거가 거의 없거나 전혀 없다는 것을 알고 있었다. 그들의 투옥이 연장될 수 있는 유일한 요인은 결코 가볍게 볼 수 없는 나치 지배층의 피해망상이었다. 이것 때문에 모든 것이 예측 불가였다.

시간이 지나가면서 디트리히는 마리아에게 보내는 편지에서 여전히 희망적인 어조를 유지하려고 했지만 그러기가 점점 더 힘들어졌다. 두 사람이 나뉘어져 있는 현실에서 하나님의 손길을 보는 그의 능력이 약해졌지만 완전히 사라진 것은 아니었다. 결혼하기를 간절히 원하는 남자로서 그는 그 모든 것을 자신의 믿음에 대한 엄청난 시험으로 여겼다. 가을에 마리아에게 보낸 편지에서 그는 이렇게 썼다.

그것은 서서히 내가 그 외적인 의미를 이해할 수 없는 기다림이 되고, 내면의 이유를 매일 찾아야만 합니다. 지난 몇 달 동안 우리 둘 다 한없이 많은 것을 잃었습니다. 우리에게 얼마나 더 많은 시간이 주어졌는지 누구도 모르기 때문에 오늘이라는 시간은 값진 자산입니다. 아직 나는 결코 그것이 잃어버렸던 시간, 혹은 잃어버린 시간이라고 생각하지 않습니다… 우리가 생각하고 원했던 것과는 다른 방식으로 우리가 함께 여기까지 왔지만 그것은 예외적인 시기이고,

그것이 훨씬 더 오래 지속될 것입니다. 모든 것은 본질적인 것에서 우리가 하나가 되느냐, 또 서로 함께 머무르느냐 여부에 달려 있습니다. 1년 전에 우리가 만나지 않았더라면 당신의 삶은 아주 달랐을 것이고, 더 쉽고, 더 명확하고, 더 단순했을 것입니다. 아주 짧은 순간 이런 생각들이 나를 괴롭힙니다…[27]

마리아는 이 편지를 받고 바로 그 자리에서 그가 듣고자 했을 말로 다음과 같이 답장을 보냈다.

디트리히, 우리가 화가 나거나 우울하거나 절망할 때가 있기 마련입니다. 그러나 그것들이 우리 둘 사이를 그리고 우리가 함께하는 것을 무너뜨릴 수 없습니다. 나는 그런 상황에도 우리가 무너지지 않은 것이 이해되지 않는다고 항상 생각했습니다. 나 때문에 무너지지 않는 것이 아닙니다. 이제 나도 역시 아무리 상황이 어려워도 문제가 되지 않는다는 것을 알고 있습니다. 당신이 지금처럼 있어 주고, 나를 위해서 당신이 인내하고, 행하는 모든 일에 감사드립니다.[28]

디트리히의 일상생활을 방해했던 훨씬 더 기분 나쁜 일은 형무소 심문실에 가끔 불려 나가는 것이었다. 나치 특별 수사관 존더레거(Sonderegger)가 일주일에 한두 번씩 그를 그곳으로 소환했는데, 그는 주로 디트리히가 국방정보국의 일원으로 했던 활동에 관심을 갖고 있었다.

존더레거는 디트리히가 정규군을 기피한 것에 특별히 관심을 가졌고, 징집을 기피한 동기를 집요하게 다그쳤다.

특별 수사관과 조수들은 지난 몇 년 동안의 디트리히의 활동 기록을 많이 찾지 못했다. 국방정보국이 관련 문서들을 아주 잘 숨겼기 때문에 그가 거의 활동하지 않은 것처럼 보였다. 그것이 디트리히가 보여주고 싶었던 모습이었다. 나치가 아는 것이 적을수록 더 좋은 법이었다.

"독일의 아들들이 전쟁터에서 죽어 가는데 그 기간에 사실상 아무것도 하지 않고 빈둥거리는 것이 애국적이라고 생각합니까?" 어느 시점에 존더레거가 질문했다.

"내가 아무것도 하지 않은 것이 아닙니다." 디트리히가 대답했다. "나는 국방정보국이 요구하는 것을 수행하기 위해 항상 대기 중이었습니다."

"국방정보국이 당신에게 많은 일을 하라고 요구한 것 같지 않습니다."

"내가 원했던 만큼은 아니었습니다." 디트리히는 교활하게 대답했다.

디트리히는 오후에 자신의 감방에서 더 많이 걸었고, 그의 하루는 보통 묽은 수프로 된 저녁 식사, 간혹 감방 검색, 8시 "소등" 시간이 될 때까지 더 공부하거나 편지 쓰는 것으로 끝났다. 어느 날 저녁 그는 포츠담(Potsdam) 감옥에서 정맥염으로 고통받고 있던 한스에게 이렇게 편지를 썼다.

친애하는 한스, 우리 두 사람에게 닥친 일에 대해 내가 손톱만큼이라도 누구를 비난하거나 괴로워하지 않는다는 것을 알았으면 합니다. 그런 일들은 하나님에게서, 오직 그분에게서 오는 것입니다. 그분 앞에는 오직 순종과 인내, 참음과 감사만이 있을 수 있다는 믿음에 있어서 나는 당신과 크리스티네와 하나입니다. 이제야 내가 1월에 마리아 폰 베데마이어와 약혼했다는 것을 알립니다. 그녀의 아버지와 오빠가 죽는 바람에 약혼 이야기를 여름까지 언급하지 못했고, 나는 다만 부모님에게만 알렸습니다. 그것이 마리아에게 가혹한 시련일 텐데 마리아의 어머니가 마리아는 용감하고, 쾌활하고, 자신감이 넘친다고 편지를 보내 주어서 내게 큰 격려가 됩니다. 나는 읽고, 배우고, 아주 많이 일하고 있으며 아침, 저녁으로 조용한 시간을 내서 가정과 일하는 현장에서 하루를 하나님께 맡기기를 원하고, 맡기고 있는 많은 사람들 모두를 생각하고 있습니다. 말할 필요 없이 지금 당신과 크리스티네는 그 사람들 중에서 특별한 위치를 차지하고 있습니다. 하나님의 축복이 있기를 기원합니다. 나는 당신을 매일 깊이 생각하고 있습니다. 디트리히가.[29]

그가 한스에게 꼭 말하고 싶었던 말은 그가 저항 세력을 배반하지 않았다는 것이었다. 하지만 물론 그는 나치 검열관이 그의 모든 것을 다 읽고 있었기 때문에 그렇게 할 수 없었다. 그런 낌새도 보일 수 없었다.

# 18장

# 병동(病棟)

디트리히는 거의 매일 아침 기도하면서 하루를 시작했다. 전보다 더 기도했지만 그렇다고 감옥에서 하나님의 임재를 특별히 느끼는 것은 아니었다. 그는 단지 하나님의 사람이 되어야만 한다는 책임감, 필요하면 하나님께서 자신을 두신 곳에서 고난을 감당해야 한다는 책임감을 느꼈을 뿐이었다. 그는 참된 믿음은 전혀 감정적인 것이 아니고, 현실 세상에 사랑으로 응답하도록 하는 하나님이 주신 능력이라고 생각하기 시작했다. 믿음은 악한 사람들의 힘으로부터 벗어나는 탈출구가 아니었다. 참된 믿음은 종종 사람을 직접적으로 악의 손아귀에 놓아둔다. 예수님 자신이 이 진리를 보여주지 않았는가?

어느 날 아침 디트리히는 작은 소리로 기도하면서 혼자 감옥 마당을 걸었다. 이제 멀리서 전쟁 소리를 들을 수 있었다. 어쨌든 폭탄과 대포 소리를 들었다고 생각했다. 그는 자신이 전쟁이 끝나간다는 징조 보기를 아주 강하게 원했기 때문에 우르릉 쾅 소리를 들었다고 상상했을 수 있다는 것을 깨달았다. 그는 몇 달 동안 라디오 방송을 듣지 못했고, 전쟁 진행 상황에 대해서는 링케 상병 같은 사람들로부터 소식을 들었다. 마당을 둘러보던 디트리히는 경비병들 사이에 불안감이 감도는 것을 느꼈고, 그것이 조국의 상황이 좋지 않다는 징후일 것이라고 생각했다.

갑자기 링케가 그의 옆으로 왔다. 그 상병은 디트리히와 일종의 친구가 된 이후 행동이 더 은밀해졌다. 수감 초기에 링케는 규칙적으로 디트리히를 찾아 왔지만 최근에는 예상할 수 없을 때 산발적으로 디트리히를 찾아와 이야기했다.

"잠시 이야기를 할 수 있습니까?" 링케가 디트리히 옆을 따라 걸으며 속삭였다.

"물론이지요" 디트리히가 대답했다.

"병동에 간병부 자리가 하나 나왔어요." 링케가 말했다. "당신이 여기에 관심이 있을 거라고 생각했어요."

"아, 그래요?" 왜 그가 자신이 간병부가 되기를 원한다고 생각했는지 알지 못한 채 디트리히가 대답했다. 그러나 링케는 곧 자세한 사항을 이야기했다.

"병동에 라디오가 있어요." 링케가 속삭이는 소리로 말했다. "저녁에 지휘관과 다른 경비병들이 식사를 하거나 술을 마실 때 우리는…" 그리고 여기서 그의 목소리가 너무 작아서 무슨 말인지 듣기 위해 디트리히는 링케 바로 옆으로 고개를 돌려야만 했다. "… BBC를 들어요."

"영국 방송?…" 자신이 귓속말로 이야기하고 있다는 것을 의식하지 못한 채 디트리히는 묻기 시작했다. 그들 주변 10m 안에 어떤 수감자도 없었지만 언제나 필요 이상으로 조심하는 것이 더 현명했다.

"예" 링케가 대답했다. "독일 최고사령부 방송은 언제나 승전 소식을 전합니다. 그런데 BBC 방송을 들으면 거기에 대해 당신이 말하는 다른 관점을 갖게 됩니다."

"분명히 그럴 거예요." 디트리히가 말했다.

"그러나 좀 더 개인적인 차원에서 보면" 링케가 계속 말했다. "내 생각에 병동에는 당신의 도움이 필요한 특별한 수감자들이 있습니다."

"그래요?"

"예, 당신도 알다시피 이런 때에는 차라리 죽는 편이 낫다고 생각하는 것을 막을 수 없습니다. 가끔 나 자신조차 이 정권 아래에서 계속 살아남느니 죽는 것이 더 가치 있는 선택이 아닐까 생각하기도 합니다. 그렇지만 당신이 도와주어서 나는 희망을 계속 갖게 되었습니다. 당신의 말이 아니라 당신의…태도로. 당신은 우리 모두에게 부족한 내면의 힘을 갖고 있는 것 같습니다."

디트리히는 무슨 말을 해야 할지 몰랐고, 그들은 잠시 말없이 걸었다. 링케의 말이 그의 안에 상충되는 감정을 불러일으켰다. 그는 동료 수감자들을 격려하기 위해서 자신이 어느 정도 힘을 가지고 있는 것 같은 잘못된 이미지를 투사하고 있다는 것을 알고 있었다. 그러나 또 다른 측면에서 그는 그들이 전적으로 인간성이 결여된 것에 악의가 커지고 있었다. 자신의 귀족적인 성장과 관련이 있는 것이겠지만 그는 자신의 삶에 대한 책임을 거부하는 사람들, 즉 자신이 하나님의 형상 대로 창조되었다는 것을 존중하지 않는 사람들에 대해 언제나 경멸감을 느꼈다.

"당신이 성자처럼 행동한다는 것이 아닙니다." 링케가 계속 말했다. "내가 관찰한 바에 따르면 당신은 그저 어느 정도 정상적인 인간으로 남아 있는데, 반면에 나머지 우리는 **정상적인** 것이 무엇인지를 오래 전에 잊어버렸습니다."

디트리히는 링케의 말에 즉시 겸손해졌다. 매일 자살하고 싶다는 생각을 하고, 또 매일 아침 계속 살겠다고 힘들게 결심을 하는 사람들을 판단했던 그는 누구였나? 그가 있어야 하는 자리가 심판관 자리였나? 아니면 친구 자리였나?

게다가 링케와 대화하는 동안 오랫동안 잠들어 있던 마음속 한 부분이 다시 불타올랐다. 그것은 목자가 필요한 사람들에게 목사가 되기를 바랐던 마음이었다.

"기꺼이 그 병동의 간병부 자리를 맡겠습니다." 마침내 디트리히가 대답했다. 그는 미소를 재빨리 억누르는 링케를 올려다보았다.

"나는 당신이 받아들일 줄 알았습니다." 링케는 발걸음을 돌려서 마당 반대쪽으로 성큼성큼 걸어가면서 말했다.

병동은 복도보다 겨우 조금 더 넓은 긴 방과 거기에 붙어있는 작은 방으로 되어 있었다. 긴 방에는 침대가 줄지어 늘어서 있었고, 보통 모든 침대에는 환자가 가득 차 있었다. 그들 일부는 발열, 심한 발진, 구타나 자해로 인한 상처와 같이 눈에 보이는 신체적 질병을 앓고 있었다. 나머지 사람들의 질병은 그렇게 쉽게 드러나지 않았는데, 그럼에도 불구하고 이 환자들의 상태가 훨씬 더 비극적으로 보였다. 그들은 가만히 누워 있거나 혹은 팔다리를 조금씩 떨며 누워 있었고, 멍한 눈에 거의 죽은 것처럼 보였고, 만져보면 피부가 차가웠다. 디트리히는 그들이 "극도의 신경증"을 앓고 있다고 들었다. 그들이 유일하게 받는 돌봄은 정기적으로 호흡, 체온 등을 확인하는 것이었다.

작은 방에는 테이블 하나와 의자 네 개, 링케가 이야기했던 라디오를 보관하는 캐비닛, 히터, 커피포트가 있었다. 아주 너덜너덜해진 카드 한 벌이 테이블 위에 있었다.

디트리히는 근무 시간에 다른 간병부들과 잘 지냈다. 그들 중에 한 사람은 종교에 대해 깊은 분노를 품고 있었고, 다른 한 사람은 디트리히가 보기에 허약하기가 한이 없었다. 링케는 거의 매일 저녁 그들과 함께 BBC 방송을 들었다.

디트리히는 전쟁에 대해서 아주 객관적인 뉴스를 듣게 되기를 간절히 기대했는데 그러나 사태가 얼마나 느리게 진행되고 있는지 알고서 곧 낙망했다. 연합군이 유럽으로 진공했지만 필사적인 독일군에 의해서 계속 패퇴했다. 디트리히는 때때로 라디오로 차라리 바흐(Bach) 혹은 베토벤(Beethoven) 같은 좋은 클래식 음악을 들었으면 했다.

라디오를 듣거나 카드놀이를 하지 않을 때 간병부들은 환자의 침대에서 시간을 보냈다. 디트리히는 카드놀이가 지루했기 때문에 대부분의 간호 업무를 맡았다. 종종 제대로 하고 있는 것인지 의심이 들기는 했지만 그는 훈련받은 전문가 같은 효율성과 돌봄으로 이 직무를 수행했다.

그는 목사로서 자신의 양 떼를 어떻게 도와야 하는지 캄캄했기 때문에 환자 한 사람 한 사람을 교인으로 보기로 결정했다. 그는 사람이 지닌 본래의 연약함의 핵심을 꿰뚫기 위해서는 하나님의 은혜가 필요하다는 것을 알고 있었다. 그래서 그는 죄와 질병 다수를 포괄하는 적절한 표준 기도문을 반복하며 매일 각 환자를 위해서 기도했다.

그렇지만 환자 한 명이 디트리히의 목회를 무시했다. 디트리히가 그의 침대에 다가갈 때마다 그 사람은 돌아누웠다. 주로 머리에 멍이 든 그의 상처는 "공식적으로는" 자해한 것이었는데, 그가 최근 들어 음식을 거부하기 시작한 것을 보면 그렇게 자해할 가능성이 충분히 있었다. 그러나 몇몇 경비병들로부터 심하게 괴롭힘을 당했을 가능성이 더 컸다.

디트리히는 다른 간병부로부터 그 사람의 이름이 사우터(Sauter)이고, 공산주의자이며, 곧 처형될 것이라는 사실을 알게 되었다.[*]

---

[*] 나치의 인종 이데올로기는 유대인을 1차로 "적"으로 삼았으며 로마니(집시), 장애인, 여호와의 증인, 동성연애자들 그리고 소위 말하는 반(反)사회적 인물들과 같이 정치적으로

디트리히는 사우터와 대화할 기회를 달라고 기도했고, 곧 기회가 생겼다. 어느 날 그가 그의 침대 옆을 멈추지 않고 지나가는데 놀랍게도 사우터가 그를 불렀다.

"당신 이름이 뭐예요?" 그 환자가 물었다.

"본회퍼입니다." 디트리히가 대답했다.

"나는 당신이 침대마다 들러 사제로서 의무를 어떻게 하는지 지켜보았습니다."

"나는 사제가 아닙니다. 나는 단지 한 사람일 뿐입니다." 디트리히가 말했다.

"그래도 당신은 사제처럼 행동하고 있어요." 사우터가 말했다.

"어쩌면요." 디트리히는 사형 선고를 받은 사람과 논쟁을 벌일 생각이 없었다.

"당신은 왜 시간을 이 짐승 같은 자들을 위해서 기도하는데 씁니까? 그들은 분명히 당신의 선의에 보답하지 않을 것입니다."

"나는 호의를 얻으려고 그들을 위해 기도하는 것이 아닙니다." 디트리히가 대답했다.

"그렇겠지요. 당신은 그 일을 기독교인으로서 당신의 의무라고 생각

---

비협조적인 사람들을 또한 적으로 규정했다. 여기에는 공산주의자, 사회주의자, 사회 민주주의자와 노동조합 지도자들이 있었다. 나치는 소위 사회적 불순응자들과 인종적 위협 세력을 영구적으로 숙청하려고 했다. 나치에 의해 희생된 유대인의 수는 560만~630만 명으로 추정된다. 여기에 정치적 반대파와 반사회적 인물들의 희생자들이 더해진다.

하고 있는 거지요." 사우터는 잘난 체하지 않고 단호하게 말했다.

"그런 거라고 할 수 있지요." 디트리히가 잠깐 혼란스러워하며 말했다.

사우터가 침대 가장자리에 기대어 바닥에 침을 뱉었다. "나는 인간이 자신의 가장 사악한 행동을 정당화하기 위해서 의무라는 개념을 고안했다고 생각합니다. 내 경험에 따르면 정의의 이름으로 사악하고 무의미한 행위가 수없이 많이 자행되고 있습니다."

"수많은 죄에 대한 핑계로 의무가 사용되었다는 점에 동의합니다." 디트리히가 대답했다. "그렇다고 해서 그것이 의무라는 개념 자체를 버려야 한다는 것을 의미하지 않습니다. 당신도 공산주의자로서 분명히 단순한 자신의 이익보다 더 숭고한 것을 해야 한다는 의무감을 느끼고 있을 것입니다."

사우터가 웃었다. 그러더니 그 웃음이 기침으로 바뀌었다. 디트리히는 근처 싱크대로 가서 그에게 물 한 잔을 가져다주었다.

"나는 어떤 원칙을 지켜야 한다는 의무감을 갖고 있습니다." 기침이 잦아들고 사우터가 마침내 말을 할 수 있게 되었다. "하지만 그건 단지 첫 데이트에서 상대방 여자에게 다가갈 때 그렇습니다." 그러고서 그는 다시 웃었다.

디트리히는 미소를 지으며 말했다. "그래요. 적어도 그렇게 해야 데이트가 시작되는군요."

그리고 사우터의 미소가 사라졌다. "당신의 기도가 응답받은 적이 있습니까?"

"하나는 지금 바로 응답받았습니다."

"그래요?"

"예, 지난 주간 동안 나는 당신과 이야기할 수 있기를 원했습니다. 그렇다고 억지로 이야기하기를 원하지 않았습니다. 당신이 너무나 고통스러워했기 때문입니다."

"당신이 상상할 수 있는 것보다 더 심한 고통이지요." 사우터가 대답했다. 그다음에 그가 물었다. "당신은 내가 예수를 믿기 원했습니까?"

디트리히는 그 사람의 상처 난 얼굴을 뚫어져라 쳐다보면서 예수님이 2000년 전에 사우터와 똑같은 자리에 계셨다는 생각을 하지 않을 수 없었다. 그 두 사람이 겪는 고통이 다르지 않고 비슷했다.

"개종시키려는 생각은 추호도 없었습니다." 디트리히가 솔직하게 말했다. "나는 단지 할 수만 있으면 고통 중에 있는 당신을 돕고 싶었을 뿐입니다. 게다가 나는 개종을 원하지 않는 사람을 개종시키려고 하지 않습니다. 나는 당신이 개종을 원하지 않을 거라고 생각했습니다."

"아, 위험한 생각인데요. 그렇지 않아요? 본회퍼." 최선을 다해 미소를 지으며 사우터가 말했다. "정말 내 영원한 영혼을 가지고 이렇게 금방 마음대로 가지고 놀고 싶은 거예요?" 이렇게 빈정대면서 사우터는 힘이 많이 빠진 것 같았다. 그는 베개에 깊이 머리를 파묻고 "그렇지만 어쨌든 당신 말이 맞습니다."라고 말했다.

디트리히는 그저 고개를 끄덕였다.

"당신이 알다시피 그들은 아마 나를 곧 총살형에 처할 것입니다. 그렇지 않아요. 본회퍼?"

잠시 말을 멈춘 뒤에 디트리히가 말했다. "많은 이야기를 듣기는 했지만 어떤 소문을 믿어야 할지 모르겠습니다."

"아, 분명한 것은 연합군이 우리 모두를 쓸어버리기 전에 나치는 가능한 한 많은 공산주의자들을 체포할 것이라는 사실입니다." 그러고서 그가 덧붙였다. "아마 그들이 악당으로 여기는 사제 또한 모두 제거할 것입니다."

디트리히는 고통 중에 있는 영혼을 보며 미소를 지었다. "그러면 우리는 공통점이 있네요. 그렇지 않아요?" 그가 말했다.

"그렇지요." 사우터가 이제 매우 진지하게 말했다. "우리는 둘 다 가망성이 없는 주의 주장을 지지하는 사람들입니다."

디트리히는 사우터와 한 대화를 며칠 동안 곰곰이 생각했다. 그 젊은 공산주의자는 아주 의례적인 이야기 외에는 다시는 그에게 말을 걸지 않았다. 그러나 디트리히가 그를 위해서 기도하는 것은 허락했고, 디트리히는 이를 희망의 징후로 받아들였다.

사우터와 관련해서 정말로 디트리히가 괴로웠던 것은 그의 태도가 이상할 정도로 자신의 태도와 가깝다는 것이었다. 자신의 경험 때문에 그는 교회의 개념과 자족적인 현대 세계에서 개별 기독교인의 책임이라는 개념에 대해서 다시 한번 재평가하게 되었다. 분명히 20세기 교회는 이미 여러 부분에서 실패했다. 디트리히는 앞으로 어떤 실패를 하게 될지 또 어떻게 그것을 피할 수 있을지 궁금했다. 그는 또 바로 교회 제도를 기피하는 세상의 도전에 대처하기 위해서 교회가 근본적으로 변화되어야 할 필요성에 대해 깊이 생각했다.

일주일 뒤 사우터는 감옥 마당에서 처형되었다.

그 후 디트리히의 생각은 새롭게 단단해졌고, 사우터의 죽음을 깊이 애도했다. 그는 단순히 사우터가 기독교를 받아들이지 않았다고 해서 마음이 불편한 것이 아니었다. 어쨌든 그는 정직하고 지성적인 사람이라면 누구라도 분별력을 가지고 거부할 수밖에 없는 현실성 없는 용어로 기독교를 제시하는 그런 세상에서 성장했다. 사우터는 기독교가 단지 종교의 한 형태이고, 그런 것은 불필요하다는 것을 알고 있었다.

디트리히는 자신이 전통적인 종교적 관점을 가지고 사람들에게 접근한다면 사우터 같은 사람들에게 할 말이 거의 없다는 것을 알았다. 이 비종교적인 사람들로서는 그들이 종교에 대해서 보았던 것과 세상에서 보고 있는 것 사이가 연결되지 않았다. 그래서 그들은 세상과 맞서며, 변화를 만들려고 노력하는 것처럼 보이는 공산주의나 파시즘으로 눈을 돌렸다.

후에 디트리히의 일련의 편지들이 출판되었을 때 신학계가 흔들렸는데, 그는 친한 친구 에베르하르트 베트게에게 보낸 편지에서 이 주제에 대한 그의 생각을 펼치기 시작했다. 이 편지들은 1944년 4월에 쓰기 시작해서 여름 내내 계속되었다. 첫 번째 편지에서 디트리히는 다음과 같이 썼다.

> 당신은 나의 신학적 사고와 거기에서 나온 결론을 보면 놀랄 것이
> 고, 아마 걱정까지 할 것입니다. 그리고 이것 때문에 무엇보다 당신
> 을 그리워하고 있습니다. 왜냐하면 내 생각을 명확히 하는데 당신
> 보다 토론을 더 잘 할 수 있는 사람이 없기 때문입니다. 오늘날 우
> 리에게 기독교가 실제로 무엇이고, 정말 그리스도가 실제로 어떤
> 분인가 하는 질문 때문에 나는 끊임없이 괴롭습니다. 사람들이 신
> 학이나 경건의 문제를 말로 모든 것을 표현할 수 있는 시대는 끝났
> 고, 내면과 양심의 시대도 마찬가지로 끝났습니다. 그것은 대체로
> 종교의 시대가 끝난 것을 의미합니다. 우리는 완전히 비종교적인
> 시대로 나아가고 있습니다. 이제 지금의 사람들은 더 이상 그냥 종
> 교적이라고 할 수 없습니다. 심지어 자신을 솔직하게 "종교적"이라
> 고 하는 사람들조차도 거기에 걸맞은 행동을 하고 있지 않습니다.
> 그것을 보면 그들에게 "종교적"이라는 말은 완전히 다른 의미를 갖
> 고 있는 것 같습니다.[30]

1933년 이래 디트리히는 고도의 종교 국가인 독일에서 나치즘이
거점을 확보할 수 있다는 사실 때문에 계속 괴로웠다. 그때부터 몇 년
동안 아마 독일이 단지 종교적일 뿐이고, 꼭 기독교적이라고 할 수 없
다는 생각의 일정한 논거가 그에게 떠오르기 시작했다. 이제 감옥에서

이 생각을 발전시킬 기회를 갖게 되었을 때 그는 역사적으로 모든 사람이 본래 종교적이라고 생각했다. 그 종교성에는 다양한 형태가 있었는데, 그 중에 하나가 기독교였다. 그러나 "종교"와 그 형태가 기독교와 복음의 진리에 절대적으로 필요한 것인가? 그리고 인간이 종교성의 오랜 역사를 무시하고 갑자기 종교적이라는 것이 더 이상 가치가 없다거나 지속 가능하지 않다고 결론을 내렸을 때 무슨 일이 일어나는가? 기독교가 "비종교적"인 세계에서 살아남을 수 있나? 그는 베트케에게 이렇게 썼다.

> 그리스도가 어떻게 비종교주의자들의 주님이 될 수 있나? 비종교적인 기독교인이 존재하는가? 종교가 단지 기독교의 의복일 뿐이라면, 그리고 이 의복이 시대에 따라 매우 다르게 변한다고 한다면 비종교적인 기독교란 무엇인가?[31]

디트리히는 사람들이 도대체 왜 종교적인 존재가 되었는지에 대한 질문으로 생각을 확장했다. 그는 대부분의 사람들이 답을 모르는 질문에 대한 답을 찾기 위해서 종교적이 되었다는 결론에 도달했다. 그가 생각하기에 이 결론은 충분히 합리적이었다. 그러나 그것 때문에 종교가 취약한 위치에 놓이게 되었다. 이전에는 대답할 수 없었던 질문들에 대해 과학이 대답을 제공하기 시작했을 때 무슨 일이 일어났나? 그것은 종교가 단지 옆으로 밀려난다는 것을 의미하는 것이 아닌가? 디트리히는 그것이 정확하게 20세기에 일어나는 일이라고 생각했다. 사람들이 오직 신비를 이해하기 위해서 종교를 가졌는데 그 신비가 풀리면서 종교는 더 이상 필요하지 않게 되었다. 종교적으로 남아 있던 사람들은 그래서 기본적으로 현실과 무관한 하나님에게 매달렸고, 그것 때문에 세상 사람들은 그들을 어리석다고 보았다.

그러나 만약 하나님이 그분에 대한 낡은 "종교적" 개념에서 해방될 수 있다면 아마 창조자이자 주님으로서 그분의 진정한 타당성이 드러날 수 있을 것이었다. 디트리히는 그 뒤의 편지에서 이러한 생각들을 논구했다.

> 나는 종종 종교적인 사람들에게 하나님의 이름을 언급하는 것을 꺼려합니다. 왜냐하면 나에게 그 이름이 어쩐지 진실이 아닌 것처럼 느껴지고, 나 자신도 약간 부정직하다고 느끼기 때문입니다. (다른 사람들이 종교적인 용어로 말을 하기 시작할 때는 특별히 더 곤란하고, 그러면 나는 대부분 완전히 입을 다물어 버리게 되고, 어색하고 불편합니다.) 종교가 없는 사람들에게 나는 때때로 아주 편안하고, 당연하게 그분의 이름을 언급할 수 있습니다. 종교적인 사람들은 인간의 지식이 막다른 골목에 부닥쳤을 때 (아마 너무 게을러서 생각을 하지 않아서 그럴 것입니다) 혹은 인간의 능력으로 되지 않을 때 하나님에 대해 이야기합니다. 사실 그들은 풀리지 않는 문제들에 대한 분명한 해결책으로서, 또는 인간이 실패했을 때 능력으로서 데우스 엑스 마키나(deus

ex machina)*를 언제나 무대로 불러냅니다. 즉 인간의 약점이나 한계를 이용하는 것입니다. … 내가 보기에 우리는 이런 방식으로 하나님을 위한 공간을 확보하려고 필사적으로 노력하는 것 같습니다. 나는 경계(境界)가 아니라 중심에 계신 하나님에 대해 이야기하고 싶습니다. 약한 분이 아니라 강한 하나님에 대해 이야기하고 싶습니다. 따라서 죽음과 죄가 아니라 인간의 생명과 선함 속에 계신 하나님에 대해 이야기하고 싶습니다... 하나님의 "너머"는 우리의 인지(認知) 능력의 너머가 아닙니다... 하나님은 우리 삶의 한가운데 계십니다. 교회는 인간 능력이 바닥이 나는 경계선에 서 있는 것이 아니라 인간이 사는 곳 한가운데 서 있습니다.**32**

디트리히가 보기에 우리 지식의 "부족한 부분을 메꾸고자" 존재하는 하나님은 이교도의 하나님으로 바뀔 가능성이 높았고, 이것이 바로 나치 치하의 독일에서 일어났던 일이었다. 한계를 가진 하나님은 인간 목적에 맞게 조정될 수 있는 하나님이었다. 그러나 디트리히는 하나님이 정말 하나님이라면 그분은 또한 인간이 그분 없이도 살아갈 수 있

---

* 라틴어인 "데우스 엑스 마키나(deus ex machina)"를 직역하면 "기계 장치로 내려온 하나님"이라는 뜻이다. 고대 그리스 연극에서 연극 중간까지 인간의 능력으로는 해결하지 못하는 복잡한 사건들이 전개되다가 갑자기 하나님이 나타나서 모든 것을 해결해서 연극의 긴박한 국면을 타개하고, 원하는 결말을 맺는 것에서 유래했다. 하나님이 만능 해결사 역할을 할 때 주로 사용한다.

는 영역에서도 의미가 있어야 한다고 생각했다. 그분은 인간이 실패할 때 의지하는 존재로 임재하는 것이 아니라 항상 존재하는 분으로 임재한다. 그분은 모든 창조물과 모든 인간 행동의 주님이 되실 수 있어야 한다. 5월 말에 디트리히는 다음과 같이 썼다.

나는 바이츠제커(Weizsacker)의 책 《물리학의 세계관》을 읽는 것 때문에 매우 바쁘게 지내고 있습니다. 그러면서 나는 하나님을 우리 지식의 불완전을 메꾸는 임시방편으로 사용하는 것이 얼마나 잘못된 일인지 아주 분명하게 알게 되었습니다. 만약 지식의 경계선이 실질적으로 점점 더 넓어진다면 (이것은 필연적으로 그렇게 될 수밖에 없습니다), 하나님은 그 경계선과 함께 뒤로 밀려나게 되고, 그 결과 계속해서 멀어져 갑니다. 우리는 하나님을 우리가 알지 못하는 것에서가 아니라 아는 것에서 찾아야만 합니다. 하나님께서는 그분의 임재를 해결되지 않는 문제들에서가 아니라 해결된 문제들에서 깨닫게 되기를 원하십니다. 그것은 하나님과 과학 지식 사이의 관계에서 타당하지만 또한 죽음, 고통, 죄라는 더 넓은 인간의 문제에서도 타당합니다. 이제는 이런 문제들에서조차도 하나님을 고려하지 않고 인간적인 대답을 찾는 것이 가능합니다. 사실 사람들은 이런 문제들을 하나님 없이 다루고 있습니다. (항상 그래 왔습니다). 오직 기독교만이 거기에 대한 답을 가지고 있다고 하는 것은 전혀 사실이 아닙니다. 문제를 "해결한다는" 점에서 보면 다른 답들과 마찬가지로 기독교의 답이 설득력이 없거나, 혹은 설득력이 있거나 할 수 있습니다. 다시 말하지만 하나님은 불완전을 메꾸는 임시방편책이 아닙니다. 한계에 부닥쳤을 때가 아니라 삶의 중심에서 그분을 인식해야만 합니다. 죽음이 올 때만이 아니라 삶 속에서, 고통 속에서만이 아니라 건강과 활력 속에서, 죄 속에서만이 아니라 우리의 활동 속에서 그분을 인식하는 것이 그분의 뜻입니다. 이것의 근거는 예수 그리스도 안에 있는 하나님의 계시에 있습니다. 그분은 삶의 중심이십니다. 우리의 해결되지 않은 문제들에 대답하기 위해 "오신 것이" 분명히 아닙니다. 삶의 중심에서 보면 어떤 질문들과 그 대답들은 삶과 전혀 관련이 없는 것으로 보입니다. (나는 욥(Job)의 친구들에게 선고된 심판을 생각하고 있습니다). 그리스도 안에는 [그저] "기독교적인 문제"에 불과한 것은 없습니다.[33]

이런 진술은 오해하기 쉽다. 물론 디트리히는 친구와 의견을 나누기 위해 이 글에서 개인적인 생각을 펼쳤다. 베트게는 이것이 디트리히가 "종교"라고 불렀던 것에 대한 비판으로서 가치가 있다고 보고 후에 이를 공개했다.

기본적으로 디트리히는 "기독교 국가"에 사는 사람들이 타고난 종교적 성향을 갖고 있기 때문에 복음의 메시지를 왜곡하기 쉽다는 점을 인식하고 있었다. 자신이 속한 문화에서 기독교가 지배적인 종교라고 한다면 종교적인 사람은 자신을 기독교인이라고 믿을 가능성이 높다. 그러나 종교적이 된다고 해서 그 사람이 기독교인이 되는 것은 아니다. 그는 철저히 이교도일 수 있고 혹은 달리 말하면 "단순히 종교적인" 사람일 수도 있다. 비유로 말하자면 그들에게 기독교는 스페인 (Spain)의 투우와 같은 것이다. 그들은 자신이 무엇을 하는지 모르고 또는 왜 그것을 하고 있는지 모르고 군중 심리 (또는 문화)에 빠져 들어간다.

디트리히의 생각에 그런 "기독교인들"은 성서적 현실에 따라 사는 것이 아니라 신화적 현실에 따라 살고 있는 것이었다. 모든 문화의 이교도들처럼 그들은 구원 신화나 또는 궁극적인 구원자에 관한 이야기를 믿었지만 성서 이야기와 결정적인 차이를 이해하지 못했다. "비종교적 기독교"라는 주제에 관해서 쓴 마지막 편지들 중에 하나에서 디트리히는 이 문제에 대해 다음과 같이 썼다.

기독교인의 부활 희망과 신화적 희망 사이의 차이는 기독교의 희망은 구약성서에 보다 훨씬 더 선명하게 정의되었습니다. 즉 완전히 새로운 방식으로 사람을 이 지상 생활로 돌려보낸다는 점입니다. 구원 신화의 신봉자들과 달리 기독교인은 이 세상의 과제와 어려움으로부터 영원의 세계로 도피할 수 있는 최후의 길이 없고, 그리스도 자신처럼 ("나의 하나님, 나의 하나님, 어찌하여 나를 버리셨나이까?") 이 세상의 잔을 찌꺼기까지 마셔야만 합니다. 그렇게 할 때에만 십자가에 못 박히고 부활하신 주님이 그와 함께하시고, 그는 그리스도와 함께 십자가에 못 박히고 부활합니다. 이 세상을 너무 일찍 포기해서는 안 됩니다. 구약성서와 신약성서는 이 점에서 하나입니다. 구원 신화는 인간의 한계−경험에서 생겨나지만 그리스도께서는 삶의 중심에서 인간을 붙잡습니다.[34]

이 편지들에 담긴 디트리히의 생각 대부분은 그가 계속해서 읽었던 구약성서에서 영향을 받았다. 제국교회가 구약성서 읽기를 금지하는 명령을 하자 그는 열의를 가지고 성서를 읽어 내려갔다. 테겔에 갇혀 있던 첫해에 그는 온 힘을 기울여 성서를 세 번 읽었다. 그는 구약성서는 신약성서 메시지와 쉽게 분리될 수 없는데, 모두 이 세상에서 믿음으로 살아가는 내용이라는 것을 알게 되었다. 저세상에 갈 때까지 버티고 있으라는 것이 아니었다. 누군가가 여기에서 믿음으로 살아야 한다면 그는 여기에서 일어나는 일에 무책임할 수 없다. 그 사람은 삶의 어떤 영역에서도 나태할 수 없고, 또는 경건으로 도피할 수 없다. 디트리히가 보기에 삶으로부터 도피하는 것은 하나님이 누구이셨는지에 대한 완전한 성서의 비전에서 도피하는 것이었다.

구약과 결합한 복음의 메시지는 그리스도께서 모든 면에서 하나님의 생명을 나타내기 위해 육신으로 오셨다는 것이었다. 성육신은 인간의 삶과 그분 자신의 물질적 창조물을 하나님께서 존중한다는 것을 보여주는 것이다. 그것은 단순히 신화적인 구원이 아니었다. 그것은 현실의 비전이었다. 그리스도는 다른 사람을 위해서 죽으셨을 뿐만 아니라 또한 그들을 위해서 사셨던 사람이었다.

# 19장

# 윤리학 연구

첫 번째 등화관제가 있었을 때 디트리히는 야고보서를 읽고 있었다. 갑자기 캄캄해져서 어둠 속에서 놀랐지만 대부분의 다른 수감자들과 달리 그는 그것을 예상하고 있었다. BBC 방송을 들으면서 베를린이 연합군 폭격기의 폭격 범위에 있다는 것을 알고 있었다. 포위망이 좁혀지고 있고, 나치의 전쟁 기계가 서서히 멈춰가고 있으며, 히틀러와 그의 하수인들이 숨을 곳이 없어지고 있었다.

링케 상병이 작은 손전등을 들고 어둠 속에서 갑자기 나타났다. 그는 큰 열쇠를 갖고 와서 디트리히의 감방문을 열었다.

"나오세요. 본회퍼." 그가 익숙한 목소리로 말했다. "모두 마당으로 내려가고 있습니다."

"마당으로?"

"우리 머리 위에 별들만 있으면 천장이 우리 위로 무너질 일은 없지요." 링케는 입술로 살짝 미소를 지으며 말했다.

"오늘 밤에 우리에게 폭탄이 떨어질 것 같습니까?" 디트리히가 삐걱거리는 의자에서 일어나며 물었다.

"아마 오늘 밤에는 아니겠지만 누가 알겠습니까?" 링케는 어깨를 으쓱하며 말했다. "예상할 수 있는 것이 더 이상 아무것도 없습니다."

디트리히가 복도에서 12명 정도 되는 다른 수감자들과 합류했을 때 깜빡이는 전등 빛 속에서 그들의 얼굴에 두려움과 긴장감이 가득한 것을 알 수 있었다. 그의 앞에 있는 남자는 떨고 있었고, 디트리히는 그를 진정시키려고 그의 어깨에 한 손을 올렸다. 그러자 그는 즉각 몸을 돌렸다. 그의 눈은 미친 짐승의 눈과 같았고, 디트리히는 그 남자가 두려워서 떨고 있는 것을 금방 알아차렸다. 그 사람은 아마 그들 모두가 처형을 받으려고 마당으로 끌려가고 있다고 믿었던 것으로 보였다.

"괜찮아요. 친구." 디트리히가 침착하게 말했다. "이건 단지 훈련이에요. 내 생각에는 여기 군인들은 훈련을 아주 좋아하는 것 같아요."

그 남자는 영문을 모른 채 눈을 깜빡거렸다. 그는 검은색 머리카락을 짧게 깎았고, 뾰족한 턱에 까칠하게 빽빽한 수염이 자라고 있었다. 굶주려서 뺨이 움푹 파여 있었고, 어깨는 둥글었다. 디트리히는 나치에 대해 어떤 "범죄"를 했다고 해서 그가 이 비참한 곳에 들어왔는지 궁금했다. 그로서는 이 폭격이 반가웠다. 왜냐하면 폭격이 그가 겪고 있는 고통이 끝날 날이 가까워졌다는 것을 의미했기 때문이었다. 그렇지만 또한 폭격 때문에 고통이 있으리라는 것도 알았다.

디트리히는 그 남자의 어깨를 더 꽉 쥐고 그의 눈을 들여다보았다. "오늘 밤 당신이 안전할 거라고 내가 약속합니다."라고 말했다.

제 정신이 돌아왔는지 그 남자의 눈에 부드러움이 잠깐 비쳤다. 그들 사이에서 두려움이 갑자기 사라졌다. 그러다가 너무 어두워서 더 이상 아무것도 볼 수 없었고, 모든 사람들이 비틀거리며 함께 마당으로 내려갔다.

몇 주 동안 3, 4일에 한 번씩 등화관제가 있자 감옥 안의 긴장은 줄어들었다. 등화관제가 일상인 생활이 되었지만 이 도시에 폭격이 없었기 때문에 그렇게 경계할 필요가 없었다.

디트리히는 그 당시 거의 매일 윤리학 연구에 전념했다. 그는 이 주제에 지난 10년 동안 점점 매료되었는데, 특별히 윤리적 명령이 명확하지 않은 자리로 억지로 내몰렸기 때문에 더 그랬다. 어떤 면에서 그는 자신의 생각을 정리할 기회를 갖게 되어 기뻤다.

이 연구에서 가장 중요한 주제는 기독교인이 극단적인 상황에서 어떻게 행동해야 하는지에 관한 것이었다. 디트리히는 자신이 처한 상황 때문에 이 주제에 대해 숙고하고, 자신의 결론을 시험해 볼 충분한 기회를 가질 수 있었다. 여러 면에서 그가 단순히 《나를 따르라》의 생각을 이어가고 있지만, 이 책은 기독교인 대부분이 비윤리적이라고 생각하는 국가 지도자에 대한 음모에 연루된 사람의 관점에서 쓰여졌다.

그는 윤리적인 사람이 정부에 대한 반란을 어떻게 정당화할 수 있느지에 대한 궁극적인 질문에 대답하기 전에 몇 가지 기본적이고 극히 중요한 요점들을 반복했다. 그는 산상수훈에서 예수께서 명하신 순종의 자세, 즉 그리스도에 대한 충성보다 더 크거나 혹은 동등한 어떤 충성도 인정하지 않는 자세를 다시 언급했다. 그는 또한 순종은 단순히 믿는 것이 아니라 행동하는 것이며, "종교적"인 것은 기독교인으로서 책임을 다하는 것과 전혀 다르다는 것을 강조했다. 디트리히가 자신의 고유한 독특한 방식으로 표현한 바에 따르면 한 사람의 진정한 책임은 그리스도를 따르는 것이고, 그렇게 해서 하나님께서 그를 창조하셨던 모습 그대로 되는 것이었다.

이것은 단순한 교리였지만 독일에 널리 퍼진 이상형인 "초인(超人)"에 정면으로 대비되는 목적을 달성했다. 초인은 자신의 인간성을 초월한 사람이었고, 영웅적 행동을 통해서 반(半)은 하나님이 되었다. 디트리히는 이렇게 말했다.

> 성육신하신 분을 따르는 것 ― 그것이 진정한 한 인간이 되는 것입니다. 한 인간이 되는 것은 인간의 권리이자 의무입니다. 초인을 추구하는 것, 영웅을 추구하는 것, 신격화된 인간을 숭배하는 것에 인간이 관심을 갖는 것은 합당하지 않습니다. 왜냐하면 진실이 아니기 때문입니다. 진정한 인간은 경멸이나 신격화의 대상이 아니라 하나님 사랑의 대상입니다… 진정한 인간은 그를 창조하신 분의 피조물이 될 자유를 갖고 있습니다. 성육신하신 분을 따르는 것은 진

정한 인간이 될 권리를 갖는 것입니다. 이제 가식, 위선 혹은 자기 폭력, 지금의 있는 그대로의 나와 다른 존재, 더 나은 존재, 더 이상적인 존재가 되어야 한다는 강요가 더 이상 없습니다. 하나님께서는 진정한 인간을 사랑하십니다. 하나님께서 진정한 인간이 되셨습니다.[35]

또 "윤리학"에서 디트리히는 유대인에 대한 처우에 대해 이야기함으로써 《나를 따르라》를 넘어섰다. 독일 유대인들에 대한 그의 관심은 차별이 처음 시작된 1920년대 후반에 생겼다. 그는 아리안 조항이 평범하고 열심히 일하는 가족들에게 미치는 영향을 보았다. 그는 할머니 타펠을 기억했는데, 그녀는 1930년대 초 유대인 상점에서 물건을 사기 위해서 상점 앞에 있던 군인들의 저지선을 무시하고 군인들 대열 가운데를 통과해서 걸어갔다. 수정의 밤 사건이 일어났을 때 그는 베를린에 있었다. 그는 강제수용소에 대해서 한스로부터 알게 되었다. 그리고 1938년 밤중에 누이를 독일에서 탈출하도록 도왔다.

디트리히는 독자들에게 예수님 자신이 유대인이었고, 유대인이라는 배경을 떠나서는 신약성서를 이해할 수 없다는 점을 상기시켰다. 더 나가서 멸시받는 유대인들이 예수님께서 복음서에서 말씀하신 "이들 중에 지극히 작은 자"이고, 그들을 수용소로 강제 추방함으로써 나치는 사실상 그리스도를 추방하고 있는 것이라고 했다. 그런 다음 그는 강제수용소에 대해 반대 목소리를 내지 않는 교회들을 비난하면서,

셀 수 없이 많은 무력한 유대인들을 죽게 하고 삶을 파괴한 죄에 독일 기독교인들이 부분적으로 책임이 있다고 선언했다. 그것은 강경한 언사였다. 그러나 디트리히에게 그것은 순수한 진실이었다.

그렇지만 이 책에서 가장 복잡한 부분은 자신의 히틀러 암살 음모 연루와 기독교를 조화시키려는 시도와 관계가 있었다. 그러나 그의 논리를 이해하려면 먼저 그리스도를 따르는 것에 대한 그의 확신을 이해해야만 한다.

그는 첫째로 그리스도를 따르는 것보다 애국심을 더 중요한 책임 혹은 더 의미 있는 책임으로 보는 것이 거짓이라고 지적함으로써 애국심의 "신비성을 제거하는" 시도를 했다. 그는 만약 작은 책임인 애국심이 예수를 따르는 더 큰 책임 아래에 놓이지 않는다면 그로 말미암아 인간성의 왜곡이 생겨나고, 개인 생명 자체를 존중하는 일이 약화된다고 주장했다. 이것은 국가의 명령이 언제나 그리스도 심판의 대상이라는 것을 의미했다. 교회 자체가 이 두 책임을 혼동하고, 국가를 그리스도 앞에 두게 되면 교회는 그 영적 권위를 포기하는 것이다. 그렇게 되면 진정한 기독교인은 모두 그런 "교회"에 저항해야 할 의무가 있다.

더욱이 정부가 기독교인들에게 국가를 섬기기 위해서 그리스도에 대한 복종을 포기하라고 요구한다면 기독교인들은 그 정부에 절대적으로 저항할 책임이 있다. 성서의 관점에서 보면 하나님의 뜻 안에서 일하지 않는 그런 정부는 거짓 정부이다. 그런 종류의 정부를 섬기는 것은 결코 애국심의 행위가 아니고, 십중팔구는 죄이다.

그 책의 다음 부분은 디트리히가 저항뿐만 아니라 불법 정부의 지도자에 대해 실제로 폭력을 행사하는 것을 정당화하려고 했기 때문에 훨씬 더 복잡했다. 디트리히는 그런 폭력이 죄가 아니라고 말한 적이 없었다. 그는 암살자들과 공범들이 죄가 없고, 하나님의 심판을 받지 않는다고 결코 암시하지 않았다. 실제로 그들은 성서에 나오는 다윗(David) 왕과 같이 "피 흘리는 사람"이라고 간주되었다.

그렇지만 디트리히는 다른 선택을 하는 것에 훨씬 더 큰 죄책감을 느꼈다. 그에게 있어서 행동하지 않는 것은 그야말로 무책임한 일이었다.* 참여하기를 거부하는 사람은 다른 사람의 고통보다 자신의 "의(義)"를 우선으로 삼는 것이었다. 디트리히는 교회가 바리새인처럼 너무 오랫동안 오직 의를 유지하는 데에만 관심을 가져왔다고 분명히 말했다. 현실을 직시하지 못할 정도로 교회는 너무 오랫동안 오직 자

---

* 테겔 형무소의 운동 시간에 어느 날 동료 수감자가 디트리히에게 당신은 기독교인이자 신학자인데 어떻게 히틀러에게 저항하는 데 참여했는지 물었다. 그는 비유를 들어 이렇게 짧게 대답했다. "술에 취한 운전사가 베를린 쿠르퓌르스텐담 거리를 과속으로 달려 내려올 때 목사가 하는 일이 술 취한 사람 때문에 죽은 사람의 장례를 치러주거나 그 가족을 위로하는 것에 그칠 수 없습니다. 더 중요한 책임은 술에 취한 자를 운전대에서 끌어내리는 것입니다." 디트리히는 이 대답을 통해 악에 직면해서 교회가 일상적인 종교 의식을 집행하는데 그쳐서는 안 되고, 적극적으로 저항해야 하는 책임이 있다고 지적했다. 이보다 앞서 디트리히는 미국으로 두 번째로 떠나기 전 1939년 5월에 열 명가량의 제자와 친구들과 같이 했던 자리에서 같은 예를 들면서 '술 취한 운전사가 더 많은 사람을 죽이지 못하게 온 힘을 기울이는 것이 모두의 책무'라고 말했다.

신의 손을 깨끗하게 하는 데에만 관심을 가지고 있었다. 디트리히는 그런 "다른 세상의" 기독교는 성육신을 부인하는 것이라고 생각했고, 하나님 자신이 세상을 구원하기 위해 세상 속으로 들어오셨다고 생각했다.

디트리히의 가장 급진적인 신학적 진술 중에 하나는 스스로를 구원할 수 없는 사람들을 구원하기 위해서 그리스도 자신이 "죄인의 자리"에 들어가셨다고 말한 것이었다.[36] 그는 그리스도께서 이것을 추상적이고 상징적인 방법으로 행하지 않으셨다고 말했다. 그분은 세상의 죄와 악을 자신의 어깨에 실제로 짊어지셨다. 살과 피로 된 그분의 몸이 실제로 죄인의 십자가에서 죽었다. 그리고 그리스도께서는 다른 방법이 없었기 때문에 이렇게 하셨다. 그런데 기독교인들이 이 땅에서 그리스도의 몸을 이루고서 어떻게 덜 희생하며 살아가겠다고 할 수 있겠는가? 하고 디트리히는 계속해서 말했다.

그가 보기에 자기 보존에 관심을 갖는 것이 종교에는 꼭 반대되는 것이라고 할 수 없지만 거기에 관심을 갖는 것은 예수를 따르는 것에는 직접적으로 반대되는 것이었다.

# 20장

# 심문

프란츠 존더레거(Franz Sonderegger)는 항상 의자에 꼿꼿이 앉는 습관이 있는 마르고 안경을 쓴 남자였다. 그는 자신이 맡은 일을 진심으로 받아들여서 국방정보국이 합법적인 방첩 활동을 했는지, 아니면 의심이 가는 대로 독일의 전쟁 노력을 약화시키는 활동을 했는지 알아내겠다고 결심했다.

디트리히는 존더레거가 어떤 정보를 갖고 있는지 알 수 없었다. 그러나 강제수용소와 그 외 나치의 범죄에 관한 증거가 포함된 한스의 서류 뭉치가 국방정보국의 방대한 서류 더미 속에 숨겨져 있다는 것을 알고 있었다. 한스는 쿠데타가 성공하는 경우를 생각해서 그것들을 없애버리지 않았는데, 그러나 이제 그들이 모두 체포되었으므로 그 서류 뭉치는 사실상 그들이 사형을 받을 수 있는 증거가 되었다. 누군가가 그것을 발견하고, 확실하게 연관 짓는 것은 시간문제였다.

그럼에도 불구하고 디트리히는 그 서류 뭉치가 발견되기 전에 무언가 극적인 일이 일어날 것이라는 희망을 갖고 있었다. 희박하기는 하지만 히틀러가 제거되고 대안 정부가 수립될 가능성이 여전히 있었다. 그렇게 되면 그와 한스의 목표와 계획이 성취되는 셈이었다. 디트리히는 아직 중범죄로 공식 기소가 되지 않았기 때문에 절차에 따라 석방될 가능성도 또한 있었다.

대체로 그는 현실적인 사람이었지만 또한 희망을 갖고 있었다.

존더레거는 디트리히를 열흘에 한 번꼴로 찾아와 심문했는데, 먼지투성이의 옅은 녹색 벽의 좁은 사무실에서였다. 그 방은 마치 구역질을 유발하도록 설계된 것 같았다.

심문은 항상 예측 가능한 패턴으로 진행되었으며, 존더레거의 심문에 대한 디트리히의 걱정은 시간이 지나감에 따라 줄어들었다. 그와 한스가 체포될 때를 예상해서 준비했던 것이 성과가 있었다. 국방정보국의 가장 의심스러운 활동을 서로 협력해서 그들의 가장 뛰어난 작전으로 치장하는 식으로 방어막을 쳤다. 즉 국방정보국이 반역 조직으로 활동할 때는 정보국 요원들이 상상력을 최대한으로 발휘해서 주어진 임무를 수행하고 있는 것으로 보였다.

디트리히와 한스는 그것이 아이러니하게 상상력이 부족한 적들을 혼란스럽게 만드는 기술이라고 믿었다. 그리고 지금까지 그들의 예측은 옳았다. 몇 주가 지나가면서 존더레거는 좌절과 절망을 더 심하게 느끼는 것처럼 보였다. 특히 나치의 관점에서 볼 때 전쟁이 계속 악화되면서 더욱 그랬다.

조사관은 대개 제3제국에 대한 디트리히의 헌신에 대해 질문하면서 심문을 시작했다. 정규군이 아니라 국방정보국에 합류했던 그의 동기를 의심하는 형태로 이 질문이 여러 번 던져졌다.

존더레거: "당신은 당신 또래의 독일 남자들 대부분과 함께 최전선에서 목숨을 걸지 않은 것 때문에 죄책감에 시달린 적이 있습니까?"

디트리히: "내가 그 특권을 거부당한 데에는 여러 가지 이유가 있습니다. 그 대부분은 타이밍이 맞지 않았기 때문이었습니다. 그러니까 내가 어쩔 수 없었습니다."

존더레거: "타이밍이라니? 징집 때문에 당신의 여행 계획에 차질이 생겼다는 말입니까? 분명히 당신은 전쟁 초기에 여기저기 다녔습니다. 아니면 휴식을 하며 목가적인 시간을 보내려는 당신의 계획이 군사 훈련 때문에 틀어졌다는 말입니까?⋯ 이게 뭐야? 가톨릭 수도원? 루터교 목사가 가기에 아주 좋은 곳이네!"

디트리히: "예, 나는 베네딕트 수도원에 있었습니다. 그러나 당신이 알아야 할 것은 그때 나는 독일교회에서 목회하는 것이 금지되어 있었다는 사실입니다. 나는 국방정보국 요원이었을 뿐 다른 아무것도 아니었습니다. 내 상관은 나에 대해 어떤 계

획도 없었고, 호출을 받을 때까지 먼 곳에 드러나지 않게 있으라고까지 했습니다. 그 이유가 분명하지 않았지만 나는 불평하지 않았습니다. 나는 그때 내가 마치지 못했던 흩어져 있던 신학 저작물을 작업하는 데 시간을 사용했음을 고백합니다."

존더레거: "그거 안성맞춤이네."

디트리히: "예, 그랬습니다. 그러나 주로 나중에 도움이 될 관계를 구축하기 위해 여행을 하게 되면서 당신이 이야기한 "목가적 휴식"이 끝났습니다."

존더레거: "영국과 스웨덴에서 관계를 구축한다?"

디트리히: "방첩 활동에서 가장 중요한 관계는 적과 관계를 맺는 것입니다."

존더레거: "본회퍼, 방첩 활동에 대해서 내게 강의하지 마십시오."

디트리히: "죄송합니다. 존더레거 씨"

어느 날 심문 중에 존더레거가 "마르틴 루터 자신이 기독교인은 정부 당국을 항상 지지하고 복종해야 한다고 말하지 않았습니까?"라고 질문해서 디트리히는 놀랐다.

디트리히는 루터를 그에게 불리하게 이용하려는 존더레거의 시도의 아이러니를 충분히 알고 있었다. 그는 "기독교인은 복종해야 한다. 그러나 숭배해서는 안 된다고 했습니다."고 응답했다.

"아, 그러면 당신은 우리 총통께서 독일 국민들에게 하나님 대신 자신을 숭배하라고 요구하고 있다고 믿는 것입니까?"

디트리히는 긴장했다. 이런 질문에 잘못 대답하면 어디에 빠지게 될지 몰랐다. 총통에 대한 그의 감정에 관한 직접적인 질문에 대해서는 조심해야 했다. "나는 단지 기독교인은 최선을 다해서 국가를 섬길 책임이 있다고 생각합니다. 국가는 그것을 요구할 수 있습니다." 그가 마침내 대답했다.

"영리하네요. 본회퍼" 존더레거가 응답했다. "그러나 나는 제3제국에 대한 당신의 구체적인 감정이 어떤지 궁금합니다."

디트리히는 그가 히틀러에 대한 초기 비판자였다는 공개적인 기록이 있기 때문에 나치 정권을 전면적으로 지지하는 것은 부정직하게 보여질 것임을 알았다. "책임감이 있는 다른 시민들과 마찬가지로 나는 공공 생활의 상태를 비판적인 눈으로 보고, 상황을 어떻게 개선할 수 있을 것인가를 생각합니다."라고 그는 말했다. "그렇지만 일단 우리의 운명의 진로가 바뀔 수 없는 것으로 보인 이상 나는 나의 나라를 위한 봉사에 온 마음을 다했습니다."

"당신은 **나의 나라**라는 말을 비통한 기색을 띤 목소리로 말하고 있네요." 존더레거가 말했다. "마치 당신이 **당신의 나라**는 빼앗겼다고 믿었던 것처럼."

디트리히는 그 순간 자신의 진정한 감정을 모두 쏟아내고 싶은 유혹을 느꼈지만 한스로부터 훈련을 아주 잘 받았기 때문에 그렇게 하지 않았다. "아닙니다. 나는 아직도 나의 나라에 대해 자부심이 매우 강하고 희망을 갖고 있습니다. 나는 나라를 위해서 매일 기도하고 있습니다."

존더레거는 평소의 그답지 않게 의자에서 미끄러지듯 내려와서 손가락 끝을 입술 앞에 대었다. "내가 대답을 들을 수만 있다면 당신의 기도 내용에 대해서 물어보고 싶습니다." 그가 부드럽게 말했다. "그렇게 되면 당신의 대답을 듣는 것보다 당신의 내적인 동기에 대해서 더 많이 알게 될 텐데."

디트리히는 옅은 미소를 참을 수 없었다. "존더레거씨, 그 점에서는 당신의 직감이 맞을 것 같습니다. 그러나 내가 살면 살수록 하나님만이 사람의 마음을 아신다는 것을 더욱 믿게 됩니다." 그리고 이렇게 덧붙였다 "오직 하나님만이 그 마음을 판단할 수 있습니다."

존더레거는 한숨을 쉬었다. "그렇습니다. 본회퍼. 내가 하나님을 증인대에 세울 수 있다면 좋을 텐데…." 그 목소리가 점점 잦아들었다. 그런 다음 그는 무시하듯 허공에 손사래를 치고 가방을 챙겨 방을 나갔다.

# 21장

# 사형 집행 영장

1944년 7월 20일, 백작 클라우스 솅크 폰 슈타우펜부르크(Claus Schenk von Stauffenburg) 대령이 히틀러가 고위 군부 인사들과 만나고 있는 회의 실로 걸어 들어갔다. 그는 타이머가 설치된 폭탄이 들어있는 서류 가방을 들고 있었다. 폰 슈타우펜부르크는 전쟁터에서 오른손과 눈 하나를 잃은 아주 잘 알려진 장교였기 때문에 검색을 받지 않았다. 그는 신뢰를 받고 있었다. 회의 중간에 폰 슈타우펜부르크는 서류 가방을 히틀러 발치에 두고 양해를 구하고 공항으로 떠났다. 차를 몰고 가던 중 폭탄 터지는 소리가 들렸다. 그는 히틀러가 죽었다고 확신하고 미소를 지었다.*

---

\* 이 히틀러 암살 시도 사건은 7 · 20 음모, 또는 발키리 작전이라고 불린다. 1944년 7월 20일, 아돌프 히틀러에 반대하는 반(反)나치 인사들이 일으킨 암살 시도였다. 당시 히틀러

하지만 히틀러는 죽지 않았다. 폰 슈타우펜부르크가 떠난 후 다른 장교가 별생각 없이 서류가방을 옮겨 놓았다. 폭탄이 터졌을 때 회의 테이블에 앉아 있던 장교 4명이 죽었고, 히틀러는 가벼운 부상만 입고 탈출했다. 그날 이후 총통은 그가 살아난 것은 하늘의 섭리라고 이야기하며, 음모 가담자들에게 복수하겠다고 다짐했다.

디트리히는 가장 최근이자 마지막 히틀러 암살 시도인 이 뉴스를 테겔 형무소 감방에서 들었다. 그 다음 몇 주를 지내면서 그는 또 폰 슈타우펜부르크와 후속 조사과정에서 암살 시도와 연루된 것으로 밝혀진 국방정보국 책임자 베크 장군이 처형되었다고 들었다. 이것은 국방정보국과 관련된 사람들 주위로 올가미가 조여지고 있음을 의미했다. 그리고 거의 동시에 게슈타포가 국방정보국의 공습 대피소에서 음모와 관련된 숨겨놓은 문서들을 발견했을 때 디트리히에 대한 사형집행 영장이 사실상 확정되었다.

그 이후에도 그가 살아남았던 유일한 이유는 게슈타포가 음모에 대해 최대한 많은 정보를 수집하려고 했기 때문이었다. 그가 살아날 수

---

는 동프러시아에 있는 총통 지휘소 볼프샨체에서 군사 회의를 하였는데, 회의실 내에는 히틀러를 비롯해서 몇몇 장성과 그들의 부관까지 해서 총 25명이 있었다. 슈타우펜부르크가 회의실에 폭탄이 든 서류 가방을 히틀러 근처에 가져다 놓았다. 그 폭탄이 터진 순간에는 육군 참모총장 아돌프 호이징거가 동부전선과 이탈리아 전선 상황을 브리핑하고 있었다. 그 전에 호이징거의 부관 브란트가 특별한 생각없이 가방을 옆으로 옮겨 놓는 바람에 폭탄이 터졌지만 히틀러는 죽음을 면했다. 이 사건 후 대규모 검거 선풍이 불어 7,000명이 체포되었고, 많은 장군과 정치인들을 포함하여 4,980명이 사형 언도를 받고 죽었다.

있는 유일한 희망은 전쟁이 빨리 끝나는 것이었다. 전쟁이 갑자기 끝나게 되면 엄청난 혼란이 야기되어 사형 집행자들이 자신들의 임무를 내팽개치고 연합군으로부터 도망칠 것이기 때문이었다. 디트리히는 앞으로 일어날 모든 사태에 대해 완벽하게 알고 있었지만 그를 보면 스트레스를 받고 있다고 생각할 사람이 아무도 없었다. 신앙생활에 집중하면서 감옥에서도 앞날에 대해 마음이 평화로웠다.

그 전쟁에서 살아남은 동료 수감자들은 후에 이 기간 동안 디트리히가 보여주었던 평화로운 태도를 회상하고, 그가 얼마나 평온했는지 이야기했다. 그들은 그가 자기보다 형편이 더 나은 사람들에게 얼마나 용기를 주었는지 그리고 하나님을 향한 그의 단순한 믿음이 얼마나 확고했는지를 기억했다. 최악의 상황에서 그는 하나님의 뜻을 받아들이고, 내적인 만족을 찾았던 것 같았다.

그렇다고 해서 디트리히에게 이 시기가 힘들지 않았다고 말하는 것은 아니다. 그도 역시 인간이었고, 어쨌든 살고자 하는 깊은 열망을 갖고 있었다. 그렇지만 그는 경험을 통해서 성숙해졌고, 아마도 다른 방법으로는 도달할 수 없었던 신뢰와 영적인 자유의 처소에 도달했다. 그가 일관되게 걱정했던 것은 단지 두 가지였다. 첫째는 친구를 배신하지 않고 자신이 고문을 견딜 수 있을 것인가, 둘째는 자신의 죽음이 가족과 마리아에게 어떤 영향을 미칠 것인가 하는 점이었다.

어느 날 디트리히는 감금된 처지에서 새로 발견한 자유에 대한 시를 감방에 앉아서 썼다. 그 시는 네 부분으로 되었고, 제목은 〈자유로 가는 길 위의 정거장〉이었다.

## 훈련

자유를 추구한다면,
먼저 당신의 영혼과 감각을 훈련하는 법을 배우십시오.
그렇게 해서 당신의 정욕과 지체가
당신을 여기저기로 마구 끌고 다니지 못하게 하십시오.
자신의 의지에 따라 당신의 영혼과 몸을 순결하게 만드십시오.
그 영혼과 몸에 주어진 목표를 찾아내기 위해 순종하십시오.
훈련을 통해서만 자유의 신비를 경험할 수 있습니다.
그렇지 않고는 어느 누구도 알 수 없습니다.

## 행동

욕망하는 것을 행하는 것이 아니라,
의로운 일을 담대하게 행하십시오.
가능성 속에서 허우적거리지 말고,
현실적인 것을 과감하게 붙잡으십시오.
생각의 세계에 빠져 있는 것은 도피입니다.

자유는 오직 행동을 통해서만 옵니다.
오직 하나님의 계명과 당신의 신앙에 의지해서
불안하게 머뭇거리지 말고
사건의 폭풍 속으로 걸음을 내디디십시오.
그러면 자유가 기뻐 소리치며 당신의 영혼을 환영할 것입니다.

## 고난

놀라운 변화! 당신의 힘 있고 살아있는 손이 이제 묶여 있습니다.
무력하고 혼자입니다.
당신은 당신의 행동의 종말을 지켜보고 있습니다.
그렇지만 심호흡을 하고,
정의를 위한 투쟁을 조용하게, 믿음을 가지고
더 강한 손에 맡기십시오.
단 한 번의 더없이 복된 순간에
당신은 자유의 달콤함을 맛보았습니다.
그런 다음 그 자유를 하나님께 넘겨 드리십시오.
그분께서 그것을 완성하실 것입니다.

## 죽음

지금 오라. 영원한 자유를 향한 길에서 최고의 순간이여.

죽음이여, 무거운 사슬을 끊고,

죽을 수밖에 없는 우리 육신의 벽과 눈먼 영혼의 벽을 허물어

죽을 수밖에 없는 운명이었기에

우리가 볼 수 없었던 것을 보게 하라.

자유여, 우리는 훈련하고, 행동하고, 고난을 겪으며

오랫동안 그대를 찾아다녔다.

죽어가고 있네, 이제 우리는 하나님의 얼굴에서

그대의 얼굴을 본다.[37]


10월 8일 디트리히는 테겔 형무소에서 베를린 시내에 있는 게슈타포 감옥으로 이감되었다. 이때부터 외부 세계와 소통은 모두 끊겼고 (어머니와 마리아에게 각각 한 통씩 보낸 크리스마스 편지 두 통을 제외하고), 계속 심문을 받으며 고통을 겪었다. 공습 사이렌이 밤낮 없이 울렸고, 수감자들은 감방과 공습 대피 벙커 사이를 계속 오갔다.

어느 날 감방으로 돌아오다가 디트리히는 감옥 복도 아래에 있는 개방형 감방에 수척한 남자가 간이침대에 누워 있는 것을 발견했다. 마지막으로 봤을 때와 많이 달라졌지만 디트리히는 그가 한스라는 것을 즉시 알아보았다. 다음번에 수감자들이 벙커에서 돌아올 때 그는

한스가 누워 있는 감방 안으로 몸을 수그렸다. 피곤하고 음산한 그 당시 분위기에서 아무도 눈치채지 못했다.

디트리히는 한스의 간이침대 옆에 웅크리고 앉아 친구의 건강 상태를 찬찬히 살펴보았다. 그의 매형의 얼굴 모습은 눈과 입이 해골 속으로 쑥 들어가 있어서 죽은 사람 얼굴처럼 보였다. 눈도 역시 굳어져 감겨 있는 것으로 보였다. 처음에 디트리히는 한스가 정말로 죽었다고 생각했는데, 그의 수척한 가슴이 조금 움직이는 것을 발견했다.

"한스, 내 말이 들려?" 그는 속삭였다.

아무런 응답이 없자 그는 더 큰 소리로 다시 말했다.

마침내 한스가 있는 힘을 다해 눈을 깜빡거렸다. 그 눈은 무력했고 초점이 맞지 않았다. "디트리히?" 그가 쉰 목소리로 말했다.

"그래, 나 디트리히야. 아, 한스, 내가 도와 줄 일이 있어?"

한스는 거의 감지할 수 없을 정도로 희미하게 고개를 저었다. 디트리히는 자신의 눈에 뜨거운 눈물이 차오르는 것을 느꼈다.

"한스, 너에게 꼭 할 말이 있어." 그가 말했다. "나는 우리를 배반하지 않았어. 우리를 파멸에 처할지도 모를 어떤 것도 그들에게 넘기지 않았어. 네가 잘 가르쳐 준 덕분이야."

그는 단지 눈을 깜빡거렸다. 그러나 디트리히는 그 깜빡임이 알았다고 하는 몸짓이라고 생각했다. 그는 한스의 엉클어진 머리카락을 손가락으로 쓸어주고, 손수건으로 그의 이마를 닦아 주었다. 그런 다음 아무에게도 들키지 않고 자신의 감방으로 슬그머니 돌아갔다.

다음 날 저녁에 보니 한스가 더 이상 감방에 없었다. 경비원 한 명에게 정신없이 물어보고서 게슈타포가 치료를 위해 그를 병원에 데리고 갔다는 이야기를 들었다. "총살형에 처하기 전에 몇 마디라도 더 들으려고 하는 거지요." 경비원이 퉁명스럽게 설명했다.

다음 날 아침 매일 받는 심문 시간에 디트리히는 처음으로 진술을 거부했다. 한스가 사라지자 그는 무기력해지는 것을 느꼈고, 자신이 모든 것을 제대로 말할 수 있으리라는 것을 믿을 수 없었다. 그렇지만 무능력하다고 판명된 존더레거를 대신해서 그를 심문하고 있는 선임 게슈타포 요원 켈텐부루너(Keltenbrunner)에게 그런 고집은 통하지 않았다. 그 순간 켈텐부루너는 펜을 탁 내려놓고 위협적인 태도로 디트리히에게 가까이 다가왔다.

"본회퍼, 당신은 바로 오늘 내가 당신의 사랑하는 부모와 약혼자를 처형할 수 있다는 것을 알고 있습니까?" 그가 나지막한 목소리로 말했다.

이 위협에 디트리히의 숨이 턱 밑까지 차올랐다. 그는 결국 "나는 언제나 당신의 질문에 대답할 준비가 되어 있습니다. 내가 피곤해서 그런 것이니까 용서를 바랍니다."라고 간신히 말했다.

"그래야지요." 의자에 다시 앉으면서 켈텐부루너가 말했다. "하지만 당신이 오늘 너무 피곤해 하니까 중요한 질문 딱 하나만 묻겠습니다."

"예?" 디트리히가 작은 소리로 말했다.

켈텐부루너는 서류 가방에서 종이 세 장을 꺼내서 디트리히 앞 테이블 위에 올려놓았다. 디트리히는 눈이 침침해서 거기에 빽빽하게 쓰여 있는 글씨를 읽을 수 없었다.

"이것이 무엇인지 알겠습니까?" 게슈타포 요원이 물었다.

디트리히는 고개를 저었다.

"이것은 국가에 대한 당신의 반역 행위들을 자인하는 서류입니다. 오늘 아침에 내가 당신에게 하는 유일한 질문은 당신이 여기에 서명할 의향이 있는지 여부입니다." 요원은 잠시 말을 멈추었다가 말했다. "물론 이건 실제로는 단지 형식적인 절차입니다."

디트리히는 한숨을 쉬었다. "지금 내가 거기에 서명할 이유가 없지 않습니까, 그렇지 않아요? 거기에 내 서명을 당신이 직접 한다고 해도 내가 어쩔 도리가 없습니다."

"그렇습니다." 켈텐부루너가 대답했다. "하지만 나는 그렇게 하지 않을 겁니다. 나는 모든 것을 당신의 전폭적인 협조하에 진행하는 것이 좋다고 생각합니다."

"나는 협조했다고 생각합니다."

켈텐부루너가 크게 소리 내어 웃었다. "나를 모욕하지 말아요. 본회퍼."

이에 디트리히는 의자에 똑바로 앉았다. 마침내 그는 그런 식으로 능욕당하는 것에 지쳤다. 얼굴이 붉어지며 그가 말했다. "내가 조국에 충성하지 않았다는 확실한 증거가 있으면 지금 당장 보여주기 바랍니다." 그의 목소리는 떨렸다. "왜냐하면 당신이 이미 철저하게 조사했는데 거기에서 당신이나 당신 동료들이 나를 여기 죽음의 구렁텅이에 가두어서 크리스마스를 또 내 가족과 친구들과 떨어져 있게 할 만한 어떤 것이라도 발견했는지 단 하나도 기억나지 않기 때문입니다. 나는 당신 질문에 아주 솔직하게 대답했습니다. 아직도 만족스럽지 않다면 그것은 내가 결백하거나 혹은 당신이 멍청해서 제대로 된 질문을 하지 못했기 때문입니다." 그는 몹시 화가 나서 말을 멈출 수 없었다. "내가 앞에서 말한 것을 다시 반복하겠습니다. 전쟁이 시작된 이후 내가 행한 모든 일은 합법적인 방첩 활동이나 혹은 그리스도의 사역자로서 나의 업무와 관련이 있습니다. 만약 이 두 가지 활동이 의심을 받는다고 하면 그것은 가장 정직한 시민들의 행동조차 오해하기 쉬운 아주 이상하고 혼란스러운 시대 때문이라고 말할 수밖에 없습니다."

그런 다음에 디트리히는 지쳐서 의자에 털썩 주저앉았다. 그는 켈텐부루너의 귀가 빨개졌고, 앞으로 몇 초 안에 총에 맞게 될지도 모른다는 것을 알아차렸다.

그러나 켈텐부루너는 단지 이렇게 응답했다. "한 가지는 당신이 옳습니다. 본회퍼. 오늘은 크리스마스**입니다.**"


그다음 몇 달 동안 디트리히는 절망하지 않으려고 노력했다. 내면의 평화가 흔들리고 있었다. 예상하지 못했던 친구, 마리아의 사촌 파비안 폰 슐라브렌도르프(Fabian von Schlabrendorff)가 나타나지 않았다면 상황이 훨씬 더 어려웠을 것이었다. 폰 슐라브렌도르프는 디트리히에 대해 많은 것을 알고 있었고, 그가 겪고 있는 어려움에 공감했다. 디트리히는 그에게 마리아의 편지와 끔찍스러운 심문에 대해서 말했다. 그들은 또 전쟁 종식과 독일 재건에 대한 가능한 모든 시나리오에 대해서 이야기했다. 디트리히는 폰 슐라브렌도르프가 미래에 대해 희망을 갖고 있으며 또한 하나님의 뜻에 전적으로 순종하는 사람이라는 생각이 들었다. 디트리히의 좀 더 복잡한 내면의 감정은 비밀로 남았다.

폰 슐라브렌도르프가 신학을 공부한 적이 없기 때문에 그들은 신학에 대한 이야기를 많이 하지 않았다. 그렇지만 그리스도에 대한 디트리히의 단순한 헌신은 여전히 그의 말과 행동에서 드러났고, 그는 어느 누구보다 불평을 덜했다. 어느 날 저녁 이야기할 내용이 바닥나자 디트리히는 폰 슐라브렌도르프의 감방으로 종이쪽지 한 장을 건넸다.

"이것은 내 간증입니다." 그가 간단하게 말했다.

폰 슐라브렌도르프는 종이쪽지를 보았다. 그것은 〈나는 누구인가?〉라는 제목의 시였고, 날짜는 1944년 6월로 되어 있었다.

　　나는 누구인가? 사람들은 종종 내게
　　마치 자기 성에서 나오는 영주처럼
　　침착하고, 유쾌하고 단호한 모습으로
　　감방에서 걸어 나온다고 말한다.

　　나는 누구인가? 사람들은 종종 내게

마치 내가 지휘관인 것처럼

자유롭고, 친절하고, 명확하게

교도관들에게 이야기한다고 말한다.


나는 누구인가? 사람들은 또한 내게

마치 내가 승리자인 것처럼

한결같고, 미소를 띠우며, 당당하게

불행한 나날을 견딘다고 말한다.


그렇다면 다른 사람들이 말하는 모든 모습이 진짜 나인가?

아니면 내가 아는 나 자신, 즉

새장 안에 갇힌 새처럼 불안하고, 갈망하고, 병들고,

마치 목 졸린 사람처럼 숨을 쉬려고 몸부림치고,

빛깔, 꽃, 새 소리를 그리워하고,

친절한 말과 이웃의 사랑에 목말라하고,

횡포와 사소한 모욕에 화가 나서 치를 떨고,

좋은 일을 기대하며 뒤척거리고,

멀리 있는 친구들을 무력하게 걱정하며 가슴을 떨고,

기도하고, 생각하고, 일하는 데에 지쳐서 멍해지고, 무기력해서

모든 것과 작별 인사를 준비하는 내가

진짜 나인가?

나는 누구인가? 이 사람인가 아니면 저 사람인가?

오늘은 이 사람이고, 내일은 다른 사람인가?

둘 다 나인가? 다른 사람들 앞에서는 위선자이고,

나 자신 앞에서는 비열하게 수심에 가득 찬 나약한 사람인가?

혹은 아직 내 안에 있는 것은 이미 승패가 난 싸움에서

뿔뿔이 도망치는 패배한 군대와 같은 것인가?


나는 누구인가? 이 고독한 나의 질문이 나를 조롱한다.

내가 누구이든지 당신은 아십니다.

오, 하나님, 나는 당신의 것입니다.[38]


2월 7일, 디트리히는 자신이 부헨발트 강제수용소*로 이송된다는 사실을 알았다. 끌려가기 전에 그는 폰 슐라브렌도르프에게 가지고 있던 《나를 따르라》의 유일한 원고를 넘겨주었다. 이 독일 귀족이 전쟁 후 석방되어 집으로 돌아갔을 때 한때 널찍했던 그의 집이 연합군의

---

* 부헨발트 강제수용소는 1937년 7월 바이마르 인근 에테스베르크에 세워진 나치 강제수용소이다. 부헨발트는 당시 독일에서 최초이자 최대의 강제수용소였으며, 첫 수감자들은 주로 공산주의자들이었다. 후에 유럽과 소련 전역에서 온 유대인, 폴란드인, 슬라브인, 정신질환자, 장애인, 정치범, 전쟁 포로들이 수용되었으며 일반 범죄자와 성적 일탈자라 불린 사람들도 수용되었다. 이곳에 수용된 약 28만 명 중에서 56,545명이 식량 부족과 열악한 환경, 처형 등으로 사망했고, 1945년 4월 미군에 의해서 해방되었다.

폭격으로 돌무더기가 되어 있었다. 입고 있던 옷을 빼놓고는 이 책이
그의 유일한 소유물이었다.


독일 내에서 부헨발트는 능률적인 죽음의 수용소로 이미 악명이 높
았는데, 정신적으로나 육체적으로 가혹한 곳이었다. 디트리히는 "반역
자" 독일인과 연합군 포로 장교들이 수용된 구역에 수감되었다. 처음
에 그는 독방에 있었는데 얼마 지나지 않아 동료 공모자 폰 라베나우
(von Rabenau) 장군과 같이 있게 되었다.

두 사람이 이야기를 나누다가 디트리히는 그 장군이 젊었을 때 본
(Bonn) 대학에서 신학 학위를 받았다는 사실을 알고 놀라고 기뻤다.
이는 디트리히가 개인적인 묵상에 대해 이야기할 사람이 생긴 것을
의미했다. 머릿속에 너무 오랫동안 꽉 차 있었기 때문에 이야기를 시
작하자 그 생각들이 급류처럼 쏟아져 나왔다. 그러나 폰 라베나우는
그 모든 것에 응답할 수 있었고, 두 사람은 디트리히가 성인이 되어서
연구했던 모든 신학 문제들에 대해 종종 밤새도록 기분 좋게 논쟁을
했다.

낮에는 심문이 계속되었다. 다시 말하지만 이것이 그가 살아 있는
유일한 이유였다. 베를린이 연합군에 의해 포위되었는데도 히틀러는
자신의 정권에 반역했던 모든 사람들을 뿌리 뽑으려고 했다.

전쟁 초기에 포로가 된 영국 첩보기관의 페인 베스트(Payne Best)
대위가 옆 감방에서 디트리히와 폰 라베나우의 대화를 듣고 있었다.

1945년 2월 당시 베스트는 냉소적이었고, 무신론자였다. 그렇지만 두 신학자들 사이의 활발한 토론을 음미할 정도로 독일어를 충분히 이해했다. 하지만 그는 그와 같은 시기에 그들이 어떻게 성찬의 올바른 의미에 대해서 관심을 가질 수 있는지 아주 궁금했다.

공습 때문에 모든 수감자들이 공동 샤워실로 대피했을 때 베스트는 런던과 뉴욕에 체류했기 때문에 대충 영어를 할 수 있었던 디트리히와 직접 대화를 시작했다.

"멀리서 영국의 곡사포 소리를 들으니 정말 기운이 나지 않아요?" 베스트가 먼저 말했다.

"예, 그렇습니다." 디트리히가 응답했다. "그것 때문에 희망이 생깁니다."

"그래요. 그게 우리의 유일한 희망이지요. 그렇지요?"

"우리의 유일한 희망은 아니지요." 디트리히가 익살스럽게 이야기했다. "왜 그러냐 하면 나는 차갑고 강한 쇠 덩어리를 항상 믿지는 않기 때문입니다."

"그렇지만 요사이 전쟁은 바로 그런 것에 따라 결정됩니다, 본회퍼. 차갑고 강한 쇠 덩어리에. 물론 인간적이라고 할 수 없지요."

"완전히 동감입니다."

베스트는 담배에 불을 붙이고, "나는 당신이 믿음을 가진 사람으로 알고 있습니다. 본회퍼."

디트리히가 말을 끊으려고 했지만 베스트가 계속 말했다. "먼저 나 자신이 믿음이 없다는 것을 고백합니다. 기분을 상하게 하려고 하는 것은 아니지만 내 경험으로는 하나님을 믿는 것은 터무니없는 일입니다."

잠시 후 디트리히가 부드럽게 이야기했다. "당신이 무엇을 이야기하고 있는지 이해가 됩니다. 신앙인이라고 하는 사람들이 이 전쟁을 시작했다는 사실 때문에 나는 무척 혼란스럽습니다. 사실 역겹습니다. 그렇지만 나는 하나님은 이 비현실의 바깥에 서 있는 현실이라고 믿습니다."

"지금 전쟁이 현실이 아니라고 말하고 있는 겁니까?" 베스트가 믿을 수 없다는 듯이 쏘아붙였다.

"미안합니다. 신비주의자인 것처럼 말하려고 했던 것은 아닙니다." 디트리히가 말했다. "내가 말하려는 것은 전쟁이 하나의 광대극이라는 것입니다. 전쟁은 하나님께서 인류를 위해 의도하신 모든 것을 거부하고, 광대극으로 만듭니다. 그분은 하나님이시기 때문에 전쟁을 통해서 그분의 목적을 이룰 수 있습니다. 그러나 전쟁은 그분의 뜻이 아니고, 전쟁 때문에 그분이 비난받을 이유가 없습니다. 다시 한번 더 사과드립니다. 내가 신학 교육을 받으면서 명확하게 표현하는 법을 배우지 못했습니다."

"아닙니다. 당신이 무엇을 말하고 있는지 알 것 같습니다." 베스트는 담배 연기를 내뿜으며 이야기했다. "그와 같이 믿으려면 엄청난 믿음이 필요하다는 생각이 듭니다."

"그것이 너무 엄청나지 않아야지요." 디트리히가 미소를 지으며 말했다. "그렇게 되면 우리 중에 누구도 그 믿음에 도달할 수 없으니까요."

전쟁이 끝난 후 베스트는 전쟁 포로 경험을 책으로 썼다. 그는 대부분의 동료 수감자들에 대해 좋게 쓰지 않았지만 디트리히에 대해서는 다음과 같이 썼다.

> 본회퍼는 한결같이 겸손하고, 다정한 사람이었습니다. 그는 언제나 가장 작은 어떤 사건에서도 행복의 기운, 기쁨의 기운을 퍼뜨리고, 살아 있다는 단순한 사실만으로도 깊은 감사의 기운을 퍼뜨리는 것처럼 보였습니다. 당신이 그를 좋아한다는 것을 보여주면 그의 눈에 충심과 기쁨이 있었습니다. 내가 이제껏 만났던 사람들 중에 그의 하나님이 실재하시고, 그와 늘 가까이 하셨다고 느낀 사람이 많지 않은데, 디트리히가 그중에 한 명이었습니다.[39]

1945년 4월 1일 부활절에 경비병들이 복도를 지나가며 수감자들에게 준비하라고 소리쳤다. 그들은 그날 부헨발트를 떠나는데 걸어서 출발할 것처럼 보였다. 수감자 중에 한명이 소리 질렀다. "숲으로 가서 총살을 당하는 것입니까?" 그러나 그 질문에 대답이 없었다.

디트리히와 폰 라베나우는 보잘 것 없는 소지품을 모아서 작은 배낭에 넣었다. 경비병들이 나가고 나서 마치 수감자들이 서로에게 마지막 말을 할 준비가 안 된 것처럼 복도에 기분 나쁜 침묵이 흘렀다.

그때 경비병들이 돌아와서 그들에게 줄지어서 밖으로 나가라고 했다. "우리가 어디로 가는 겁니까?" 한 사람이 물었다.

"트럭이 준비되어 있어. 남쪽으로 갈게 될 거야."라는 대답이 돌아왔다.

숲으로 끌려가지 않을 것이라는 사실을 안 수감자들은 안도했다. 그러나 "남쪽으로 가는 것"이라는 말 때문에 곧 공포가 밀려왔다. 왜냐하면 그 방향에 악명 높은 플로센부르크(Flossenburg) "죽음의 수용소"*가 있다는 것을 잘 알고 있었기 때문이었다. 장기 징역형을 살기 위해서 플로센부르크로 가게 되는 사람은 한 명도 없었다.

수감자들이 밖에 나가 줄을 섰을 때 가까운 거리에서 대포의 포탄이 터지는 소리가 들렸다. 또한 그들은 경비병들이 앞으로 벌어질 일에 대해서 걱정스럽게 논의하는 것을 들었다. 그들은 적에게 따라 잡히게 되면 자신들의 목숨을 구하고 수감자들을 풀어 주겠다고 하는 결정을 숨기지 않았다.

이것은 희망이 있다는 뜻이었다.

---

* 플로센부르크 강제수용소는 1938년 5월에 건설되었는데, 독일 플로센부르크와 체코슬로바키아 사이의 국경 근처에 위치해 있었다. 1941년 2월부터 나치 친위대는 특정 집단의 수감자들을 이곳에서 대규모로 살해했다. 원래는 소위 "범죄자"와 "비사회적" 수감자들이 대상이었지만, 독일이 소련을 침공한 이후 독일 이외의 정치범들이 늘어났다. 1945년 4월 미군에 의해 해방되기 전까지 약 10만 명의 포로가 이곳에 수감되었었고, 약 3만 명이 영양실조, 과로, 처형 또는 죽음의 행진 중에 사망했다.

디트리히와 다른 수감자들은 대형 트럭에 올라탔는데, 그것은 장작 발전기로 동력을 얻는 괴물 같은 기계 덩어리였다. 수감자들은 바깥 가장자리를 따라 자리를 잡기 위해 뒤쪽에 쌓여 있는 장작더미 주위를 돌아다녀야 했다. 발전기에서 나오는 연기 때문에 안쪽에서는 거의 숨을 쉴 수 없었고, 계속 기침을 했다. 암묵적으로 사람들은 공기가 상대적으로 깨끗한 뒤쪽에 번갈아 앉았다.

플로센부르크는 160Km 이상 떨어져 있었고, 트럭의 최고 시속은 겨우 30Km 정도였다. 더욱이 공기 필터를 청소하고, 발전기를 다시 돌리기 위해서 한 시간마다 멈춰야만 했다. 이 쉬는 시간에 수감자들은 느슨하게 감시를 받으며 주변을 거닐 수 있었다. 날씨는 화창했고, 서쪽에서 들리는 쾅쾅거리는 소리에도 불구하고 디트리히는 방겐하임슈트라쎄(Wangenheimstrasse)에서 보낸 어린 시절이 생각이 났다. 전쟁 때문에 미친 듯이 파괴되는 중에서도 유지되는 자연의 평온함을 보면서 그는 창조자이자 심판자인 하나님이 한 세대 인류의 보잘 것 없는 행동에 위협받지 않으신다는 사실을 떠올렸다.

저녁이 되면 트럭은 마을이나 작은 도시에 정차했고, 이때까지 수감자들에게 적대적이지 않았던 경비병들은 밤에 지낼 만한 숙소를 찾으려고 노력했다. 대부분의 주민들이 군인들을 신뢰하지 않았기 때문에 이것이 쉬운 일은 아니었다. 하지만 월요일과 화요일 밤에는 수감자들이 수프와 빵을 먹고, 담요를 덮고 흩어져 잠을 잤다.

수요일에 그들은 플로센부르크 인근 소도시 바이덴(Weiden)에 도착했다. 트럭을 몰던 경비병들이 뒤쪽으로 와서 수감자들에게 정차해 있는 동안 가만히 있으라고 명령하며 갑자기 태도를 바꾸었다. 그들의 목소리에는 긴장감이 감돌았다.

몇 분 후 몇 명의 새로운 병사들이 그곳에 왔고, 그중에 한 명은 장갑을 낀 손에 서류 판을 들고 있었다. 그들은 음모와 연관이 되어 있다고 디트리히가 알고 있었던 수감자 두 명을 지목했다. 디트리히는 눈에 띄지 않으려고 옆자리 사람 뒤로 몸을 기댔는데, 그가 이러고 있는 사이 두 사람 중 한 사람의 친구가 그들과 합류하려고 트럭에서 뛰어내렸다. 군인들은 여기에 만족한 것처럼 보였고, 추측하건대 세 사람을 플로센부르크로 데려갔다.

그런 다음 트럭은 다시 길을 따라 이동했고, 남은 수감자들은 남쪽으로 향하면서 죽음의 수용소의 악취를 피하게 되어 기분이 상쾌했다. 바이덴 외곽에서 트럭이 운전기사가 징발했던 좀 더 현대적인 버스로 교체되면서 그들의 좋은 기분은 더욱 고조되었다.

그날 오후 늦게 숀베르크(Schonberg)에 도착했는데, 거기서 수감자들은 버려진 학교에 수감되었다. 그 건물은 주변 계곡의 바람이 들어올 수 있는 커다란 창문들이 있었고, 색깔 있는 담요가 깔린 간이침대가 벽에 줄지어 놓여 있었다. 심지어 전기 콘센트가 있어서 페인 베스트의 전기면도기를 번갈아 가며 사용해서 빽빽하게 자란 까칠한 수염을 깎았다.

디트리히는 열린 창가에 앉아 봄 햇살을 쪼이며 며칠을 보냈다. 그는 대부분의 시간을 그들 중에서 유일하게 러시아인이고, 유명한 정치가 몰로토프(Molotov)의 조카인 바실리에프 코로킨(Wasiliew Korokin)과 함께 지냈다. 코로킨은 무신론자였지만 두 사람은 기독교의 근본과 두 사람이 다 열정을 가지고 있던 체스에 대해서 이야기했다. 다시 한번 디트리히가 어떤 상황에서도 누구와도 친구가 될 수 있다는 것을 보여 주었다.

부활절 후 첫 번째 일요일 아침이 밝았을 때, 디트리히는 가톨릭 신자들이 대부분인 사람들로부터 일요일 예배 설교를 해달라는 요청을 받고 깜짝 놀랐다. 처음에 그는 새로 만난 친구인 코로킨에게 잘못된 인상을 주고 싶지 않아서 망설였다. 그러나 그 러시아 친구조차도 그렇게 하라고 설득하자 그는 그러겠다고 했다.

디트리히가 일어나서 그의 작은 성경을 펼쳤을 때 작은 교실의 커다란 창문을 통해 상쾌한 아침 햇살이 쏟아져 들어왔다. 그는 이사야 53:5 "그가 채찍에 맞으므로 우리가 나음을 받았도다."를 읽고 그다음에 베드로전서 1:3 "우리 주 예수 그리스도의 아버지 하나님을 찬송하리로다. 그의 많으신 긍휼대로 예수 그리스도를 죽은 자 가운데서 부활하게 하심으로 말미암아 우리를 거듭나게 하사 산 소망이 있게 하시며"를 읽었다.

디트리히는 성서를 덮고, 이 구절들이 그에게 어떤 의미가 있는지를 이야기했다.[40] 그는 그리스도의 죽음이 어떻게 간힌 자를 진정으로 자유롭게 만들고, 죄로 인해 그의 영혼을 사로잡고 있는 죽음에서 어떻게 사람을 해방시키는지에 대해 이야기했다. 그는 그리스도의 부활이 초인(超人) 족속을 창조하는 것이 아니며, 어떻게 진정으로 새로운 인류를 창조하는지에 대해 이야기했다. 이 새로운 인류는 과거의 달라붙은 얼룩이 없이 살아가고, 이 땅에서 그들이 어떤 처지에 처하더라도 믿음으로 항상 더 나은 날을 기대할 수 있다.

모인 수감자들은 경건한 침묵 가운데 디트리히의 설교를 들었고, 그의 진실성과 그가 성서에서 찾은 깊은 위로에 감동을 받았다. 동료 수감자로서 그는 그들 모두가 함께 느꼈던 감정, 즉 자유에 대한 열망과 미래에 대한 희망을 말로 표현했다. 하지만 그는 또한 그들에게 가장 깊은 의미에서 그러한 욕구가 충족될 수 있는 수단을 제공했다.

그러나 디트리히가 미처 자리에 앉기도 전에 민간 복장을 한 게슈타포 요원 두 명이 방으로 들어와 "죄수 본회퍼, 준비하고 우리와 함께 갑시다."*하고 엄중하게 말했다. 모든 사람은 이것이 의미하는 바를 즉각 알았다. 당국은 마침내 그를 체포했고 더 이상 둘러댈 일도, 심문도 없을 것이다. 사실 토요일에 나치의 최고위급(아마도 히틀러 자신)에서 누군가가 디트리히를 가능한 한 빨리 처형하라고 명령을 했다. 그 명령은 게슈타포 요원 켈텐부르너가 넘긴 "서명된" 자백을 근거로 내

---

* 페인 베스트가 강제수용소에서 살아남은 후에 이 장면을 이렇게 기록했다: "우리와 함께 갑시다"라는 말은 모든 죄수에게 한 가지만을 의미했다. 바로 교수형이었다. 우리는 그에게 작별 인사를 했다. 그가 나를 옆으로 불러서 이렇게 말했다. "이로써 끝입니다. 그러나 나에게는 생명의 시작입니다."

려왔다.

그가 두 사람과 함께 떠날 때 디트리히는 페인 베스트에게 기회가 되면 벨 주교에게 무슨 일이 일어났는지 말해 달라고 부탁했다. 베스트는 고개를 끄덕였고, 그의 파란 눈은 눈물로 가득 찼다.

그 일요일은 플로센부르크로 가는 데 쓰였다. 저녁에 짧고 공식적인 군법회의가 열렸는데, 여기서 디트리히에 대한 증거가 큰 소리로 낭독되었고, 피고인이 자신을 변호하는 것은 허락되지 않았다. 그 후에 선고가 있었다.

다음 날 새벽에 디트리히는 감방에서 끌려 나왔고, 죄수복을 벗으라는 명령을 받았다. 교수대로 끌려가기 전에 차가운 콘크리트 바닥에 무릎을 꿇고 기도할 수 있었다. 그런 다음 그는 밖으로 끌려갔다.

강제수용소 의사가 디트리히의 죽음을 확인하기 위하여 대기하고 있었다.* 후에 그는 이렇게 전했다. "내가 거의 50년 동안 의사로 일하

---

\* 당시 강제수용소를 담당했던 의사는 피셔 휠슈트롱이었다. 그는 당시에는 본회퍼가 누구인지 몰랐지만 여러 해 뒤에 본회퍼의 마지막 순간을 이렇게 기술했다. "막사에 있는 방의 반쯤 열린 문을 통해 나는 본회퍼 목사가 죄수복을 벗기 전에 바닥에 무릎을 꿇고 자신의 주 하나님께 진심으로 기도하는 모습을 보았다. 나는 이 사랑스러운 사람이 기도하는 것을 보고 깊은 감명을 받았다. 어찌나 경건한지 하나님께서 그의 기도를 들어주셨다고 확신할 정도였다. 그는 형장에서 다시 짤막한 기도를 드린 다음 용감하고 침착하게 계단을 밟고 교수대에 올랐다. 그리고 몇 초 뒤에 죽었다. 지난 50년 동안 의사로 일하면서 그토록 경건하게 죽음을 맞이한 사람을 본 적이 없다."

면서 그렇게 하나님의 뜻에 전적으로 순종하며 죽는 사람을 본 적이 없습니다."[41]

몇 주 후에 유럽에서 제2차세계대전이 끝났다.

## 에필로그

우리는 디트리히 본회퍼를 꼭 있지 않아도 되었던 때와 장소에서 하나님의 사람이 되려고 했던 사람으로 기억하고 있다. 하지만 본회퍼는 자신을 하나님의 사람이라고 부르려고 하지 않았을 것이다. 그는 자신은 단지 한 인간일 뿐 그 이상도 그 이하도 아니라고 말하려고 했을 것이고, 그리고 실제로 그렇게 말했다. 그는 하나님을 사랑하고 그분을 섬기려고 노력했던 사람이었지만 또한 실수를 저지르고 때로는 하나님의 목적에 대해 의문을 품었던 사람이었다.

특히 그는 진정한 인간됨의 성취는 오직 성육신하신 그리스도의 형상으로 내적 자기 변화를 함으로써만 가능하다는 것을 알았던 한 인간이었다. 성육신하신 그리스도는 다른 사람들을 구원하기 위해 죄와 악을 스스로 짊어지셨다. 본회퍼는 그가 히틀러의 암살에 연루되기 시작했을 때 자신도 거의 똑같은 일을 하고 있는 것이라고 믿었다. 그는 자신도 주님과 같은 운명을 겪을 수 있다는 것을 충분히 알고 있었다.

분명히 본회퍼는 죽음을 원하지 않았고 혹은 순교자가 되겠다는 바람을 갖고 있지 않았다. 그는 인생을 깊이 즐겼고, 아주 풍성하게 살려고 했다. 능숙한 연주자였고, 문학을 사랑했고, 활력이 넘치는 친구였고, 금세기의 가장 뛰어난 지성 중에 한 명이었다. 그의 일상생활은 성서 연구와 기도라는 단순한 규율에 기반을 두고 있었고, 그의 학생들 중에 어느 누구도 흉내 낼 수 없는 강도로 이 규율을 실천했다.

신학 공부를 하던 어느 시점부터 본회퍼는 성서를 읽을 때 자신이 어디에 있든지 바로 그때, 그 자리에서 말씀이 자신에게 무엇이라고 말씀하는지를 물었다. 그는 말씀으로 눈앞의 상황과 두려운 현실과 부딪쳤다. 이를 통해 그는 "종교적인" 독일인들이 기독교인은 이래야 한다고 하는 것에 반대에 나서기 시작했다. 그에게 종교의식의 추상적인 하나님은 아무 소용이 없었다. 왜냐하면 그런 하나님은 나치가 너무 쉽게 전유(專有)했기 때문이었다. 아니, 그는 오직 친히 육신을 입으신 하나님, 다시 승리의 부활을 하기 전에 많은 사람들의 죄 때문에 최종적으로 형벌을 받으셨던 하나님을 경배했다.

본회퍼에게 성취는 오직 고난의 다른 쪽에서만 찾을 수 있다는 진리가 점차 생생한 현실로 다가왔다. 살아 있는 진리로서 그것이 그의 삶에 완전히 통합되었고, 그래서 그는 처형을 앞두고 "이로써 끝입니다. 그러나 나에게는 생명의 시작입니다."라고 말할 수 있었다.

디트리히 본회퍼의 삶은 우상 숭배와 압제적인 통치자들이 새롭게 나타날 가능성에 직면한 21세기 기독교인들에게 하나의 모델이 된다. 이 세상에서 그리스도의 제자가 되는 것이 결코 쉽지 않다. 그러나 본회퍼는 어떤 처지에서도 믿음 안에서 성장할 수 있고, 어떤 상황이나 딜레마에 처해도 제자가 될 수 있다는 것을 보여주었다. 하지만 그는 또한 대가를 기꺼이 치르고, 필요한 경우 인생 전부를 지불할 때에만 제자가 될 수 있다는 것을 보여주었다.

**연표**  　　　　왼쪽은 본회퍼 관련, 오른쪽은 세계사인데, 교회 관련 역사는 *표 표시

| 디트리히 본회퍼 | 세계사 · 교회 관련 역사 |
|---|---|

**1906년 2월 4일**
독일 브레슬라우에서 출생
(부 카를 본회퍼, 모 파울라 폰 하제)

**1912년(6세)**
베를린 브뤼켄알레로 이사
(부 베를린대 정신의학 및 신경학 교수)

**1913년(7세)**
프리드리히 베르더 슐레 입학
(1919년 졸업)

**1914년**
1차세계대전 발발

**1916년(10세)**
베를린 그루네발트로 이사

**1918년 4월(12세)**　**1918년 11월**
　　　　　　　　　　빌헬름 2세 황제 퇴위
둘째 형 발터 1차세계대전 중 전사　독일 1차세계대전 패배

**1919년 (13세)**　**1919년 6월**
그루네발트 김나지움 입학　베르사이유 조약 체결

**1919년 8월 11일**
바이마르공화국 출범

**1920년(14세)**
신학자가 되기로 결심

**1923년(17세)**
튀빙겐 대학 입학
(1924년 중퇴)

1924년 4월(18세) ●
형 클라우스와 로마 여행

1924년(18세) ●
베를린 대학 입학
(7학기 수학 후 1927년 21세에 박사 학위)
논문: 〈성도의 교제: 교회의 사회학에 대한
교의학 연구〉

1928년 2월(22세) ●
바르셀로나 독일인교회 목회

1929년 2월(23세) ●
베를린 귀환
교수자격 취득(하빌리타치온) 논문 작성 시작

1930년 7월(24세) ●
하빌리타치온 논문 〈행위와 존재〉 제출
교수 자격 취득

1930년 9월(24세) ●   1930년 9월
미국 유니온 신학교 연구 방문   나치, 독일 제국의회 원내 제2당
(평화 복음과 흑인교회 예배에 영향 받음)   (득표율 18.3%, 의석 107석)

1931년 6월(25세) ●
베를린 귀환, 베를린 대학교 신학 강사

1931년 11월(25세) ●
목사 안수, 베를린 베딩 지역교회 견신
례반 담당(학생들, 1932년 견신례 받음)

1932년(26세) ●   * 1932년 가을
주변 지역교회 설교(평균 월 1회)   프로이센 교회 선거, 독일적 그리스도인이
교구위원회 의석 1/3 차지

1932년 7월(26세) ●
독일과 프랑스의 목사 컨퍼런스 참석

| | |
|---|---|
| **1932년 8월** | **1932년 11월 6일** |
| 체코슬로바키아 컨퍼런스 참석 | 나치, 독일 제국의회 원내 제1당 |
| | (득표율 37.4%, 의석 230석) |
| **1933년 2월 1일(27세)** | **1933년 1월 30일** |
| 개신교신문협회 라디오방송국 연설 중단됨 | 아돌프 히틀러 수상 취임 |
| | (제3제국 시작) |
| | **1933년 2월 27일** |
| | 제국의회 의사당 화재 사건 |
| | **1933년 3월 24일** |
| | 수권법 통과 |
| | (나치 행정부에 입법권을 위임하는 법률) |
| | **1933년 4월 1일** |
| | 유대인 상점 배척 운동 |
| | **1933년 4월 7일** |
| | 공직 개혁법 발효, |
| | 이후 유대인 배척(비아리안 조항)에 관한 |
| | 법률들이 계속 나왔다. |
| | **1933년 5월 10일** |
| | 베를린 분서(焚書), 나치 대중들이 |
| | 소위 반독일적인 서적을 불 태웠다. |
| | **\* 1933년 7월 23일** |
| | 교회 선거에서 독일적 기독교인 압승 |
| | **\* 1933년 8월** |
| | 베델 신앙고백서 발표 |
| | **\* 1933년 9월 5일** |
| | 베를린 전국 총회(갈색총회) |
| **1933년 10월(27세)** | **\* 1933년 10월 20일** |
| 런던의 두 개의 독일인 교회 목사 | 목사긴급 동맹 결성 |
| (1935년 3월 10일까지) (벨 주교와 교류) | |

| | |
|---|---|
| **1933년 11월**<br>영국 조지 벨 주교와 만남 | *** 1933년 11월 13일**<br>베를린 스포츠 궁전 집회 |
| **1934년 2월(28세)**<br>헤켈 감독의 영국에서 목회하는 독일<br>목사 7인과 면담 | *** 1934년 5월 31일**<br>바르멘 선언과 고백교회 출범 |
| | **1934년 6월 30일**<br>장검의 밤, 히틀러가<br>돌격대 참모장 에른스트 룀과<br>반(反) 히틀러 세력을 숙청 |
| **1934년 8월(28세)**<br>파뇌 에큐메니컬 대회 참석, 평화 연설 | |
| | *** 1934년 10월 19일**<br>고백교회 2차 총회(달렘) |
| **1935년 4월(29세)**<br>고백교회의 핀켄발데 신학교 시작<br>(1937년 폐쇄됨) | **1935년 3월 16일**<br>히틀러의 베르사유 조약 파기 |
| | **1935년 9월 15일**<br>뉘른베르크 인종법, 유대인 배척 |
| **1936년 8월(30세)**<br>베를린 대학에서 가르칠 권리를 박탈당함 | *** 1936년 5월**<br>고백교회 입장문 발표 |
| **1937년 4월 이후(31세)**<br>코신에서 《나를 따르라》 집필 | *** 1937년 6월 9일**<br>고백교회 조직에 기부를 불법화 |
| | *** 1937년 6월 23일**<br>연말까지 고백교회 관계자<br>800여명 체포, 투옥 시작 |
| **1938년 1월(32세)**<br>고백교회 회의에서 게슈타포에 의해<br>일시적 체포, 베를린 체류 금지 | **1938년 3월**<br>오스트리아의 독일 합병 |

* 1938년 4월
독일의 모든 목사는
히틀러에게 충성서약을 해야 한다는
베르너의 포고령 공포

1938년 10월(32세)
동생 사비네 가족 독일 탈출 도움

1938년 9월 29일
뮌헨 회담(주데텐란트의 독일 합병)

1938년 11월 9일—10일
수정의 밤 사건

1939년 1월(33세)
입영 통지서 수령(입영을 1년 연기)

1939년 3월 15일
체코슬로바키아의 독일 합병

1939년 3월(33세)
영국 방문

1939년 6월 12일(33세)
미국 도착(26일간 미국 체류)
(7월 7일 미국 출발, 27일 독일 도착)

1939년 9월 1일
독일의 폴란드 침공

1940년(34세)
책 《성서의 기도서》 출간,
이후 다른 서적 출간을 금지 당함

1940년 5월 11일
독일의 네덜란드 침공

1940년 6월 14일
독일의 파리 함락

1940년 11월(34세)
국방정보국에 합류(뮌헨지부 근무)
가톨릭 에탈 수도원에서 생활

1941년 2월 24일(35세)
국방정보국에서 제네바 파견
(1941년 9월, 1942년 5월 다시 방문)

1941년 4월 6일
독일의 유고슬라비아, 그리스 침공

| | |
|---|---|
| | **1941년 6월 22일** |
| | 독일의 소련 침공 |
| **1941년 9월(35세)** | **1941년 9월 19일** |
| 유대인 구출의 '작전 7'에 가담 | 유대인들 노란색별을 달아야 함 |
| (이것이 문제가 되어 후에 처형됨) | |
| | **1941년 10월** |
| | 폴란드 아우슈비츠에 최초 가스실 |
| **1942년 4월(36세)** | **1942년 1월 20일** |
| 노르웨이 교회 집단행동 현장 방문 | 반제회의 유대인 문제의 |
| | 최종 해결책(학살) 결정 |
| **1942년 5월 31일(36세)** | |
| 스웨덴 시그투나 방문 | |
| (영국 벨 주교와 만남) | |
| **1942년 6월 8일(36세)** | |
| 마리아 폰 베데마이어와 첫 만남 | |
| (1943년 1월 17일 약혼) | |
| **1942년 7월(36세)** | |
| 이탈리아 방문 | |
| **1943년 4월 5일 (37세)** | **1943년 3월 13일** |
| 체포와 테겔 형무소 구속 | 히틀러 암살 시도(전용기 폭파) |
| | **1943년 3월 21일** |
| | 히틀러 암살 시도(외투 폭탄) |
| **1944년 10월 8일(38세)** | **1944년 7월 20일** |
| 게슈타포 감옥으로 이감 | 히틀러 암살 시도(발키리 작전) |
| **1945년 2월 7일(39세)** | |
| 부헨발트 강제수용소로 이감 | |
| **1945년 4월 1일(39세)** | |
| 부헨발트 강제수용소에서 출발 | |

1945년 4월 8일(39세) ●
손베르크 교실에서 부활절 후
첫 번째 주일 예배 인도 후 연행

1945년 4월 9일(39세) ●　● 1945년 4월 30일
플로센베르크 강제수용소에서 교수형　아돌프 히틀러 자살

● 1945년 5월 8일
독일 항복과 종전

## 프롤로그

**1** Dietrich Bonhoeffer, *Letters and Papers from Prison* (New York: Collier Books, 1971), 21-22.

## 7장

**2** Eberhard Bethge, Dietrich Bonhoeffer: *Man of Vison, Man of Courage* (New York: Haper & Row, 1970), 194.

**3** Geffrey B. Kelly and F. Burton Nelson, eds., *A Testament to Freedom: The Essential Writings of Dietrich Bonhoeffer* (San Francisco Harper: 1990), 205.

**4** Ibid., 210.

**5** Ibid., 211-12.

**6** Bethge, 183.

## 8장

**7** Bethge, 191.

**8** Kelly and Nelson, 139.

**9** Ibid., 142-44.

## 9장

**10** Edwin Robertson. The Shame and the Sacrifice: *The Life and Teaching of*

*Dietrich Bonhoeffer* (London: Hodder & Stoughton, 1987), 107.

## 10장

**11**  Bethge, 263.

**12**  Quoted in Bethge, 297.

**13**  Quoted in Bethge, 299.

**14**  Kelly and Nelson, 430.

**15**  Ibid., 239-40.

**16**  Ibid., 443.

**17**  Ibid., 447.

## 11장

**18**  Kelly and Nelson, 280.

## 12장

**19**  Robertson, 142.

**20**  Kelly and Nelson, 323-39. Reprinted with the permission of Scribner, a Division of Simon & Schuster, Inc., from *The Cost of Discipleship* by Dietrich Bonhoeffer. Copyright © 1959 by SCM Press Ltd.

## 14장

**21**  Robertson, 171.

**22**  Quoted in Robertson, 172.

**23**  Kelly and Nelson, 504.

## 15장

**24** Kelly and Nelson, 521.

**25** Ibid., 523.

## 17장

**26** Kelly and Nelson, 512, Originally published in "The Other Letters from Prison," *Union Seminary Quarterly Review*, v.23, no. 1 (Fall, 1967), 23-29. Used by permission.

**27** Ibid., 513.

**28** Ruth-Alice Von Bismarck and Ulich Kabitz, eds., *Love Letter From Cell 92: The Correspondence Between Dietrich Bonhoeffer and Maria von Wedemeyer, 1943-1945* (London: Haper-Collins, 1984), 96.

**29** Bonhoeffer, 32.

## 18장

**30** Bonhoeffer, 279.

**31** Ibid., 280.

**32** Ibid., 281.

**33** Ibid., 311-12.

**34** Ibid., 336-37.

## 19장

**35** Kelly and Nelson, 380. Reprinted with the permission of Scribner, a Division of Simon & Schuster, Inc., from *Ethics* by Dietrich Bonhoeffer.

Copyright © 1955 Macmillan Publishing Co.

**36**  Ibid., 376.

## 21장

**37**  Kelly and Nelson, 542-43.

**38**  Ibid., 539-40. Reprinted with the permission of Scribner, a Division of Simon & Schuster, Inc., from *Letters and Papers from Prison* by Dietrich Bonhoeffer. Copyright © 1953, 1967, 1971 by SCM Press Ltd.

**39**  Quoted in Robertson, 273.

**40**  Robertson, 275-76.

**41**  Quoted in Robertson, 277.